从零开始学开公司

崔翰林 编著

化学工业出版社
·北京·

你可能每天都能够听到某某创业者又融资过亿、某某公司又上市成功、某某老板又身价多少的新闻。或许在每天被各种鸡汤灌溉之下，你自己也早已跃跃欲试，迫不及待想要辞掉工作，开启自己创业逐梦、走向人生巅峰的行动了。

我认同每个人都拥有梦想的权利，我认同每个人都拥有尝试创业的机会。相比同类书籍，本书少了一些鸡汤，多了一些忠告；少了一些一帆风顺时如何扬眉吐气，多了一些艰难险阻时如何持之以恒；少了一些创业成功后如何大展宏图，多了一些创业失败时如何妥善收尾。

创业，不是歇斯底里的逆天改命，而是厚积薄发的水到渠成。创业，从来都是只适合于少数人的行为，历经九死，终得一生。对创业永远心存敬畏，才是创业者创业路上最重要的一课。

图书在版编目（CIP）数据

从零开始学开公司／崔翰林编著. —北京：化学工业出版社，2018.10（2025.1重印）
 ISBN 978-7-122-32832-8

Ⅰ.①从… Ⅱ.①崔… Ⅲ.①公司-企业管理 Ⅳ.①F276.6

中国版本图书馆CIP数据核字（2018）第185753号

责任编辑：罗　琨　　　　　　　　　　装帧设计：韩　飞

责任校对：王素芹

出版发行：化学工业出版社（北京市东城区青年湖南街13号　邮政编码100011）
印　　装：三河市双峰印刷装订有限公司
710mm×1000mm　1/16　印张16½　字数260千字　2025年1月北京第1版第9次印刷

购书咨询：010-64518888　　　　　　　售后服务：010-64518899
网　　址：http://www.cip.com.cn
凡购买本书，如有缺损质量问题，本社销售中心负责调换。

定　　价：45.00元　　　　　　　　　　版权所有　违者必究

前言
-preface-

本书的笔者自己就是一名连续创业者,而且目前正在从事为所有创业者提供小微企业服务的创业项目。在创办小微企业一站式服务平台企创网之前,笔者也已经在之前的创业项目上小有所成。但是为什么还是要执意转型,选择创办这样一家服务于所有创业者和小微企业的平台呢?

因为创业太苦太难了,这点笔者自己在创业过程中深有体会。笔者创作本书的初衷有二:第一是告诉所有有意于创业的创业者,对创业不要有任何的侥幸和儿戏心理。第二是从这些年笔者接触过的数以千计的创业者的成败得失中,总结出一些对创业真正有价值的经验,分享给后来的创业者,希望对大家有所帮助。

笔者通过自己的亲身创业经验告诉所有创业者一个道理:创业路上会遇到非常多的问题与困难,只有通过沉着冷静地想办法才真正能够解决这些问题与困难。至于喊口号、喝鸡汤的方式,只能导致"借酒消愁愁更愁"的负面结果。

● **本书特色**

1. 拒绝鸡汤,从数千名创业者成败中吸取经验教训

在过去的几年间,由于工作的关系,笔者阅读了大量的创业相关书籍,也参与了许多创业分享活动。但是总结起来无非就是一句话——鸡汤很多,干货很少。以至于笔者为此还特意发明了一个专用名词,叫作"表演型创业者",就是指创业目的是为了能够以"创业者"的身份四处炫耀张扬的"伪创业者"。在本书中,笔者尽可能做到打开天窗说亮话,拧掉水分送干货。

2. 系统全面的创业百科全书,涉及创业的方方面面

笔者结合自身的创业经历和过去几年间接触过的上千名创业者,总结和整理了关于创业者在创业初期最迫切需要了解和掌握的相关创业知识和技能。注册、产权、招聘、培训、行政、人事、融资、财税、法务、团建、管理、营销、广告、网络、注销，几乎涵盖了一家初创企业在创业路上可能遇到的方方面面。

3. 独有的创业失败后，创业者应如何妥善收尾章节

多数创业者都非常忌讳谈"创业失败"这个话题的，可是这种思想和行为，更像是一种深度的讳疾忌医。如果一名创业者无法客观理性地面对"创业失败"这件事，其实多半也很难迎来真正意义上的创业成功。因为创业成功是小概率事件，创业失败才是大概率事件。成功的路上要经历多次的失败和再尝试。所以本书的一大特色，就是关于"创业失败"后创业者应该如何妥善收尾的章节。

- **本书读者对象**
  - 志向远大的在校学生
  - 有志于创业的职场人
  - 已经在创业路上的创业者
  - 小微企业管理者
  - 对商业和创业感兴趣的所有人

目录
-contents-

第1章 从零到一：创业前先回答几个问题 ··············· 1
1.1 究竟为何创业？钱？机遇？梦想？ ················· 2
1.1.1 创业初衷决定着创业的高度与远度 ············· 2
1.1.2 法乎其上，得乎其中；法乎其中，仅得其下 ········ 3
1.2 职场履历和职业技能？ ·························· 4
1.2.1 相比职场普通难度，创业难度就是大神级操作 ······ 4
1.2.2 一毕业就创业可行吗？ ······················· 5
1.3 我拥有哪些别人不具备的资源？ ··················· 6
1.3.1 创业本质是整合资源，你的资源是什么？ ········· 6
1.3.2 整合资源需要创业者具备哪些素质？ ············· 7
1.4 创业是否是你的一意孤行？ ······················· 8
1.4.1 创业是逆人性的，不被理解很正常 ··············· 8
1.4.2 危急关头，自己是否有所依靠？ ················· 9
1.5 创业的启动资金从哪里来？ ······················ 10
1.5.1 创业哪些钱不该用，哪些钱不能碰？ ············ 10
1.5.2 不能要求所有人为梦想不顾一切 ················ 11
1.6 创业伙伴是谁？ ······························· 12
1.6.1 私交是一码事，伙伴是另一码事 ················ 12
1.6.2 害人之心不可有，防人之心不可无 ·············· 13

第 2 章 公司注册：注册一家公司的流程 ……… 15

2.1 核名：成功从一个出色的名字开始 ……… 16
2.1.1 公司名称的基本工商规定 ……… 16
2.1.2 起名法则：简洁、上口、寓意好、贴合行业 ……… 17

2.2 报审：每一样都重要 ……… 18
2.2.1 新公司注册地址的相关注意事项 ……… 18
2.2.2 新公司经营范围的相关注意事项 ……… 19
2.2.3 新公司注册资本的相关注意事项 ……… 21

2.3 领照：你的人生多了新身份 ……… 22
2.3.1 营业执照上可以展示哪些公司信息？ ……… 22
2.3.2 如何正确使用好公司的营业执照？ ……… 24

2.4 刻章：各种章的各自用途 ……… 25
2.4.1 一家公司居然需要如此多的印章？ ……… 25
2.4.2 印章如何妥善保管和使用？ ……… 26

2.5 开户：选择一家合适的开户行 ……… 27
2.5.1 如何选择开户行和开户网点？ ……… 27
2.5.2 对公账户和对私账户，基本户和一般户 ……… 28

2.6 税务：一般纳税人和小规模纳税人 ……… 29
2.6.1 创业者必须了解的税务基本常识 ……… 29
2.6.2 纳税人所具备的法定权利与义务 ……… 31

2.7 社保：五险一金是基础保障 ……… 31
2.7.1 五险一金各自的实际作用 ……… 32
2.7.2 如何更高性价比地为员工缴纳社保？ ……… 33

2.8 记账：如何选择最合适的代账公司？ ……… 33
2.8.1 自聘会计记账和第三方代账公司 ……… 33
2.8.2 如何选择最适合自己公司的代账公司？ ……… 34

第 3 章 知识产权：将风险消灭在创业之初 ……… 37

- 3.1 不重视知识产权的潜在风险 …… 38
  - 3.1.1 公司的知识产权包括哪些层面？ …… 38
  - 3.1.2 应注意的常见侵权行为有哪些？ …… 39
- 3.2 商标：未来的知名品牌 …… 40
  - 3.2.1 商标的具体分类有哪些？ …… 40
  - 3.2.2 申请商标的一般流程是什么？ …… 43
- 3.3 专利：企业竞争中的不二利器 …… 44
  - 3.3.1 中国目前的专利类型有哪些？ …… 45
  - 3.3.2 申请专利的流程是什么？ …… 45
- 3.4 版权：网络付费时代全面来临 …… 46
  - 3.4.1 版权所有者的权利有哪些？ …… 47
  - 3.4.2 面临版权侵权时应该怎么办？ …… 48
- 3.5 最划算的时间永远是昨天 …… 48
  - 3.5.1 企业的知识产权意识在不断觉醒 …… 49
  - 3.5.2 初创企业怎样合理投资知识产权？ …… 49

第4章 员工没有最好只有最适合 **51**

- 4.1 明确自己企业的真实水平 …… 52
  - 4.1.1 企业与员工之间，是相互选择的过程 …… 52
  - 4.1.2 创业者如何向人才更好地展示企业？ …… 53
- 4.2 校招员工和社招员工 …… 54
- 4.3 招聘平台和工具怎样选择？ …… 56
  - 4.3.1 常见的招聘平台有哪些？ …… 56
  - 4.3.2 初创公司如何确定在招聘平台的投入？ …… 57
- 4.4 创业公司如何面试员工？ …… 58
  - 4.4.1 创业者为何要对招聘亲力亲为？ …… 58
  - 4.4.2 制定最适合企业自身的面试方式 …… 59
- 4.5 男女员工的各自优劣势是什么？ …… 60

- 4.5.1 男女员工的各自优势是什么？ 60
- 4.5.2 如何妥善平衡男女员工比例？ 61

4.6 企业为什么必须进行培训？ 62
- 4.6.1 如何设置培训制度和考核培训结果？ 62
- 4.6.2 这些高效的培训方式可以尝试 63

4.7 新员工手册越薄越好 64
- 4.7.1 制度越复杂，执行效率越糟糕 64
- 4.7.2 如何在不影响大局的前提下减少制度？ 65

第5章 行政运营：好的行政就是事半功倍 67

5.1 是否需要设置单独的行政岗位？ 68
- 5.1.1 是否单独设置行政岗位，何时该设置？ 68
- 5.1.2 行政岗位职责，应该如何设定？ 69

5.2 强行政企业和弱行政企业 70
- 5.2.1 行政能力较强企业的表现 70
- 5.2.2 行政能力较弱企业的表现 71

5.3 如何坚定不移地执行公司制度？ 72
- 5.3.1 公司行政的最重要工作是什么？ 72
- 5.3.2 管理者应如何合理地对行政岗授权？ 73

5.4 老板性格和企业文化 74
- 5.4.1 初创企业如何创建自己的企业文化？ 74
- 5.4.2 企业文化建设应注意哪些要点？ 75

5.5 狼性文化和家文化 76
- 5.5.1 什么是狼性文化？ 77
- 5.5.2 什么是家文化？ 78
- 5.5.3 究竟怎样的企业文化，才最适合企业？ 78

第6章 人事制度：奖罚分明，令行禁止 81

6.1 是否要给员工发放期权？ 82
6.1.1 企业的股权和期权各是什么？ 82
6.1.2 初创企业如何给优秀员工发放期权？ 83

6.2 初创公司如何设定薪资制度？ 84
6.2.1 初创企业设置各岗位薪资制度的注意事项 84
6.2.2 员工的薪资应该由哪几部分构成？ 86

6.3 上下班考勤是否使用传统打卡制？ 87
6.3.1 上下班打卡制考勤是好制度吗？ 87
6.3.2 员工迟到早退的相关监督机制 88

6.4 合理的请假制度的益处 89
6.4.1 朝九晚五式工作制为何效率越来越低？ 89
6.4.2 如何巧妙设置弹性调休制度？ 90

6.5 重视薪资激励但不过度激励 91
6.5.1 管理者如何对员工进行激励？ 91
6.5.2 过度依赖薪资激励的副作用 92

6.6 创业团队更应该重视长板理论 93
6.6.1 初创型企业一定要重视长板效应 93
6.6.2 如何充分发挥团队的长板效应？ 94

第7章 融资有道：老板就是要找人和找钱 97

7.1 企业为什么要融资？ 98
7.1.1 企业融资的理由 98
7.1.2 哪些企业最需要融资？ 99

7.2 天使投资、VC、PE 究竟都是什么？ 100
7.2.1 天使投资、VC、PE 各是什么？ 100
7.2.2 初创企业如何通过上述投资机构融资？ 102

7.3 天使轮、A轮、B轮、C轮、D轮、E轮 103
7.3.1 一家企业融资的完整道路是怎样的？ 103

7.3.2 第一笔融资为什么至关重要？ 104

7.4 获得投资，从了解投资机构开始 105
　　7.4.1 国内主流的初创企业投资机构 105
　　7.4.2 投资机构能带来的除了钱还有什么？ 107

7.5 融资前在哪些方面需要提前做好准备？ 108
　　7.5.1 融资计划从创立之初就要有相关准备 109
　　7.5.2 投资机构看重创业公司的哪些方面？ 110

7.6 内部融资：借力打力 111
　　7.6.1 融资的方式不止风投机构 111
　　7.6.2 内部融资更能够调动员工的积极性 112

7.7 网络众筹：全民呼唤工匠精神时代 113
　　7.7.1 如何通过网络众筹筹集资金？ 113
　　7.7.2 使用网络众筹应注意哪些问题？ 114

7.8 P2P网贷：互联网普惠金融时代 115
　　7.8.1 P2P网贷是什么？ 115
　　7.8.2 小微企业通过P2P平台融资现状 116

第8章 财税指南：有钱如何，没钱如何 119

8.1 账目建立：每一笔进出款项都登记 120
　　8.1.1 初创企业必须账目清晰 120
　　8.1.2 记账的目的和意义是什么？ 120

8.2 成本控制：有效控制每一笔支出合理 121
　　8.2.1 控制成本这件事永无止境 122
　　8.2.2 企业从哪些方面优化成本控制？ 122

8.3 财务报表：危机来临之前的预警 123
　　8.3.1 财务报表中的企业运营关键信息 123
　　8.3.2 财务报表中的那些预警信号 125

8.4 财务危机：6个月的账面余额 125

8.4.1 初创企业常见的财务危机情况……………………………………126
   8.4.2 账面余额不足企业运营6个月……………………………………127
 8.5 常见税种：现行税种初了解……………………………………………127
   8.5.1 常见国税税种………………………………………………………128
   8.5.2 常见地税税种………………………………………………………129
 8.6 国地合并：对于纳税人有哪些好处？…………………………………130
   8.6.1 国税、地税的前世今生……………………………………………130
   8.6.2 国地税合并的好处…………………………………………………131
 8.7 发票相关：交易双方权益的保证………………………………………132
   8.7.1 发票常识知多少……………………………………………………133
   8.7.2 不同行业税点为什么相差这么多？………………………………134

第9章 商业法规：有哪些行为一定不能做 …………………… 135
 9.1 创业最基本的商业法律知识……………………………………………136
   9.1.1 创业者必看的法律法规……………………………………………136
   9.1.2 创业者如何正确认识法律的意义？………………………………138
 9.2 常见的风险与陷阱有哪些，如何避免？………………………………139
   9.2.1 初创企业常见的法律风险…………………………………………139
   9.2.2 遭遇创业陷阱如何冷静面对？……………………………………141
 9.3 企业与员工发生劳务纠纷如何处理？…………………………………142
   9.3.1 常见劳务纠纷解读…………………………………………………143
   9.3.2 劳务纠纷处理方法…………………………………………………144
 9.4 企业与其他企业发生合同纠纷如何处理？……………………………144
   9.4.1 常见合同纠纷解读…………………………………………………145
   9.4.2 合同纠纷处理方法…………………………………………………146
 9.5 企业与其他企业发生债务纠纷如何处理？……………………………146
   9.5.1 常见债务纠纷解读…………………………………………………146
   9.5.2 债务纠纷处理方法…………………………………………………147

9.6 企业遭遇知识产权纠纷如何处理? ·················· 148
 9.6.1 常见知识产权纠纷解读 ·················· 149
 9.6.2 知识产权纠纷处理方法 ·················· 149

第 10 章 团队建设:不打仗,就练兵 ·················· 151

10.1 团建活动的间隔时长,如何设定? ·················· 152
 10.1.1 团建活动的目的和意义何在? ·················· 152
 10.1.2 团建过程中的注意事项 ·················· 153

10.2 选择最适合团队风格的团建方式 ·················· 154
 10.2.1 有目的性地进行团队放松活动 ·················· 154
 10.2.2 小成本也能做出好的团建 ·················· 155

10.3 重在增进成员感情,增强团队凝聚力 ·················· 157
 10.3.1 团队活动项目安排注意事项 ·················· 157
 10.3.2 通过团建发现团队中的优秀人才 ·················· 158

10.4 不是散养娱乐,不可花钱外包随意搞 ·················· 160
 10.4.1 团建活动必须管理者亲力亲为 ·················· 160
 10.4.2 负面案例:常见失败团建活动的教训 ·················· 161

10.5 结束后别忘了关注团建的效果和作用 ·················· 162
 10.5.1 重中之重,团建之后该做什么? ·················· 162
 10.5.2 企业团建既要制度化,又不僵硬化 ·················· 163

第 11 章 公司管理:管理是技术,更是艺术 ·················· 165

11.1 开会畅所欲言,决定必须坚决执行 ·················· 166
 11.1.1 初创企业如何高效开会? ·················· 166
 11.1.2 相比会议决定,更难的是执行 ·················· 168

11.2 初创公司,公司结构如何设定? ·················· 169
 11.2.1 因人而异,因地制宜 ·················· 169
 11.2.2 最适合初创公司的公司结构 ·················· 170

11.3 用人不疑，疑人不用，如何放权？ ………………………… 171
 11.3.1 管理中的识人艺术 ……………………………… 171
 11.3.2 管理中的用人艺术 ……………………………… 172
 11.3.3 合理放权，事半功倍 …………………………… 173
11.4 公司内是领导，公司外是朋友 ……………………………… 173
 11.4.1 公司内是领导，公司外是朋友 ………………… 174
 11.4.2 领导与员工间的良性沟通方式 ………………… 175
11.5 既要权力执行高效，又要权力被监督 ……………………… 175
 11.5.1 如何保证权力被高效执行？ …………………… 176
 11.5.2 如何确保权力被有效监督？ …………………… 177

第12章 营销兵法：每家公司的营销都不一样 ……………… 179

12.1 电话营销：最具性价比的营销方式 ………………………… 180
 12.1.1 决定企业电话营销成败的关键因素 …………… 180
 12.1.2 电话营销负面形象如何改变？ ………………… 181
12.2 故事营销：成功品牌背后为人熟知的故事 ………………… 182
 12.2.1 消费者为什么如此热衷于品牌故事？ ………… 183
 12.2.2 品牌故事一定要做到"量身定制" ……………… 184
12.3 体验式营销：消费者感觉好才是真正的好 ………………… 185
 12.3.1 如何让消费者有沉浸感？ ……………………… 185
 12.3.2 创业公司如何做好体验式营销？ ……………… 186
12.4 让消费者成为你的"推销员" ……………………………… 187
 12.4.1 维护好老客户为什么至关重要？ ……………… 187
 12.4.2 口碑是一家创业公司的命门 …………………… 188
12.5 活动营销：通过会议和沙龙完成推广宣传 ………………… 189
 12.5.1 寻找最适合自己的活动营销方式 ……………… 189
 12.5.2 活动营销的准则是细水长流 …………………… 190
12.6 事件营销：社会热点是免费的流量红利 …………………… 191

12.6.1 培养敏锐的热点感知能力 191
12.6.2 事件营销分寸把握一定要适度 192
12.7 公益营销：成本不高，但效果奇好 193
12.7.1 公益营销是最佳的正向人性营销 193
12.7.2 如何抓住人性痛点做营销？ 195
12.8 病毒营销：互联网时代下的蝴蝶效应 196
12.8.1 对传播途径的把握能力 196
12.8.2 病毒式营销的一些副作用 197

第13章 广告宣传：广告如何做到精准投放 199
13.1 传统纸媒：单页、展架、海报的价值 200
13.1.1 传统广告如何提升投放效率？ 200
13.1.2 纸媒广告成功与否的关键在于设计 201
13.2 投在哪，投多少，最关键 202
13.2.1 首先要弄清楚投放的目的是什么 202
13.2.2 数据性的广告投放结果统计至关重要 203
13.3 音频广告：让消费者听见你的声音 204
13.3.1 音频平台投放广告的优势和劣势 204
13.3.2 哪些产品和服务最适合音频广告？ 205
13.4 视频广告：视频、短视频、直播、宣传片 206
13.4.1 视频平台投放广告的优势和劣势 206
13.4.2 哪些产品和服务最适合视频广告？ 207
13.5 互联网新媒体：如何巧选新媒体合作？ 208
13.5.1 如何甄别优劣自媒体平台？ 208
13.5.2 未来是软广告时代的全面兴起 209

第14章 互联网+：未来大家都将是互联网公司 211
14.1 互联网时代，企业网站是最低标配 212

- 14.1.1 网站是当今时代的创业最低标配 ... 212
- 14.1.2 企业网站需要展示哪些内容？ ... 213

14.2 全面触网，企业微信与微博的运用 ... 214
- 14.2.1 移动互联网时代，企业微信如何使用？ ... 215
- 14.2.2 移动互联网时代，企业微博如何使用？ ... 216

14.3 电子商务或无商可务，企业电商怎么做？ ... 217
- 14.3.1 电子商务不是生产贸易类企业专属 ... 217
- 14.3.2 适合初创企业的电商渠道 ... 218

14.4 公司媒体矩阵如何构建？ ... 219
- 14.4.1 只知道微信公号已经彻底OUT了 ... 219
- 14.4.2 企业媒体矩阵的本质 ... 222

14.5 新零售开启中国线下商业新篇章 ... 223
- 14.5.1 传统零售如何焕发全新生机？ ... 223
- 14.5.2 初创企业如何做新零售？ ... 224

14.6 与消费者做朋友的粉丝经济战法 ... 225
- 14.6.1 把顾客当上帝的思维是错误的 ... 225
- 14.6.2 如何才能让顾客成为粉丝？ ... 226

14.7 大数据面前对你的消费者了如指掌 ... 227
- 14.7.1 把用户数据牢牢把握在自己手里 ... 227
- 14.7.2 大数据面前消费者清晰可辨 ... 228

14.8 "专注极致口碑快"的互联网思维 ... 228
- 14.8.1 互联网思维"专注极致口碑快" ... 229
- 14.8.2 互联网思维不是万能灵药 ... 230

第15章 公司注销：如果失败，如何妥善收尾 ... 231
15.1 如何妥善安排公司员工的离职？ ... 232
- 15.1.1 如何向员工解释公司解散这件事儿？ ... 232
- 15.1.2 公司解散如何妥善处理员工离职？ ... 233

15.2 如何妥善处理公司创业团队的解散？ ············ 234
15.2.1 分手见人品，散伙更见人品 ············ 234
15.2.2 所谓有备无患，正用在此处 ············ 235

15.3 哪些公司资产应妥善安顿？ ············ 235
15.3.1 公司的有形资产如何处置？ ············ 236
15.3.2 公司的无形资产如何处置？ ············ 236

15.4 注销比注册一家公司要复杂 ············ 238
15.4.1 企业简易注销流程 ············ 238
15.4.2 企业一般注销流程 ············ 239

15.5 留得青山在不怕没柴烧 ············ 240
15.5.1 第三、第四次创业更易成功 ············ 240
15.5.2 从创业者变回职场人，心态如何调节？ ············ 241

15.6 值得初创企业学习的成功案例经验 ············ 241
15.6.1 创业成功者身上的优点 ············ 242
15.6.2 从成功中，我们能学到什么？ ············ 243

15.7 值得初创企业吸取的失败案例教训 ············ 244
15.7.1 常见的创业失败原因 ············ 244
15.7.2 从失败中，我们能学到什么？ ············ 245

15.8 创业是一场修行和生活方式 ············ 247
15.8.1 创业带给你的东西不仅是金钱 ············ 247
15.8.2 所有创业者，都是值得敬佩的人 ············ 248

第1章

从零到一:
创业前先回答几个问题

中国的第一代创业者,创业目的多数都是为了改善生活质量,提高收入水平,选择的行业也多数都是与衣食住行密切相关的。年轻一代的创业者们,显然无论是创业目的,还是创业领域,都要比老一辈的创业者更为丰富多彩。随着时代的推进,关于创业这件事,究竟哪些发生了变化,哪些又始终如初呢?

● 1.1 究竟为何创业？钱？机遇？梦想？

这是个十分包容的时代，无论你是赤裸裸地表示自己的创业唯一目的就是为了多挣钱，还是有一份想要改变世界的远大理想，在这个时代背景下，都会有相应的受众为你鼓掌。但初衷这种事情，对于每个创业者而言，都是至关重要的。它决定着你是否能在一帆风顺时保持低调谨慎，也决定这你是否能在遭遇困难时坚守如一。

1.1.1 创业初衷决定着创业的高度与远度

在写下这个标题之前，我特意选择了身边关系较好的一百个创业还算成功的创业者，问了他们同一个问题：你是否还记得当初你创业的初衷？现在你是否还在坚持？这个问题最终获得的答案是，有超过九十个人，对于他们的创业初衷都印象深刻，有些创业者已经在创业路上走过了十多年，但是提到这个问题时，他们依旧十分兴奋。

后来我担心如果只是询问创业成功案例的话，结果可能还不够公平公正。于是我又把同样的问题，询问了一百个同样经历过创业，但是因为种种原因最后没能够成功的创业者。他们很多现在已经开始了新的生活，有了新的工作，基本不会主动提起自己曾经的创业经历。这一次的询问答案是，只有不到三十个人，还记得他们当初创业的初衷。

作为同样是创业者，并且也曾完整经历过创业失败之痛苦和创业成功之快乐的笔者本人而言，这一案例留给我的印象同样十分深刻，以至于后来在多次的创业分享活动中，我都提到过这个案例。

对于这个案例，我个人的总结是：永远记得自己当初为什么创业，未必能够帮助你一定获得创业成功，但却可以让你在创业过程中屡屡面对艰难抉择时，更愿意选择坚持而不是放弃。

为什么创业唯一目的就是赚钱的创业者，成功率越来越低了呢？原因也十分简单。通过创业成功赚到大钱这种事的概率，虽然是比买彩票中大奖好上不少，但是却比买股票翻十倍难得多。回顾很多现在已经获得成功的创业者，他们在创业路上，曾经有非常漫长的阶段不仅赚不到钱，还要想尽办法四处筹钱投入其中。99% 创业就是为了赚钱的创业者，基本都"死"在这个过程中了。因为看不到光，所以很多坚持看上去就显得非常愚蠢。

但创业者相比普通人最大的差别就在于，创业者是因为相信而看见，普通人则是因为看见而相信。

1.1.2　法乎其上，得乎其中；法乎其中，仅得其下

这句话，是我认为关于设定目标这件事的最好的解读。为什么一个创业者一定要设定一个非常远大的目标，因为在实际操作中，理想的实现和执行势必会打折扣。设定一个高的目标，最终也许能得到一个中的结果；设定一个中的目标，最终也许只能得到一个低的结果；而如果设定的是一个低的目标，那么最终也许一无所获。

关于这种思维方式，我一直都建议所有的创业者牢牢记在心上，适用于创业路上的诸多选择判断。比如设定业绩目标，如果你的目标是一千万，那么最终的完成结果可能就是八百万；而如果你的目标是八百万，那么你的最终完成结果往往达不到八百万。所以如果你的底限是一定要完成八百万，那么就一定需要把目标定得更高一些。

如果我们认同"创业是一种生活方式"的创业观，那么这句话其实就是最能够代表这种人生观的核心观念——即不断向上，永不止步。创业是一条不可逆的道路，一旦开始创业，要么不断努力，不断战胜困难，越来越强大。而一旦停下来，势必就要开始走下坡路，因为创业这条路上从来都是长江后浪推前浪的，你的静止，对于后来者而言就是机会。

也有人咨询过我，如果我是个小富即安的人，那么我适合创业吗？答案自然是不适合，有小富即安思维的人，最适合干的是生意。目标就是一年赚个几十万，夫妻两个人一起开个店，顶多再聘请几个帮工，那么这样的生活其实也是非常幸福开心的。不一定非要创业，不一定非把自己逼上没有回头路的境地。

创业之于创业者而言，其实是一个不断否认自我，而后肯定自我，最终重塑

自我的过程。你会越来越明白，你渴望的生活究竟是折腾的，还是安逸的；也会日渐明确自己想完成的旅途，是多高多远。

● 1.2 职场履历和职业技能？

"英雄不问出处"的说法，在当下这个全新的创业时代，显然越来越不适用了。在之前的职场中毫无成绩，跳出来创业就可以逆袭命运的成功率太低了。如果你连在比创业容易不知多少倍的职场中都混不好，那么到了更困难、更复杂的创业浪潮中，失败只会来得更为猛烈。

1.2.1 相比职场普通难度，创业难度就是大神级操作

对于一个创业者而言，他在创业前职场中所能达到的最高高度，将很大程度上影响创业后他的事业高度。为什么会出现这样的情况，根源就在于创业之后，创业者就进入了思维和格局的输出期，而不是输入期。何为输出期？就是整个创业团队，你已经是最后的决策者，你没办法再和以前一样可以找人代劳做决策。

创业是一项综合性的资源整合过程，通过对现有资源的最大化整合，从而实现资源价值的提升和体现。虽然每个创业者在整合资源这件事上能力不尽相同，有高有低。但巧妇难为无米之炊，并不是所有人的际遇都无比幸运，生来父亲就是富豪，创业资源取之不尽用之不竭。对于背景平平的普通创业者而言，他所能拥有的最大资源，差不多就是他之前在职场中积累的资源总和。书到用时方恨少，同理，创业后方知资源储备越多越好。

对于很多年轻人而言，最好的创业方法是什么呢？不是买很多创业书籍，参与很多创业沙龙，听很多创业课程。当然，也绝不是轻易自己就去尝试去创业。而是寻找到一家靠谱的创业公司，最好是在其天使轮或 A 轮就进入公司，然后亲眼看着，亲身参与，一家创业公司究竟是如何从小到大，中间又会遇到哪些事情。当然，哪怕是这家创业公司最终没能走到最后，这样的经验教训同样对你终

身受益。

我上文中所提到的"职场是普通模式,创业是大神级操作模式"的说法,并不是在吓唬初创业者。而是对所有对于创业缺乏最基本的客观了解、对创业的难度也毫无心理准备的创业者的提醒——永远要对创业心存敬畏,这是一件十分伟大,同时也必然十分艰辛的事情。我们可以不以成败论英雄,但是我们不能盲目鼓励和支持那些必败无疑的"表演式创业"。

1.2.2 一毕业就创业可行吗?

目前市面上关于青少年,甚至在校学生创业的态度上,或多或少有些偏鼓励。一种说法是,青少年原本就一无所有,所以完全可以想怎么创业,就怎么创业,不必过多思考结果。我非常不认同这样的说法,首先无差别、无针对性地对大众鼓吹创业本身就有问题。其次是恰恰因为青少年本身的一无所有,所以一旦创业失败,那么亏损大概率上要由他的父母家人来承担。这样的情况怎么能不加倍慎重?

另外一种态度就是鼓励青少年辍学创业,经常拿比尔·盖茨就是辍学创业这件事来做依据。一些思想更为激进的人,干脆宣扬起了"读书无用论",不如早点做生意创业。这样的思路非常不可取,是十分短视的一种看法。那些辍学后创业成功的创业者,重点在于他们本身资源的优越性和个人的优秀性,然后恰巧有了辍学这种经历而已。但这并不代表着,所有辍学创业的创业者就更容易成功,这是没有道理的。

对于一毕业就创业的群体,我个人是并不鼓励的。成功率我们摆在一边姑且不论,有多少二十岁出头的年轻人,能够非常笃定地阐述自己究竟最想要过怎样的人生?很多人创业不足够成功,正是因为在眼界还不足够广阔的时间点就开始创业,并且选了一个发展空间极为有限的行业。等到若干年后想通了,却发现时间早已来不及从头开始,也没有谁会给你这个机会重做选择。

而在职场几年后适合创业这件事,同样是因人而异。但是我们参考那些当下创业非常成功的创业者,往往在跳出原公司创业之前,都已经做到了公司的管理岗,其中多数更是已经达到了高层管理岗。一方面继续上升的潜力很有限,另一方面已经有相应的团队管理经验,非常适合跳出来创业。

所以我们对于职场人跳出职场自己创业这件事，建议尽可能在职场中先积累足够的能力、经验、人脉和资源。将来一旦开始创业，前期就可以通过这些资源，起码能够撑上个一年半载。而这个时间段，一面可以联络投资机构洽谈投资；另一面可以很好地适应全新的创业团队。毕竟做公司的老板和公司的中高层管理层，工作内容和性质都将发生十分大的变化。

• 1.3　我拥有哪些别人不具备的资源？

我最常对创业者说的一句话是，别总说你自己想创造什么，先说清楚你已经有什么。优秀的创业团队，往往在创业之初，就具备以下几点成功要素中的一点或几点：生产资源、渠道资源、人脉资源。

1.3.1　创业本质是整合资源，你的资源是什么？

生产资源，即具备某种产品的优秀技术生产能力。生产资源优势，在长三角和珠三角这样的国内制造业生产基地，具备非常好的客观优势。在我们之前的创业咨询工作中，很多来自长三角和珠三角的年轻创业者，不少都会选择在加工制造业领域进行创新和创业，然后通过电商或零售方式进行销售。

为什么上述区域的创业者倾向于选择生产某种工业制造品进行创业呢？其一当然是当地的整体经济基础决定的，长三角和珠三角是中国工业制造能力最强、品类和产业链最完善的区域，这是"地利"上的资源优势。其二就是这些创业者身边的人，尤其是上一辈亲属多数都是相关行业的从业者。他们对于整个行业非常清楚，创业者在创业过程中有任何问题，他们都可以帮助解决，这是"人和"上的资源优势。在"地利"和"人和"具备，整个国家宏观上又在鼓励大众创业、万众创新以及消费升级的"天时"背景下，这样的创业行为，成功率就会大大提高。

渠道资源，即掌握某一产品销售渠道的运作。掌握商品的生产资源，主要可以控制的是产品的品质和成本，也就是站在了整个产品链的上游。而另一些创业者，他们却是拥有产品链下游的一些资源。

我的一个朋友，曾经在一家全国知名的 O2O 互联网平台工作。当时他负责的主要工作，是所在城市的餐饮类商家。工作几年下来，他与该城市的上千家的餐饮商家个体老板们，保持了还算不错的关系。后来他从原来的公司辞职创业，自己做了一家综合性的餐饮贸易公司，为全城的餐饮商家提供一些新品牌酒水。那么对于这位创业者来说，他所销售的商品并不是他自己生产的，生产资源不是他的优势。但是他创业之初，就与所在城市的上千家餐饮门店老板有一定的关系，所以他的出货渠道是完全不用担心的。而这，其实就是典型的具备销售的渠道资源。

人脉资源，即拥有融资圈或行业圈内较广阔的人际资源，能够在创业当中获得相应帮助。

人脉资源其实是最容易理解的了。为什么同样是创业，而且商业模式各方面都差不多，但 ofo 和摩拜的创始人就可以拿到大量来自风投机构的投资，而其他的很多三四线单车品牌创业者，虽然也想方设法寻找投资，但是最终还是无疾而终了呢？关键就在于，ofo 和摩拜的创始人，具备投融资行业的人脉资源。

1.3.2 整合资源需要创业者具备哪些素质？

成功的创业者身上，总会有许许多多的闪光点，让你感受到他们的杰出与优秀。经过过去这些年对于成功创业者的持续跟踪关注，我们发现在他们身上，有以下几点最为重要的基本素质。

情商：主要指人际交往能力与沟通表达能力。我们说创业是整合资源，优化配置，从而释放出更大价值的过程。那么整个整合资源的过程，都是在和谁打交道呢？当然是和人打交道，无论是和自己团队里的员工，还是和合作伙伴或客户，统统都需要创业者必须有非常良好的人际交往能力和沟通协调能力。创业者可以外向也可以内向，但是必须要善于交往，并且能够较快明了对方的诉求与想法。

心商：主要指情绪控制能力与心理调节能力。创业路上十分艰辛，经常会遇到让创业者情绪波动的事情，如果创业者不善于做情绪管理，动辄大发雷霆。且不说对自己身体的伤害如何，对于创业团队的负面影响也十分巨大。

健商：主要指健康意识与保持身体健康的能力。身体健康对于创业者有多重要，这点在你加班的时候就深有体会了。多数的创业者，每天的工作时长都在十几个小时，因为临时性的情况熬夜加班也十分常见。那么如何在高强度的工作压力下，还能够保持精力充沛，就需要创业者有一个好身体。生活习惯要健康，运动锻炼也必不可少。身体永远都是革命的本钱。

逆商：主要指抗压能力与持之以恒的能力。逆商，是所有创业者身上，最值得被关注的人性闪光点。创业多久才能成功，对于每一个创业者而言，答案都是不尽相同的。那么在创业成功来临之前，创业者必须做到的事情是什么？创业路上顺利的事情不多，困难的事情遍地都是。但要相信每比别人多经历一次失败，就比别人更接近一步成功。

• 1.4 创业是否是你的一意孤行？

创业不是逆天改命，创业是水到渠成。如果一个人不建议你创业，或许是这个人本身的问题；但如果所有人都不建议你创业，那么多半就是你这个人的问题。当局者迷，旁观者清。很多时候那些一门心思想要创业的人，只是被一时的情绪冲昏了头脑。创业者可以少听关于创业项目的意见，但是一定要多听别人对你是否适合创业的意见。

1.4.1 创业是逆人性的，不被理解很正常

我经常听身边的一些创业者吐槽，创业压力大，家里人还不支持，感觉就要撑不住了。创业浪潮在全国范围内的兴起，也不过就是近十几二十年的事情，尤其是近几年"双创"口号铺天盖地，创业才真正算是为多数人所熟知。80 后和90 后，成为当下创业者中的主力军。对于 80 后、90 后的父母这代来说，他们的职场经历几乎是和"创业"没有太多关系的。所以父母不理解，是非常正常的事情。

那么创业者在面对不被理解的时候，要分情况来对待，一般不理解的点，主要集中在两方面。

一是创业行为不被理解。最常见的例子是，对年轻人放着十分稳定安逸的铁饭碗不干，非要辞职下海创业这种事，很多长辈不能理解。也就是说，他们并不是对你创业不理解，而是对所有创业者都不理解。这样的话，也就基本不存在解释的必要了。

创业是逆人性的事情，即所有成功的创业者，都需要直面人性当中生而有之的对未知的惶恐、对安逸的渴望、对稳定的迷恋。普通人是因为看见而相信，创业者是因为相信而看见，这就是创业者与普通人之间最大的思维差异。所以如果是针对"干吗要创业"这样的话题争论，我们只能一言以蔽之——夏虫不可语冰。

二是创业项目不被理解。中国的80后、90后这代人，经历了中国互联网行业由无到有，由小到大的过程。而关于这个新兴行业中的很多商机和商业模式，不能被上一代人理解是非常正常的。哪怕他本身也是成功的生意人或企业家，但隔行如隔山，未必就一定能够深刻理解年轻一代创业者们的创业项目的真正价值在哪里。

所以对待创业项目不被理解这件事，最好的处理方式就是不予置评。只要把项目做好，有了比较稳定的营收，那么关于项目的盈利模式自然就是清晰明了的了。与非同行讨论创业模式，并不是一件很明智的事情。

1.4.2 危急关头，自己是否有所依靠？

可能有创业的朋友会问，创业不是该破釜沉舟的吗？为什么还要提前考虑危急关头的退路？大家需要明白一个道理，拼命最大的价值在于即使失败了将来也不后悔，而不是说拼命就一定会成功。所以能够不用到拼命，能够做到未雨绸缪，为什么非要走最无可奈何的那条路呢？

真正有远见的创业者，会在创业之前就充分评估好风险水平和自己的承受能力。在自己的承受能力范围内进行试错，并且在自己可以承担的结果范围内随时结束试错。也就是说，哪怕是创业，同样是有些错可以犯，有些错不能犯。错误犯到什么程度，换句话说试错赔到什么阶段，必须即刻停止，无论看上去多有"希望"。

另外，我还是坚持创业是一种生活方式的观点。既然是一种生活方式，那就不存在"毕其功于一役"的情况。就和人应该坚持终身学习一样，创业也同样应该坚持终身创业。无论创业成功之前,还是成功之后,都要保持创业心态的连贯性。

遇到创业的重大挫折,真正该做的不是"我跟它拼了",然后弹尽粮绝。而应该是留得青山在,不怕没柴烧。不让公司伤筋动骨,不使团队四分五裂,那么就一定还有机会逆袭和改变。无论创业路上遇到怎样的问题和挫折,首先都要问问自己,最糟糕的结果是否能够承受。如果不能的话,要及时向团队说明清楚。

● 1.5 创业的启动资金从哪里来?

多数人谈到创业,首先想到的就是启动资金从哪里来。这就和过去谈到做生意,首先想到的是本金从哪里来。启动资金的多寡,直接决定创业者可以选择的创业方向和空间。另外,启动资金的多寡,还能够决定公司在开业之后,初期可以搭建的团队规模、可以试错的时间。

1.5.1 创业哪些钱不该用,哪些钱不能碰?

无论你多么想创业,也应该清晰地认识到,哪些钱是不该用的。

1. 信用卡套现。首先,信用卡套现是非法的。其次,信用卡套现后分期偿还的利息并不低,而且经常会有一些利息上的文字游戏。最重要的是,信用卡分期的还款方式,是按月偿还。而对多数创业者而言,可以较长时间使用的周转资金,才是至关重要的。比如,借贷一笔资金,在一年或两年之后一次性连本带息偿还这种方式,要比每个月都分期偿还,更符合创业者对于资金的需求。

另外,信用卡作为银行发行的信贷类产品,其本身与个人的征信报告直接相关。如果出现了逾期情况,会被记录在征信报告后五年才能消除。而对于部分通过多张信用卡进行套现操作的创业者,如果因为创业失败导致多张信用卡同时逾期,那么对于个人征信报告的负面影响无疑是十分巨大的。这会导致创业者接下来涉及的银行类信贷产品都受到影响,例如房贷、车贷、信用贷等。

2. 网贷。互联网金融行业在最近的几年间,有了突飞猛进的发展。只需要凭借一张身份证,就可以在几十家平台,轻松借到平均几千到几万不等的额度。但是相比信用卡在发卡前有银行的专业风控部门进行持卡人的风险评估,各家网络小贷平台的征信和风控水平就显得十分参差不齐。风控差,那坏账率就高,如何在坏账率高的前提下保证利润率呢?毫无疑问,就是提高利息,而且为了躲避相关法律规定,网贷还会使用各种手段来应对借贷者。

在校园贷被监管层叫停之前,大量的网贷公司就曾向不少无力还贷的在校大学生发放高利息贷款,甚至还出现了"裸贷"等一系列的恶性案件。因为创业而去借网贷这种行为,其实非常可惜。创业本就是极高风险的行为,再通过网贷这种高杠杆进行二次高风险累积,如果创业者本身没有极强的控制管理能力,一旦创业失败,创业者将面临网贷公司外包的催债公司暴力催债,会严重影响正常的生活。

3. 高利贷。其实绝大多数的社会型贷款,尤其是民营企业非常熟悉的"过桥贷款",如果单论利息高低,都可以算作是高利贷。对于加杠杆创业这种行为,我们非常不推荐,甚至强烈反对。创业不是投机,它是经年累月沉淀之后的厚积薄发。创业企业如果无法通过正常的投融资渠道获得启动资金,那么就应该根据自身的实际情况筹备自己创业,切不可盲目贪快贪大,得不偿失。

1.5.2 不能要求所有人为梦想不顾一切

曾经有一个创业者问过我这样一个问题:创业的初期,如果还没有真正开始有收入之前,是不是可以暂时先不发放工资,只是承诺分红和期权,等将来公司做大了再多发工资?我记得当时我的答案是,那如果将来公司没做大,或者干脆就是倒闭了呢?难道这工资就算是一笔勾销了?

创业者强调梦想,强调 ALL IN,强调全力以赴,这些统统都没有问题。但是创业者应该记住,你可以如此要求自己,但是不能如此要求团队里的每一个人。因为每一个团队成员加入团队的目的不同,每个人的家庭背景也不同。对于有些人工资可能只是零花钱,但是对于另一些人工资可能就是他维持日常生活的最基本保障。

对于创业者而言,既要做到志向远大,同时还要做到脚踏实地。如果一个创业者连创业团队的工资都无法按时发放,那么他是没有资格要求团队成员全力以赴的。如果创业团队前期收入压力的确巨大,那么就应该把薪资标准体现在入职合同上,可以发得较低,但是要确保按时按量,绝不能够画大饼。对于所有创业者而言，这不仅仅是创业的底线，同时也是做人的底线。

1.6 创业伙伴是谁？

绝大多数的创业团队，离不开四类人：亲人、朋友、同学、同事。因为这些人在日常生活中与创业者最近，所以创业者在准备创业时，首先想到的就是这四类人。但是合伙做生意在中国究竟有多难？我推荐大家去看一部电影，名叫《中国合伙人》。

1.6.1 私交是一码事，伙伴是另一码事

多数创业成功的企业家，都曾提到过一个关于创业的观点，叫作逆人性。在创业路上许多的重要抉择，往往都需要抛开面子，不顾人情，甚至还要足够决绝。我见识过非常多的创业公司之死，并非死于商业竞争，而是死于团队内斗。而这种内斗，其实从团队组建之初就已经埋下了伏笔。

我们没办法确认和好朋友一起创业这件事，究竟是好还是不好。因为成功的案例有，失败的案例更多。选择好朋友合伙创业，其实就类似于一种"任人唯亲"，因为你和他关系好，所以你就选择了和他一起，却忽略了他是否适合这个团队，又是否适合创业。那么，如果要选择亲人、朋友、同学、同事一起创业，你需要首先考量哪些事情呢？

对方的家庭情况。对于两种家庭背景的合伙人，应该着重关注。第一是家庭条件非常困难的，第二是父母思维非常传统的。一个人的性格和行为，很大程度上受到原生家庭的影响。创业是高风险行为，一旦失败，大概率上作为一个年轻的创业者，家庭可能就是他唯一的退路。如果他本身家境十分困难，那么很有可能创业失败会导致他彻底陷入人生绝境，这样的人其实是不适合参与创业活动的。而父母思维非常传统，主要集中在对子女的管控非常强势，子女必须按照他们的想法进行生活。这样家庭成长的孩子缺乏人生的独立性和主见性，很难在创业这种高压力、高竞争的环境中适应。

对方的感情情况。很多人会觉得，工作是工作，感情是感情，两者有必然关系吗？当然是有的，我们很难想象，一天到晚都在忙着和女朋友分分合合，上演着催泪大戏的人，能够把工作做好。创业是需要全心全意投入的一件事，加班十分常见，如果因为创业导致他没办法把更多的时间用于陪伴爱情的另一半，那么他的另一半是否可以接受、理解和支持？还有一点，对待感情三心二意的人，其实也不适合创业。创业需要高度的专注，而见微知著，对待感情不够专注的人，多半对待事业也缺乏足够的坚持和韧性。

对方的职场情况。无论合伙人加入创业团队后担任什么职位，他都需要具备相应的工作能力，最好还能同时具备行业资源和人脉资源。那么在创业之前，他从事哪些工作，在哪些公司从事，完成过什么样的成绩，这些统统都应该纳入对团队成员的考核当中。空有一门心思的豪言壮志，但是一点工作特长和能力都没有，那这样的人收进创业团队，只会成为团队的负担。独当一面，是创业合伙人所需要具备的最基本能力。

对方的创业心态。作为创业者，在筛选创业合伙人时，首先要明确自己是为什么创业。如果自己创业就是为了没人约束，那你最好也寻找同样想法的人加入团队，未来在日常工作的搭配中更容易三观契合。同样，如果是为了多赚钱，那么最好也寻找赚钱欲望强烈的；如果是梦想主导型的，那么最好也寻找为了梦想可以付出一切的。一个人的创业动机不同，那么他们在日后的工作当中，所表现出来的状态也会截然不同。

1.6.2 害人之心不可有，防人之心不可无

创业是需要严格考量投入和产出的商业行为，团队中的每一个人，尤其是合伙人，加入团队的第一件事，就是要明确每个人的权利与责任。所谓权利，一般就是根据所出股本对应的投票管理权和收益分红权。而所谓责任，就是指他们所承担的岗位职责和对亏损的承担比例。

因为创业失败，导致兄弟反目，朋友成仇的案例，屡见不鲜。归根结底，是因为很多的人是经不起利益考验的，尤其是不提前将利益的分成划分好的情况下。创业刚开始的时候，每个人都嘻嘻哈哈很开心，结果创业遇到问题时，每个人的想法都不一样，开始发生矛盾。如果创业彻底失败了，每个人都要承担损失的时

候，更是翻脸不认账。

那么正式开始之前，合伙人之间应该如何做到有备无患呢？首先要做的就是先签订一份"君子协议"。在这份协议当中，不妨把公司接下来有可能遇到的所有最糟糕的事情，全部都一一陈列，并且附上处理方式。如果有一天协议上的事情发生了，大家就按照协议上的约定执行即可，无须再打嘴仗。可以写明的内容包括以下几方面。

合伙人之间遭遇重大分歧，谁有最终决定权。合伙人之间最常遇到的麻烦，就是到底谁说了算。公司不大，各种名字带"总"的却不少。对于创业团队而言，决策的高效至关重要，如果遇到问题就要合伙人开会解决，那么势必造成团队发展受阻。能够妥协的小矛盾还可以通过协商解决，遇到无法统一意见的重大分歧时，一定要有一个人，有绝对的拍板定案权，其他合伙人也必须对最终的决定保持高效执行。

创业彻底失败，如何承担责任与债务。创业的失败永远都是大概率事件，所以不提前对创业彻底失败后如何收场的事情做好准备，本身就是对创业团队不负责任的态度。虽然公司法里也有关于公司注销的相关流程，但是对于绝大多数的合伙人而言，其方式太过死板，执行性较差。创业失败，与团队中的每个人都息息相关，没有人有资格完全推卸责任。提前将创业失败的损失责任明确到每个合伙人身上，是最好的安排。

合伙人中途退出，如何善始善终。天下没有不散的筵席，公司在一路成长的过程中，有人进自然就有人出。多数创业者在创业之初，心心念念的都是团队齐心合力创大业，根本没有想过，可能很快就会有合伙人退出。所以一旦发生这种突发情况，团队就会遭受重大打击，影响公司整个的管理架构。合理的合伙人退出机制，必须提前三个月甚至半年提出，由其他合伙人妥善处理其股权及工作，才能退出；否则的话，应约定较为严厉的惩罚机制。

合伙人的薪资标准，如何设定。一般情况下，创业团队的合伙人，应该拿的是团队中等偏下的薪资，然后给团队的骨干成员较高的薪资。那么合伙人的收入从哪里来呢？当然是从年终的分红当中来。如果一年下来，公司整体发展较好，那么合伙人就可以获得不错的收益；如果一年下来，公司的发展情况不佳，那么合作人自然也不应该从公司获得较高的收入。创业公司的合伙人和成熟公司的高管是截然不同的两种性质，不能在薪资标准上进行参考模仿。

第 2 章

公司注册：
注册一家公司的流程

对于所有创业者而言，下了决心要创业，那么首先需要面对就是公司注册。虽然近些年来从国家层面为了方便更多人参与创业，对于公司注册和经营的相关流程不断进行了优化。但如果你是一个完全的新手，那么如果你打算自己亲自走一遍公司注册流程的话，你还是要提前做好心理准备。

● 2.1 核名：成功从一个出色的名字开始

日常生活中，孩子的父母想为孩子起个好的名字，往往都会煞费苦心。而对于多数创业者而言，对于自己所创办公司的感情，只怕一点都不比自己的孩子差。我们常说人如其名，其实公司也同样如此。通过一家公司的名字，我们可以直观地感受到这家公司所追求的方向和价值观。

2.1.1 公司名称的基本工商规定

公司名称对一个企业将来的发展而言，是至关重要的，因为公司名称不仅关系到企业在行业内的影响力，还关系到企业所经营的产品投放市场后，消费者对该企业的认可度。

创业者在前往区工商局进行企业名称预查之前，需要提前想好至少 3 个以上的公司备选名称，如果能够想到 5 个以上更好。因为目前各地的公司注册数量都很庞大，除了重复的公司名不能使用外，还有其他多重相关法律法规禁止使用的情况。所以对于新公司来说，尽可能提前多想几个公司名称，终归是好的。而这些备选公司名称，在填写资料时，也应该按照类似高考志愿那样，由上到下，依次按照自己意愿由强到弱排列。新注册公司的名称申请，一般要走如下几步流程。

① 名称预查。需填写《名称预先核准申请书》，股东、法人提供身份证，名称预查是在公司注册所在地区的工商局。

② 名称审核。区工商局预查通过后，报市工商局审核，一般需要 3~5 个工作日左右。

③ 颁发证书。企业名称审核通过后，由工商局打印注册公司查询《名称预先核准通知书》，有效期为半年，若半年内还未办理工商登记，可以延期，再延长半年，有效期至多 1 年。

公司名称的最基本要求：避免存在误导意义的名称；拒绝具有消极意义的名

称；尽量避免使用字母和数字；字号部分的数字不宜过多；部分的字词应易读易写，便于记忆；字号应该适合消费者的口味；公司名称中不应包含另一个公司或者企业名称；公司名称不得侵害其他公司、企业的名称权；不得含有法律法规明文禁止的内容；不要使用已吊销或者注销不到 3 年的公司名称；不得使用与其他企业变更名称未满 1 年的原名称相同的名称；经商标权人许可，商标可以作为字号申请公司或者企业名称。

2.1.2 起名法则：简洁、上口、寓意好、贴合行业

上文中我们提到了很多公司在起名的过程中，一定要注意的相关规定中的不允许。那么企业在起名的时候，又该重点关注哪些细节和内容呢？换而言之，就是究竟怎样的企业名称，才称得上是个好名字呢？

简洁。公司名称一般由四部分组成：行政区划＋字号＋行业特点＋组织形式。其中只有"字号"部分，是可以由创业者自己设定的，其他部分都有相关的法规要求。如果你足够细心，就应该发现，目前中国的绝大多数知名企业，基本都是两个字的名号，极少数会用到三个字，四个字以上的就更是不多见。为什么会如此？因为字号越简洁，消费者记忆起来越容易，在今后的品牌传播和广告投放时，都会有非常大的好处。

上口。无论是给人起名，或是给公司起名，都十分忌讳一种情况，就是选用生僻字。如果多数人看到一个名字时发现有字竟然不认识，这自然十分尴尬。而且每一次都需要给消费者普及生字的读音和寓意，显然也不是什么高效率的事情。还有，公司的名称所使用的文字，还需要特别注意多音字和国内各地区方言的读法。

寓意好。最经典的案例，莫过于电子商务行业的巨头企业阿里巴巴。提到阿里巴巴，多数人首先想到就是芝麻开门。而故事中念出这句"芝麻开门"后，紧接着打开的就是财富之门。阿里巴巴的定位是服务中小企业，为中小企业带来订单。那么取阿里巴巴这个名字，对于生意人而言，就是非常好的寓意。

贴合行业。百度是世界上最大的中文搜索引擎公司，它所提供的最主要服务，就是为用户带来最便捷、最丰富的搜索结果。百度这个名称取自于辛弃疾的名句"众里寻他千百度，蓦然回首，那人却在灯火阑珊处"。毫无疑问，这

一名字，与作为搜索引擎的百度公司业务十分相符，且留给了用户无尽的想象空间。

2.2 报审：每一样都重要

企业的名字选好了，而且已经通过了预审。那么接下来创业者就应该准备到所在城市的工商局或行政大厅进行公司注册报审工作了。在这项工作中，有三个企业相关信息是非常重要的，分别是注册地址、营业范围、注册资本。那么创业者在注册公司时，针对这个项目，应该注意哪些内容呢？

2.2.1 新公司注册地址的相关注意事项

公司注册地址是在公司营业执照上登记的"住址"，一般情况下，公司以其主要办事机构所在地为住所，不同的城市对注册地址的要求也不一样，具体应以当地工商局要求为准。

根据我国法律规定，公司以其主要办事机构所在地为住所。办事机构所在地，即公司开展业务活动和处理公司事务的公司机构所在地。对于达到一定规模的公司来说，公司的办事机构往往有多处，考虑到公司地址的上述意义，我国法律明确规定公司地址只能有一个，因此在有多处办事机构的情况下，应根据各办事机构所处理业务的性质不同，确立其中一个为主要办事机构，而该公司的住所便是该办事机构所在地。

公司注册地需要注意的内容主要集中在三个方面。

① 什么样的房屋可以用作公司注册。按照《公司法》的规定，公司注册房屋属性必须是商用。写字楼、商铺自然是典型的商用房屋，而商务两用的公寓，就要看房产证上标明的性质是商用还是住宅。但是在实际情况下，全国各地不同城市的具体实行标准也不尽相同。比如在一些工商改革试点城市，已经允许电子商务这种纯线上业务公司的注册地可以在住宅中，但是还需要符合其他各项细节

规定。

② 同一城市不同行政区注册的区别。在同一座城市内，不管在任何地方租赁一处商用房屋，注册下来的公司是不是就完全一致呢？答案自然是否定的。按照现行的《公司法》规定，公司注册需按照住所所属的行政区，到对应的工商局进行注册。注册成功后，公司也归属于对应的工商局管理。所以创业者在租赁办公场所时，应该提前了解一下所在城市各个区域工商局的办事效率和服务态度，这对日后的公司运营很有帮助。而且日后如果涉及公司地址变更跨区的情况，需要到两个区的工商局都办理。首先到迁入地工商局办理迁入，然后拿着《企业迁移通知书》到迁出地工商局办理迁出。

③ 如何以高性价比的方式注册公司。对于不少的创业者而言，租赁办公室的费用是创业成本中的一笔大资金。尤其是在大城市里，在高房价的带动下，办公地址的租赁价格同样不菲。那么有什么高性价比的公司注册地选择吗？其一可以选择与朋友的公司联合办公，因为目前相关规定并未禁止同一办公地址仅可注册一家公司；其二是可以入驻当地的众创空间和孵化器，他们一般都可以提供公司注册的地址。

2.2.2　新公司经营范围的相关注意事项

经营范围是指国家允许企业生产和经营的商品类别、品种及服务项目，反映企业业务活动的内容和生产经营方向，是企业业务活动范围的法律界限，体现企业民事权利能力和行为能力的核心内容。简单来说，经营范围是指企业可以从事的生产经营与服务项目，是进行公司注册申请时的必填项。

创业者在注册企业填写经营范围的时候，应该在法规允许的范围内，尽可能将经营范围类目填写得更丰富完善一些。因为对于很多的创业企业而言，创业者开始想象的服务内容，会和后期实际经营的类目存在一定的偏差。所以前期如果把经营范围写得更详细一些的话，那么就可以在一定程度上避免后期不断修改的琐碎流程。

那么作为一名创业新手，如何知道自己所选择的公司类别比较完整的经营范围可以写哪些呢？这里我们教各位创业者一个方法，目前互联网上有很多可以查询公司工商信息的平台，例如天眼查、企信宝等网站。创业者可以根据自己选择的公司类别，例如"网络科技有限公司"，那么你就直接在平台上查询相关关键词，排名靠前的一般都是该领域内最为知名的一些成功企业。这些企业的经营范围，一般都是经过了多次修改和完善的，创业者可以直接对照进行填写。

常见公司类别的经营范围，这里我们也做下示范。

网络科技公司：网络通信科技产品领域内的技术开发、技术咨询、技术转让、技术服务，计算机网络工程，计算机软件开发及维护，计算机辅助设备的安装及维修，电子产品的安装和销售，计算机及相关产品，办公用品的销售，企业管理咨询。

广告文化公司：组织文化艺术交流活动；文艺创作；体育运动项目经营；承办展览展示；婚庆服务；摄影服务；摄像服务；公共关系服务；礼仪服务；模特服务；会议服务；大型活动组织服务；经济信息咨询；婚纱礼服出租；花卉租摆；舞台策划；摄影器材租赁；舞台灯光音响设计；电脑图文设计；电脑动画设计；设计、制作、代理、发布广告。

商业贸易公司：销售食品、针纺织品、服装、鞋帽、日用品、化妆品、钟表、眼镜、箱包、文化用品、办公用品、体育用品、珠宝首饰、集邮票品、纪念币、工艺美术品、玩具、游艺用品、室内游艺器材、乐器、照相器材、医疗器械；避孕套、化肥、农业用薄膜、化工产品、矿产品、金属材料、农药、农业机械、自行车、摩托车、汽车、汽车摩托车零配件、机械设备、家用电器、计算机软件及辅助设备、通信设备、电子产品、电气机械、电子元器件、仪器仪表、文化办公用机械、消防器材、润滑油、健身器材、粮食、新鲜蔬菜、新鲜水果、未经加工的干果及坚果、禽蛋、不再分装的包装种子、饲料、社会公共安全设备。

游戏公司：从事互联网文化活动；技术服务、技术转让、技术开发、技术推广、技术咨询；软件开发；电脑动画设计；工艺美术设计；设计、制作、代理、发布广告；基础软件服务；应用软件服务。

职业中介公司：人才信息的收集，归纳与发布；为企业经营提供咨询服务，劳务咨询提供咨询服务，人力资源咨询提供相应服务，为企业策划，改革提供相应服务；专业的人才培训，人才推荐，人才规划，人才派遣，就业指导；劳务派遣，房地产咨询，网络信息咨询，保洁家政咨询等。

2.2.3 新公司注册资本的相关注意事项

注册资本,是指合营企业在登记管理机构登记的资本总额,是合营各方已经缴纳的或合营者承诺一定要缴纳的出资额的总和。我国法律法规规定,合营企业成立之前必须在合营企业合同、章程中明确企业的注册资本,合营各方的出资额、出资比例、利润分配和亏损分担的比例,并向登记机构登记。注册资本与注册资金的概念有很大差异。注册资金是国家授予企业法人经营管理的财产或者企业法人自有财产的数额体现。根据 2014 年 3 月 1 日起实施的新《公司法》,对于企业的注册资本进行了如下的修改。

① 将注册资本实缴登记制改为认缴登记制。也就是,除法律、行政法规以及国务院决定对公司注册资本实缴有另行规定的以外,取消了关于公司股东(发起人)应自公司成立之日起两年内缴足出资,投资公司在五年内缴足出资的规定;取消了一人有限责任公司股东应一次足额缴纳出资的规定。转而采取公司股东(发起人)自主约定认缴出资额、出资方式、出资期限等,并记载于公司章程的方式。

② 放宽注册资本登记条件。除对公司注册资本最低限额有另行规定的以外,取消了有限责任公司、一人有限责任公司、股份有限公司最低注册资本分别应达 3 万元、10 万元、500 万元的限制;不再限制公司设立时股东(发起人)的首次出资比例以及货币出资比例。

③ 简化登记事项和登记文件。有限责任公司股东认缴出资额、公司实收资本不再作为登记事项。公司登记时,不需要提交验资报告。

新《公司法》对于企业注册资本的最大变化,就在于注册资本从实缴制改为了认缴制。所谓认缴制,全称为"注册资本认缴登记制"。不仅取消了有限责任公司最低注册资本 3 万元、一人有限责任公司最低注册资本 10 万元、股份有限公司最低注册资本 500 万元的限制。而且创业者在进行工商注册时,取消了实际验资确认注册资本的过程,由创业者自己申报自己认缴的注册资本金额和对应时间。

但这里要特别提醒所有创业者的是,千万不要因为公司注册资本由实缴制变为了认缴制,注册资本就随意乱写,尤其是填写过高的认缴注册资本。因为注册资本在今后的企业实际运营过程中,如果发生商业纠纷或其他清算问题,相关部门都会依照公司的注册资本进行追责。所谓的"有限责任公司",注册资本的金额多少和承担责任大小之间，关系重大。

● 2.3　领照：你的人生多了新身份

就像每个人都有一张独一无二的身份证，用以证明国民身份一样；每一家企业都有一张独一无二的营业执照，用以证明企业身份。当完成了上一步骤的报审，接下来就是工商局走相关流程，最后通知你在几个工作日后去领取营业执照了。那么创业者在拿到营业执照后，除了开心和兴奋，还应该关注营业执照上的哪些内容呢？

2.3.1　营业执照上可以展示哪些公司信息？

所谓"三证合一"，就是将企业依次申请的工商营业执照、组织机构代码证和税务登记证三证合为一证，提高市场准入效率；所谓"五证合一"，就是实行营业执照、组织机构代码证、税务登记证、社会保险登记证和统计登记证"五证合一"登记制度。而所谓"一照一码"则是在此基础上更进一步，通过"一口受理、并联审批、信息共享、结果互认"，实现由一个部门核发加载统一社会信用代码的营业执照。而实行五证合一之后的营业执照，会显示哪些企业信息呢？

统一社会信用代码。 统一社会信用代码是一组长度为18位的用于法人和其他组织身份识别的代码。统一社会信用代码由国家标准委发布。国家标准委发布了强制性国家标准《法人和其他组织统一社会信用代码编码规则》。该标准于2015年10月1日实施。我国以统一社会信用代码和相关基本信息作为法人和其他组织的"数字身份证"，成为管理和经营过程中法人和其他组织身份识别的手段。

名称。 即公司的名称。公司名称一般由四部分组成：行政区划＋字号＋行业特点＋组织形式。所以通过公司名称这一项，可以看到这是一家注册在哪个地方的公司，它从事的行业是什么，以及它的公司形式是什么（有限责任、无限责任、股份制等）。

类型。法律对不同类别企业有不同的具体要求，如设立的条件、设立的程序、内部组织机构等。企业主要分类有：合资、独资、国有、私营、全民所有制、集体所有制、股份制、有限责任等。最常见的企业类型，是有限责任公司。如果股东只有一人，会在后面备注自然人独资。

住所。公司住所即公司的主要办事机构所在地，通常是公司发出指令的业务中枢机构所在地。公司的住所是公司章程载明的地点，是公司章程的必要记载事项，具有公示效力。普通企业注册对场地的要求为，公司租赁期必须是一年以上租赁期，租赁地址必须是商用、商铺、办公室等商用性质，必须是有着街道办或出租屋管理中心正规备案的地址。但是目前在某些省市，正在试行关于住宅类场地的公司注册地尝试。

法定代表人。法定代表人是指依法代表法人（公司）行使民事权利，履行民事义务的主要负责人。对于小微企业而言，法定代表人一般就是创业者自己了。

注册资本。这个在上文中我们已经进行了相对比较详细的介绍，实缴制时期可以通过注册资本直观地看到一家企业的实力水平。但是进入认缴制时期后，注册资本已经不能完全体现一家企业的实力，大家不要误以为某些看上去注册资本很高的企业实力很强。

成立时间。依照工商部门最终审批确认的时间作为企业的成立时间。创业者在商业合作当中，对方的成立时间也是一个应该重点关注的信息。对于比较大资金量合作的项目，要尤其慎重考察那些成立时间非常短的公司。

营业期限。经营期限为经批准的企业章程、合同中确定的经营期限，自登记机关核准之日起计算。经营期限长期，是工商行政管理在企业设立或变更登记时在申请书上注明经营期限为长期，而且企业地址需是商业用途和租赁期必须在一年以上，工商行政管理局就会批复长期的营业执照。而部分表明了非长期经营期限的企业，则需要在经营期限截止日期前，到工商部门进行续期操作。

经营范围。上文中也有对公司经营范围的相关介绍。这里提醒大家注意的一点是，要注意合作企业所从事的业务，是否与其营业执照上的经营范围相符。对于一些比如执照上显示是文化传播公司，但是实际上从事的却是金融投资相关业务类似的企业，要格外重视。很多经营项目除了营业执照外，还需具备其他特殊许可，否则就是非法经营。

登记机关。一般来说，公司的登记机关即所在城市对应行政区的工商部门。注册在不同行政区的企业，在随后的涉及行政和税务等一系列工作时，都要到指定的工商部门进行办理。如果创业者所在城市有高新区，应优先考虑将注册地选择在高新区。一方面服务态度更好，另一方面也会体验到相关的政策优惠和试行期的新政策。

二维码。营业执照上的二维码，最大的意义在于防伪。新型的营业执照在签发的时候带有二维码的防伪纹理标签。当需要对企业出示的营业执照进行鉴别的时候，只要用智能手机扫描营业执照上的二维码，就可以联网查询到防伪标签的纹理图样，然后和实物标签上的纹理图样进行比对，因为纹理标签是无法仿造的，所以就能实现防伪鉴别的功能。当确认纹理标签的真伪之后，还可以从后台系统查询到更多的企业工商注册信息。

2.3.2 如何正确使用好公司的营业执照？

一般来说，企业从工商部门领取到的营业执照，有一正一副两份。其中正本为 A3 尺寸，副本为 A4 尺寸，两份营业执照在法律上的效用是一致的。但是由于正本的尺寸较大，所以一般适合摆放在公司内部，作为公司合法经营的凭证。而副本尺寸相对较小，在日常公司业务需要用到营业执照时，可以携带副本出去办理。

那么创业者成功办理营业执照后，可以有哪些实际的作用呢？这里我们不妨举几个最常见的应用案例。

① 签订合同。在商业行为中，两家企业无论是签订合作协议，还是买卖合同，统统都需要以公司的名义，双方敲定公章才能够生效。而企业想要获得公章，首先就必须拥有营业执照。

② 注册商标。按照相关法律法规，注册商标的主体必须是商业机构，包括个体工商户或公司。那么如果创业者想要通过知识产权的方式对于自己的品牌进行保护，那么就必须拥有营业执照。

③ 网站备案。如果你想要搭建一家网站，并且获得监管部门的审核，那么

你同样必须先获得企业的身份，因为网站的备案是需要与营业执照进行一一对应的。

④ 企业账号。随着互联网时代的进一步推进，目前很多企业都会在不同平台开设企业媒体账号。相比个人账号，企业账号的功能更多，权限更大，也可以获得第三方的网络接口。企业可以通过这些开放的接口，进一步升级和自由设定自己的账号服务。最典型的，就是微信公众号的企业账号权限和认证功能。

⑤ 企业信用。对于创业者而言，如果在原本的自然人身份之外，增加了企业法定代表人的新身份，那么在个人征信上就又增加了新的数据。如果企业遵纪守法，有日常的经营流水和税务记录，那么对于创业者本人的社会征信也有非常大的帮助，比如在各家银行的授信额度，都会明显有所提升。

●2.4 刻章：各种章的各自用途

完成了上一步的营业执照领取后，创业者就可以携带营业执照到当地公安局指定的刻章单位进行刻章了。别看这些印章的尺寸不大，但却是公司法定权力的符号。创业者应该对于每一种印章的作用都了然于胸，并且合理保管与使用。

2.4.1 一家公司居然需要如此多的印章？

作为一家创业公司，目前最常接触到的印章有公司章、财务章、法人章（法定代表人章）、发票章、合同章等几种。

公司章。公司公章是公司处理内外部事务的印鉴，公司对外的正式信函、文件、报告使用公章，盖了公章的文件具有法律效力。公章由公司的法定代表人执掌，法定代表人如果把法定代表人章与公章一同使用就代表公司行为。

财务章。财务章，即财务专用章，是各单位办理单位会计核算和银行结算业务时使用的专用章，会计中心为各单位统一刻制了冠有单位名称和"会计中心（序号)"字样的财务专用章,并经单位领导授权后使用。

法人章。法人不是具体的人,而是单位。因此,真正的法人章其实就是单位的公章。但是由于人们在习惯上将真正的法人章称为公章,反而将法定代表人章称为法人章,在一定程度上已经约定俗成。所以将圆形的企事业单位或组织法人章简称为公章,而把方形的法定代表人章简称为法人章,只要沟通双方理解没问题即可。

发票章。发票专用章是指用发票单位和个人按税务机关规定刻制的印章,印章印模里含有其公司单位名称、发票专用章字样、税务登记号,在领购或开具发票时加盖的印章。

合同章。在合同上加盖合同专用章是指合同当事人经过协商,在达成的书面合同上各自加盖本公司的合同专用印章的行为。

2.4.2 印章如何妥善保管和使用?

由于公司的印章代表了公司的决定与权责,所以不管公司规模大小,公司印章都应该设定相应的使用管理制度。尤其是对于小微企业而言,切不可将公司印章随意摆放,员工随意使用,这将对公司权益造成极大的隐患。那么对于公司的印章,应该有哪些使用注意事项呢?

① 公司印章由专人保管。公司的公章、法人章,应由公司的法定代表人进行保管;公司的财务章应由财务部门负责人保管;公司的合同章应由市场部负责人保管。如果公司规模较小,没有对应部门负责人,那么应统一由法定代表人保管。

② 一般情况下,公章不得带离公司。如遇特殊情况,必须带出进行相关工作时,应由法定代表人亲自带出,或授权其他员工带出。使用完毕后,要第一时间归还。

③ 公司印章保管人因事离岗时,须由部门主管指定人员暂时代管,以免贻误工作。

④ 严格禁止在空白的合同、协议、证明等文件上,使用公司印章。

⑤ 公司印章如发生破损、丢失,应第一时间通知法定代表人知悉,并按照规定进行相关汇报和查处。

● 2.5 开户：选择一家合适的开户行

企业在日常的运营当中，一定会涉及资金的往来。那么按照国家法律法规的相关规定，企业在商业行为中的每一笔资金往来，都应该通过企业开设的对公账户进行。确保每一资金的进出有账可查，并且和发票一一对应。这样一来，才更方便税务部门的相关工作。

2.5.1 如何选择开户行和开户网点？

在选择企业的开户行之前，我们首先要对银行的类型进行一下了解。我们在生活中最常见到的银行，都属于商业性银行的范畴，区别于中央银行（中国人民银行）和政策性银行（国家开发银行、中国进出口银行、中国农业发展银行），主要承担社会的商业相关行为。

而商业性银行，又可以分为大型国有商业银行（工商银行、农业银行、中国银行、建设银行、邮储银行、交通银行）；全国性股份制商业银行（招商银行、浦发银行、中信银行、光大银行、华夏银行、民生银行、广发银行、兴业银行、平安银行、恒丰银行、浙商银行、渤海银行）；城市商业银行；农村商业银行。我们不妨从以下几个维度，一起看看究竟哪家银行才最适合创业公司作为企业的开户行。

① 网点覆盖密度。随着互联网时代的进一步来临，企业日常的资金周转，大多数都可以通过线上网银平台完成。但是，依旧有很多的企业资金业务，是必须要到银行网点进行办理的。那么创业者所选择的开户行网点密度和与公司之间的距离，都将直接影响公司相关业务的效率。另外，企业的开户行变更也是一件流程较为烦琐的事情。大型银行的网点一旦设立，基本上都会比较固定，不会轻易撤掉网点。由于银行网点的对公业务一般都有专门的窗口和业务人员负责，经过一定时间的合作之后，有默契感之后更方便日常办公。

② 对公服务水平。虽然"服务企业，服务创业者"的口号喊了很多年，但

是在很多地方的大型国有银行，工作人员的服务态度依旧令人很不满意。相比之下，股份制银行的服务水平明显要高出不少。尤其近几年风头正劲的招商银行，更是在服务态度和业务水平上饱受赞誉。为了方便之后与银行之间的交互，创业者不妨回忆一下，自己作为个人用户到各家银行办理业务时，各家银行的服务态度如何。

③ 网银易用程度。特别提醒所有创业者一件事，在选择一家银行作为开户行之前，最好先尝试一下这家银行的网银系统做得如何。未来企业需要在线上操作的工作将越来越多，但是部分银行的网银设计实在是令人不能满意。

④ 费用收取标准。目前开户行对于企业的各项收费，虽然大方向上都有相关法律法规的规定做限制，不会差别太多。但是就像是各家银行发行的信用卡一样，分期还款的利率依旧是高低各不相同。企业的对公业务也是一样，不同银行在不同项目上的收费标准是不一样的。这些看上去每次不多的"小钱"，如果累计起来，同样是一笔不小的支出。

所以，综合上述所有因素，创业者在选择企业开户行时，一定要优先从大型国有银行和全国性股份银行这两类银行中选择，可以最大限度地保障企业账户和资金正常运转。

2.5.2 对公账户和对私账户，基本户和一般户

公司对公账户分为四类：基本账户、一般账户、临时账户及专用账户。其中，基本账户一个公司只能开一个。其他的例如一般账户，一个公司可以根据业务需要开立多个，没有数量限制。人民银行的账户管理规定：一个企业只能开立一个基本账户，但是可以开立多个一般账户。如果另外还要开一个可以取款的账户，而且资金方有一定的专门用处，那么你可以在该行申请办理一个专用账户也是可以取款的。

① 基本存款账户。基本存款账户是指存款人办理日常转账结算和现金收付而开立的银行结算账户，是存款人的主办账户。一个单位只能在一家金融机构开立一个基本存款账户。符合开户条件的，予以核准；不符合开户条件的，应在开户申请书上签署意见，连同有关证明文件一并退回报送银行。

② 一般存款账户。一般存款账户是存款人因借款或其他结算需要，在基本

存款账户开户银行以外的银行营业机构开立的银行结算账户。存款人开立一般存款账户没有数量限制，但一般存款账户不能在存款人基本存款账户的开户银行开立。

③ 临时存款账户。临时存款账户是存款人因临时需要并在规定期限内使用而开立的银行结算账户。因异地临时经营活动需要时，可以申请开立异地临时存款账户，用于资金的收付。

④ 专用存款账户。专用存款账户是指存款人按照法律、行政法规和规章，对其特定用途资金进行专项管理和使用而开立的银行结算账户。专用存款账户用于办理各项专用资金的收付，适用于基本建设资金，更新改造资金，财政预算外资金，粮、棉、油收购资金，证券交易结算资金，期货交易保证金，信托基金，金融机构存放同业资金，政策性房地产开发资金，单位银行卡备用金，住房基金，社会保障基金，收入汇缴资金，业务支出资金，党、团、工会设在单位的组织机构经费，其他需要专项管理和使用的资金。

● 2.6 税务：一般纳税人和小规模纳税人

对于非财务专业出身的创业者而言，税务永远都是一个非常复杂的事情。而且和工商部门只有在公司注册和变更信息时才会接触到不同，税务部门是从你注册公司成功那一天起，一直持续到你公司注销为止，永远都需要打交道的一个部门。所以创业者对于税务相关知识的学习，一定要持之以恒，不可松懈。

2.6.1 创业者必须了解的税务基本常识

一般纳税人：指年应征增值税销售额（以下简称年应税销售额，包括一个公历年度内的全部应税销售额）超过财政部规定的小规模纳税人标准的企业和企业性单位。一般纳税人的特点是增值税进项税额可以抵扣销项税额。一年增值税销售额（包括出口销售额和免税销售额，以下简称年应税销售额）达到或超过以下规定标准：工业企业年应税销售额在 50 万元以上；商业企业年应税销售额在 80 万元以上。符合上述标准的企业，可被认定为一般纳税人。

小规模纳税人：是指年销售额在规定标准以下，并且会计核算不健全，不能按规定报送有关税务资料的增值税纳税人。所称会计核算不健全是指不能正确核算增值税的销项税额、进项税额和应纳税额。

小规模纳税人的认定标准：从事货物生产或者提供应税劳务的纳税人，以及以从事货物生产或者提供应税劳务为主，并兼营货物批发或者零售的纳税人，年应征增值税销售额（以下简称应税销售额）在 50 万元以下的；除前项规定以外的纳税人，年应税销售额在 80 万元以下的。上述所称以从事货物生产或者提供应税劳务为主，是指纳税人的年货物生产或者提供应税劳务的销售额占年应税销售额的比重在 50% 以上。

国税：是国家税务系统，与"地税"对称，是一个国家实行分税制的产物。在发展社会主义市场经济的过程中，税收承担着组织财政收入、调控经济、调节社会分配的职能。中国每年财政收入的 90% 以上来自税收，其地位和作用越来越重要。

国税税种：增值税；消费税；燃油税；车辆购置税；出口产品退税；进口产品增值税、消费税；储蓄存款利息所得个人所得税；地方和外资银行及非银行金融企业所得税；个体工商户和集贸市场缴纳的增值税、消费税；中央税、共享税的滞纳金、补税、罚款。证券交易税（未开征前先征收在证券交易所交易的印花税）；铁道、各银行总行、保险总公司集中缴纳的营业税、所得税和城市维护建设税；境内的外商投资企业和外国企业缴纳的增值税、消费税、外商投资企业和外国企业所得税；中央企业所得税；中央与地方所属企、事业单位组成的联营企业、股份制企业所得税；2002 年 1 月 1 日以后新办理工商登记、领取许可证的企业、事业单位、社会团体等组织缴纳的企业所得税；中央明确由国家税务局负责征收的其他有关税费。

地税：中央税的对称。由地方政府征收、管理和支配的一类税收。是依据税收的征收管理权及收入支配权进行的分类。地方税即属于地方固定财政收入，由地方管理和使用的税种。

地税税种：缴交营业税的地方企业所得税（不含上述地方银行和外资银行及非银行金融企业所得税），个人所得税，城镇土地使用税，资源税，城市维护建设税（不含铁道部门、各银行总行、各保险总公司集中交纳的部分），房产税，车船税，印花税，农牧业税，对农业特产收入征收的农业税（简称农业特产税），耕地占用税，契税，土地增值税，地方教育附加税，营业税（不含铁道部门、各银行总行、各保险总公司集中交纳的营业税）。

2.6.2 纳税人所具备的法定权利与义务

纳税人亦称纳税义务人、"课税主体"，是税法上规定的直接负有纳税义务的单位和个人。纳税主体主要有三类：自然人、个体工商户、法人。其中"法人"，即企业所归属的范畴。

纳税人的权利：知情权，保密权，税收监督权，纳税申报方式选择权，申请延期申报权，申请延期缴纳税款权，申请退还多缴税款权，依法享受税收优惠权，委托税务代理权，陈述与申辩权，对未出示税务检查证和税务检查通知书的拒绝检查权，税收法律救济权，依法要求听证的权利，索取有关税收凭证的权利。

纳税人的义务：依法进行税务登记的义务，依法设置账簿、保管账簿和有关资料以及依法开具、使用、取得和保管发票的义务，财务会计制度和会计核算软件备案的义务，按照规定安装、使用税控装置的义务，按时、如实申报的义务，按时缴纳税款的义务，代扣、代收税款的义务，接受依法检查的义务，及时提供信息的义务，报告其他涉税信息的义务。

●2.7 社保：五险一金是基础保障

对于很多小微企业而言，员工的五险一金似乎是一种"负担"，总是在想方设法少交或不交。但事实上，为所有员工缴纳五险一金，不仅仅是法律规定的企业责任，其实也是企业为了更好地发展必须要承担的义务。企业要想发展好，需要公司全体员工众志成城。而想要团队有凝聚力、有战斗力，就必须做到让员工无后顾之忧。五险一金的价值，就体现在这里。

2.7.1 五险一金各自的实际作用

五险一金是指用人单位给予劳动者的几种保障性待遇的合称，包括养老保险、医疗保险、失业保险、工伤保险和生育保险，及住房公积金。

养老保险。全称社会基本养老保险，是国家和社会根据一定的法律和法规，为解决劳动者在达到国家规定的解除劳动义务的劳动年龄界限，或因年老丧失劳动能力退出劳动岗位后的基本生活而建立的一种社会保险制度。养老保险的目的是为保障老年人的基本生活需求，为其提供稳定可靠的生活来源。基本养老保险费由企业和被保险人按不同缴费比例共同缴纳。以北京市养老保险缴费比例为例：企业每月按照缴费总基数的 19% 缴纳，职工按照本人工资的 8% 缴纳。

医疗保险。一般指基本医疗保险，是为了补偿劳动者因疾病风险造成的经济损失而建立的一项社会保险制度。通过用人单位与个人缴费，建立医疗保险基金，参保人员患病就诊发生医疗费用后，由医疗保险机构对其给予一定的经济补偿。用人单位的缴费比例为工资总额的 6% 左右，个人缴费比例为本人工资的 2%。

失业保险。指国家通过立法强制实行的，由用人单位、职工个人缴费及国家财政补贴等渠道筹集资金建立失业保险基金，对因失业而暂时中断生活来源的劳动者提供物质帮助以保障其基本生活，并通过专业训练、职业介绍等手段为其再就业创造条件的制度。在我国，失业人员在满足：非因本人意愿中断就业，已办理失业登记并有求职要求，按照规定参加失业保险且所在单位和本人已按照规定履行缴费义务满 1 年三个条件后，方可享受失业保险待遇。

工伤保险。是指劳动者在工作中或在规定的特殊情况下，遭受意外伤害或患职业病导致暂时或永久丧失劳动能力以及死亡时，劳动者或其遗属从国家和社会获得物质帮助的一种社会保险制度。

生育保险。是国家通过立法，在怀孕和分娩的妇女劳动者暂时中断劳动时，由国家或社会对生育的职工给予必要的经济补偿和医疗保健的社会保险制度。我国生育保险待遇主要包括两项：一是生育津贴，二是生育医疗待遇。

住房公积金。是指国家机关、国有企业、城镇集体企业、外商投资企业、城镇私营企业及其他城镇企业、事业单位、民办非企业单位、社会团体及其在职职工缴存的长期住房储金。

2.7.2 如何更高性价比地为员工缴纳社保？

一般情况下，企业的社保账户应由企业到相关社保部门进行开设。但是就像一些初创企业由于业务数量少，财务制度不完善，所以会采用记账公司代劳一样。员工规模较小的初创企业，同样可以选择第三方的人力资源公司，进行企业员工的社保外包。

将社保进行外包，对于初创型企业有哪些好处呢？

① 减少成本。可减少包括社保基数成本、用工成本和异地医疗、工伤等产生的潜在成本。记账外包可以减少聘请一名专职会计的人力成本，社保外包则可以减少聘请一名专职人事的成本。

② 提高效率。哪怕公司配备有专门的人事岗位，如果公司的员工数量较少，外包之后也可以减少人事岗位的相关工作压力，腾出时间更多地做其他更重要的工作。

③ 员工满意度。按时足额为员工缴纳社保，员工属地化管理社保，可以在一定程度上提高员工满意度。

● 2.8 记账：如何选择最合适的代账公司？

对于初创企业而言，如何活过创业初期的最艰难时刻，核心无非是开源和节流两点。开源这件事儿，对于每个行业，每家公司都不尽相同。但是对于节流这件事，创业公司基本都是相似的。上文我们已经谈到了公司注册地和社保缴纳的成本减少方法。接下来，我们再来看看关于公司财务成本的减少方法。

2.8.1 自聘会计记账和第三方代账公司

初创企业通过第三方财务公司代理记账，有哪些优点呢？

① 节约成本。使用第三方财务公司代账的最直观好处，自然就是成本的节

约。聘请一名专职会计每月至少需要数千元的支出,而通过第三方财务公司记账每月的费用一般都在数百元的水平。

② 提高效率。对于业务量较少的创业前期,将这并不多的工作量交给一家专业的代账公司处理,显然比创业者自己分散更多经历亲自操作,效率要提高很多。

③ 岗位稳定。会计由于本身属于内勤岗位,所以本身岗位的发展和升迁都会受到一定的限制。尤其是对于初创企业而言,能够为会计岗位提供的回报自然也相对较少。如果一旦出现会计离职的情况,很可能对公司财税工作造成影响,而通过代账公司则可以减少这种情况的发生。

初创企业通过第三方财务公司代理记账,有哪些缺点呢?

① 收费标准。由于多数企业一旦找到了合作的代账公司,所有的账目都由对方来完成,所以轻易是不会变更代账公司的。那么随着公司的不断发展,账目的日渐增多,就可能导致代账公司会出现不断提高收费标准的情况,这显然是创业者所不愿意看到的。

② 服务水准。由于代账公司行业属于比较小众的一种门类,这一行业的最大特点是,普遍从业公司规模都较小。那么这就导致两种问题,第一是代账公司从业者本身的综合素质和能力存在不足;第二是如果代账公司的会计流动性再高一些的话,对于所服务企业而言都不是好事,这会导致代账公司的服务水准参差不齐。而创业者如果对于财税方面的知识又不够了解,很容易造成对公司财务情况的不够了解。

③ 数据时效。公司自备财务人员,其实最大的价值并不简单只是每月的记账和报税。一名专业的财务人员,可以为公司的管理层提供关于会计核算、税收筹划、纳税申报、内部审计、工商税务注册年检、财税咨询等一系列工作。而作为创业者本身而言,企业的财务与税务知识,原本也应该是必须掌握的。而如果交由代账公司操作,那么多数代账公司只会做到按时记账,而无法提供其他更多的服务。

2.8.2 如何选择最适合自己公司的代账公司?

那么,如何选择一家最适合自己公司的代账公司呢?不妨从以下几个方面入手。

① 就近。由于企业需要按月向记账公司提供上月的发票存根供代账公司记账，再加之平时也会有一些代开发票或法规变更上的工作需要协同，所以寻找代账公司的第一条法则，与上文中提到的寻找开户行类似，一定要就近。最好的情况，莫过于同处一个行政区，这样日后会十分方便。

② 就熟。由于代账公司本身的特殊性，所以多数创业者都不知道如何评判这一行业从业者的服务水平。那么最好的办法无疑就是，询问身边已经在使用代账服务的朋友，让他介绍他正在使用的代账公司给你。

③ 网评。最后还有一种办法，就是目前网络上已经有了全国范围内的专业代账公司平台。如果你觉得当地的小型代账公司都不够放心的话，那么干脆就通过主流的互联网代账平台，试试最新的互联网+财税服务吧。

第 3 章

知识产权：
将风险消灭在创业之初

随着商业竞争进一步深化和中国企业越来越多走出国门，走向世界。越来越多的企业发现，知识产权在商业竞争中的力量很大。现如今，上至国家层面，下至每一家企业，都在转变思维方式，启动对知识产权的竞争与保卫战略。作为创业公司，应该在创业的第一天，就充分认识到知识产权对于一家企业长治久安的重要性，并且提早进行相关保护工作。

● 3.1 不重视知识产权的潜在风险

知识产权,是指"权利人对其智力劳动所创作的成果享有的财产权利",一般只在有限时间内有效。各种人类智力创造如发明、外观设计、文学和艺术作品,以及在商业中使用的标志、名称、图像,都可以被认为是某一个人或组织机构所拥有的知识产权。《中华人民共和国民法通则》规定了6种知识产权类型,即著作权、专利权、商标权、发现权、发明权和其他科技成果权,并规定了知识产权的民法保护制度。

3.1.1 公司的知识产权包括哪些层面?

商标权,是指商标所有人对其商标所享有的独占的、排他的权利。在我国由于商标权的取得实行注册原则,所以,商标权实际上是因商标所有人申请,经国家商标局确认的专有权利,即因商标注册行为而产生的专有权。商标是用来区别商品和服务不同来源的商业性标志,由文字、图形、字母、数字、三维标志、颜色组合、声音或者上述要素的组合构成。

专利权,一般简称"专利",是发明创造人或其权利受让人对特定的发明创造在一定期限内依法享有的独占实施权,属于知识产权的一种。我国于1984年公布专利法,1985年公布该法的实施细则,对有关事项做了具体规定。专利权的性质主要体现在三个方面——排他性、时间性和地域性。

著作权,过去又称为版权。版权最初的含义是版和权,也就是复制权。因过去印刷术的不普及,当时社会普遍认为附随于著作物最重要的权利莫过于将其印刷出版的权利,所以有此称呼。著作权的对象是作品,例如文学、艺术、科学领域内具有独创性并能以某种有形形式复制的智力成果。关于版权的细分内容可以分为:发表权、署名权、修改权、保护作品完整权、复制权、发行权、出租权、展览权、表演权、放映权、广播权、信息网络传播权、摄制权、改编权、翻译权、汇编权等。

发现权，是指发现人因重大科学发现，经评审而获得的荣誉和物质奖励的权利。发现权是一种民事权利，包括人身权和财产权两方面的内容，根据《中华人民共和国自然科学奖励条例》规定，发现权主体可以是公民个人，特定情况下也可以是集体、华侨、外国人。发现权的客体，则是科学技术的发展中有重大意义的科学研究成果。

发明权，是指发明人对其生产中的创造性成果依法取得的权利。而发明本身，是指对现有生产技术水平的变革所取得的科学技术新成就。所以发明必须具备三个条件：一是新颖，即必须是前所未有的最新创造；二是先进，即具有世界先进水平；三是应用，即能应用于生产建设。发明人在发明申请确认后，有权获得相应的人身权（获取证书等）和财产权（取得奖金、专利）。

了解了知识产权的相关概念后，我们再来看看知识产权的作用有哪些。知识产权为智力成果完成人的相关权益提供了法律保障，调动和激发了人们从事科学技术研究和文学艺术作品创作的积极性和创造性。为智力成果的推广应用和传播提供了法律机制；为智力成果转化为生产力，运用到生产建设上去，产生了巨大的经济效益和社会效益；为国际经济技术贸易和文化艺术的交流提供了法律准则，促进了人类文明进步和经济发展。

3.1.2 应注意的常见侵权行为有哪些？

很多创业公司在进行商业宣传营销时，往往由于缺乏最基本的知识产权意识，侵犯了他人的相关权益而并不自知。由于创业企业本身的体量较小，影响力有限，造成的侵权损害也较低，所以多数也并没有受到相关的申诉和索赔。但是这绝对不意味着，创业企业可以忽视侵权所隐藏的潜在隐患。这里，我们列举几条商业行为中最常见的侵权行为，提醒所有创业者注意。

未经授权转发他人作品。中国的互联网已经全面进入了自媒体时代，每天互联网上都会生产出大量的原创作品。我们以微信公众号上最常见的文章为例，未经他人授权，私自复制到自己的公号或其他媒体平台的行为，都属于侵权行为。而且，并不因为转发者标明了转发自哪里，就可以豁免侵权的行为和属性。

未经授权使用设计稿件。企业日常经常会定期设计和制作一些宣传物料，如宣传单页、海报、展架等。不少初创企业为了方便和节省效率，就会直接从百度图片里搜索相关素材，下载使用。而这些图片中有不少都涉及版权，未经授权使用他人的图片和设计稿，统统也都属于侵权的行为。

使用未注册的商标。有为数不少的创业者，对于公司名称和产品品牌的概念不够清晰。对于工商相关部门而言，不同区域、不同类型的公司，公司字号在规定范围内可以使用相同的文字。但是商标和品牌则完全不同，创业者在为自家的产品起名之前，一定要提前查询确认是否已经被其他企业注册商标，否则产品一旦推向市场，就属于严重的"假冒伪劣"侵权行为。对于企业而言，产品商标一定要于产品生产之前提交申请，在得到确认之后再进行下一步的操作。

下载使用盗版软件。不得不说，过去二十年间中国互联网的"草莽"生长期，影响了不少创业者对于版权的意识。网络上有大量的视频、音频、图书、软件被不断分享，但其中绝大多数都并未获得过相应的合法授权。由于侵权主体多数是个人，追责成本和难度较高，在过去相关监管法律法规不完善的阶段，多数都以不了了之结束。但是作为企业，一旦发生网络侵权，版权所有者可以有针对性地进行维权操作，通过法律途径申诉要求赔偿。对于原本就盈利规模有限的创业公司而言，一定要避免在知识产权层面摔跟头。

● 3.2 商标：未来的知名品牌

商标是一个专门的法律术语。品牌或品牌的一部分在政府有关部门依法注册后，称之为"商标"。商标受法律的保护，注册者有专用权。国际市场上著名的商标，往往在多个国家注册。中国有"注册商标"与"未注册商标"之区别。注册商标是在政府有关部门注册后受法律保护的商标，未注册商标则不受商标法律的保护。

3.2.1 商标的具体分类有哪些？

第一类：用于工业、科学、摄影、农业、园艺和林业的化学品；未加工人造合成树脂；未加工塑料物质；肥料；灭火用合成物；淬火和焊接用制剂；保存食品用化学品；鞣料；工业用黏合剂。

第二类：颜料，清漆，漆；防锈剂和木材防腐剂；着色剂；媒染剂；未加工的天然树脂；画家、装饰家、印刷商和艺术家用金属箔及金属粉。

第三类：洗衣用漂白剂及其他物料；清洁、擦亮、去渍及研磨用制剂；肥皂；香料，香精油，化妆品，洗发水；牙膏。

第四类：工业用油和油脂；润滑剂；吸收、润湿和黏结灰尘用合成物；燃料（包括马达用燃料）和照明材料；照明用蜡烛和灯芯。

第五类：药品、医用和兽医用制剂；医用卫生制剂；医用或兽医用营养食物和物质，婴儿食品；人用和动物用膳食补充剂；膏药，绷敷材料；填塞牙孔用料，牙科用蜡；消毒剂；消灭有害动物制剂；杀真菌剂，除锈剂。

第六类：普通金属及其合金；金属建筑材料；可移动金属建筑物；铁轨用金属材料；普通金属制非电气用缆线；五金具，金属小五金具；金属管；保险箱；矿石。

第七类：机器和机床；马达和引擎（陆地车辆用的除外）；机器联结器和传动机件（陆地车辆用的除外）；非手动农业器具；孵化器；自动售货机。

第八类：手工具和器具（手动的）；刀、叉和勺餐具；随身武器；剃刀。

第九类：科学、航海、测量、摄影、电影、光学、衡具、量具、信号、检验（监督）、救护（营救）和教学用装置及仪器；处理、开关、传送、积累、调节或控制电的装置和仪器；录制、通信、重放声音或影像的装置；磁性数据载体，录音盘；光盘，DVD盘和其他数字存储媒介；投币启动装置的机械结构；收银机，计算机器，数据处理装置，计算机；计算机软件；灭火设备。

第十类：外科、医疗、牙科和兽医用仪器及器械，假肢，假眼和假牙；矫形用物品；缝合用材料。

第十一类：照明、加热、蒸汽发生、烹饪、冷藏、干燥、通风、供水以及卫生用装置。

第十二类：运载工具；陆、空、海用运载装置。

第十三类：火器；军火及弹药；爆炸物；烟火。

第十四类：贵重金属及其合金，首饰，宝石和半宝石；钟表和计时仪器。

第十五类：乐器。

第十六类：纸和纸板，不属别类的纸和纸板制品；印刷品和办公用品；装订用品；照片；文具；文具或家庭用黏合剂；艺术家用或绘画用材料；画笔；教育或教学用品；包装和打包用塑料纸、塑料膜和塑料袋。

第十七类：未加工和板加工的橡胶、古塔胶、树胶、石棉、云母及这些材料的代用品；生产用成型塑料制品；包装、填充和绝缘用材料；非金属软管和非金属柔性管。

第十八类：皮革和人造皮革；毛皮；行李箱和背包；雨伞和阳伞；手杖；鞭、马具和鞍具；动物用项圈。

第十九类：非金属的建筑材料；建筑用非金属刚性管；柏油，沥青；可移动非金属建筑物；非金属碑。

第二十类：家具，镜子，相框；不属别类的木、软木、苇、藤、柳条、角、骨、象牙、鲸骨、贝壳、琥珀、珍珠母、海泡石制品，这些材料的代用品或塑料制品。

第二十一类：家用或厨房用器具和容器；梳子和海绵；刷子（画笔除外）；制刷材料；清洁用具；钢丝绒；未加工或半加工玻璃（建筑用玻璃除外）；不属别类的玻璃器皿、瓷器和陶器。

第二十二类：缆，绳，网，帐篷，遮篷，防水遮布，帆，袋和包（不属别类的）；衬垫和填充材料（橡胶或塑料除外）；纺织用纤维原料。

第二十三类：纺织用纱和线。

第二十四类：织物及其代替品；家庭日用纺织品；纺织品制或塑料制帘。

第二十五类：服装，鞋，帽。

第二十六类：花边和刺绣，饰带和编带；纽扣，领钩扣，饰针和缝针；假花。

第二十七类：地毯，地席，席类，油毡及其他铺地板材料；非纺织品制墙帷。

第二十八类：游戏器具和玩具；体育和运动用品；圣诞树用装饰品。

第二十九类：肉，鱼，家禽和野味；肉汁；腌渍、冷冻、干制及煮熟的水果和蔬菜；果冻，果酱，蜜饯；蛋；奶和奶制品；食用油和油脂。

第三十类：咖啡，茶，可可和咖啡代用品；米；食用淀粉和西米；面粉和谷类制品；面包、糕点和甜食；冰制食品；糖，蜂蜜，糖浆；鲜酵母，发酵粉；食盐；芥末；醋，沙司（调味品）；辛香料；冰。

第三十一类：谷物和不属别类的农业、园艺、林业产品；活动物；新鲜水果和蔬菜；种子；草木和花卉；动物饲料；麦芽。

第三十二类：啤酒；矿泉水和汽水以及其他不含酒精的饮料；水果饮料及果汁；糖浆及其他制饮料用的制剂。

第三十三类：含酒精的饮料（啤酒除外）。

第三十四类：烟草；烟具；火柴。

第三十五类：广告；商业经营；商业管理；办公事务。

第三十六类：保险；金融事务；货币事务；不动产事务。

第三十七类：房屋建筑；修理；安装服务。

第三十八类：电信。

第三十九类：运输；商品包装和贮藏；旅行安排。

第四十类：材料处理。

第四十一类：教育；提供培训；娱乐；文体活动。

第四十二类：科学技术服务和与之相关的研究与设计服务；工业分析与研究；计算机硬件与软件的设计与开发。

第四十三类：提供食物和饮料服务；临时住宿。

第四十四类：医疗服务；兽医服务；人或动物的卫生和美容服务；农业、园艺和林业服务。

第四十五类：法律服务；由他人提供的为满足个人需要的私人和社会服务；为保护财产和人身安全的服务。

3.2.2　申请商标的一般流程是什么？

那么作为一名创业者，如果打算为企业申请商标的话，需要走怎样的程序呢？

① 注册准备。商标注册有两种方式：一种注册方式是自己到国家工商行政管理局商标局（北京）自主申请注册；另一种注册方式是委托一家经验丰富的商标代理组织代理服务。

② 准备资料。准备商标图样 5 张（指定颜色的彩色商标，应交着色图样 5 张、黑白墨稿 1 张），长和宽不大于 10 厘米，不小于 5 厘米；如果是个人（个体工商户）提出申请，需出示身份证并递交复印件另加个体营业执照复印件；若是企业申请，则出示企业《营业执照》副本并递交复印件和盖有单位公章商标注册申请书。

③ 按商品与服务分类提出申请。商品和服务项目共分为 45 类，其中商品

34 类，服务项目 11 类。申请注册时，应按商品与服务分类表的分类确定使用商标的商品或服务类别；同一申请人在不同类别的商品上使用同一商标的，应按不同类别提出注册申请，费用也按照每一类别逐个收费。

④ 申请日的确定。由于中国商标注册采用申请在先原则，一旦创业者和其他企业发生商标权的纠纷，申请日在先的企业将受法律保护。所以，确立申请日十分重要，申请日以商标局收到申请书的日期为准。接下来就是商标审查、初审公告、注册公告三个程序。需要强调的是，经过商标局初审通过的商标，要在刊登公告三个月后无人提出异议才可以注册完成，该商标即受法律保护。已注册商标的有效期为十年，自核准注册之日起计算。有效期满，需要继续使用的，可以申请商标续期注册。

⑤ 领取商标注册证。商标完成注册后，商标局向注册人颁发证书。若是通过代理组织的由代理人向注册人发送《商标注册证》；直接办理注册的，注册人应在接到《领取商标注册证通知书》后三个月内到商标局领证，同时还应携带领取商标注册证的介绍信、领证人身份证及复印件、营业执照副本原件、领取商标注册证通知书、商标注册人名义变更的需附送工商部门出具的变更证明。

一件新申请商标从申请到发证，顺利的情况下一般需要一年半左右时间，其中申请受理和形式审查约需 3 个月，实质审查约需 9 个月，异议期 3 个月，核准公告到发证约 2 个月（如果遇到驳回和异议，时间会延长）。

● 3.3 专利：企业竞争中的不二利器

专利，从字面上看是指专有的权利和利益。在现代，专利一般是由政府机关或者代表若干国家的区域性组织根据申请而颁发的一种文件，这种文件记载了发明创造的内容，并且在一定时期内产生这样一种法律状态，即获得专利的发明创造在一般情况下他人只有经专利权人许可才能予以实施。在我国，专利分为发明、实用新型和外观设计三种类型。

3.3.1 中国目前的专利类型有哪些?

发明专利。根据我国《专利法》第二条第二款对发明的定义:"发明是指对产品、方法或者其改进所提出的新的技术方案"。发明专利并不要求必须是经过实践证明可以直接应用于工业生产的技术成果,它可以是一项解决技术问题的方案或是一种构思,具有在工业上应用的可能性即可。但这也不能将这种技术方案或构思与单纯地提出课题、设想相混同,因单纯的课题、设想不具备工业上应用的可能性。

实用新型专利。根据我国《专利法》第二条第三款对实用新型的定义:"实用新型是指对产品的形状、构造或者其结合所提出的适于实用的新的技术方案"。同发明一样,实用新型专利保护的也是一个技术方案。但实用新型专利保护的范围较窄,它只保护有一定形状或结构的新产品,不保护方法以及没有固定形状的物质。实用新型的技术方案更注重实用性,其技术水平较发明而言,要低一些。多数国家实用新型专利保护的都是比较简单的、改进性的技术发明,可以称为"小发明"。授予实用新型专利不需经过实质审查,手续比较简便,费用较低。因此,关于日用品、机械、电器等方面的有形产品的小发明,比较适用于申请实用新型专利。

外观设计专利。我国《专利法》第二条第四款对外观设计的定义是:"外观设计是指对产品的形状、图案或其结合以及色彩与形状、图案的结合所做出的富有美感并适于工业应用的新设计。"并且在《专利法》第二十三条对其授权条件也进行了规定:"授予专利权的外观设计,应当不属于现有设计;也没有任何单位或者个人就同样的外观设计在申请日以前向国务院专利行政部门提出过申请,并记载在申请日以后公告的专利文件中","授予专利权的外观设计与现有设计或现有设计特征的组合相比,应当具有明显区别",以及"授予专利权的外观设计不得与他人在申请日以前已经取得的合法权利相冲突"。

外观设计专利的保护对象,是产品的装饰性或艺术性外观设计,这种设计可以是平面图案,也可以是立体造型,更常见的是这二者的结合。

3.3.2 申请专利的流程是什么?

依据《专利法》,发明专利申请的审批程序包括:受理、初步审查阶段、公布、实质审查以及授权 5 个阶段。实用新型专利和外观设计专利申请不进行早期公布和实质审查，只有 3 个阶段。我们一起来看一看各个流程的具体情况。

① 受理阶段。专利局收到申请人专利申请后进行审查，如果符合受理条件，专利局将确定申请日，给予申请号，并且核实过文件清单后，发出受理通知书，通知申请人。

② 初步审查阶段。经受理后的专利申请按照规定缴纳申请费的，开始进入初审阶段。初审前发明专利申请首先要进行保密审查，需要保密的，按保密程序处理。

③ 公布阶段。发明专利申请从发出初审合格通知书起进入公布阶段，如果申请人没有提出提前公开的请求，要等到申请日起满 15 个月才进入公开准备程序。如果申请人请求提前公开的，则申请立即进入公开准备程序。

④ 实质审查阶段。发明专利申请公布以后，如果申请人已经提出实质审查请求并已生效的，申请人进入实审程序。如果发明专利申请自申请日起满三年还未提出实审请求，或者实审请求未生效的，该申请即被视为撤回。

⑤ 授权阶段。实用新型和外观设计专利申请经初步审查以及发明专利申请经实质审查未发现驳回理由的，由审查员做出授权通知，申请进入授权登记准备，经对授权文本的法律效力和完整性进行复核，对专利申请的著录项目进行校对、修改后，专利局发出授权通知书和办理登记手续通知书。申请人接到通知书后应当在 2 个月之内按照通知的要求办理登记手续并缴纳规定的费用，按期办理登记手续的，专利局将授予专利权，颁发专利证书，在专利登记簿上记录，并在 2 个月后于专利公报上公告。未按规定办理登记手续的，视为放弃取得专利权的权利。

● 3.4 版权：网络付费时代全面来临

版权即著作权，是指文学、艺术、科学作品的作者对其作品享有的权利（包括财产权、人身权）。版权是知识产权的一种类型，它是由自然科学、社会科学以及文学、音乐、戏剧、绘画、雕塑、摄影、图片和电影摄影等方面的作品组成。

3.4.1 版权所有者的权利有哪些？

版权定义中所称的作品，包括下列形式：创作的文学、艺术和自然科学、社会科学、工程技术等作品；文字作品；口述作品；音乐、戏剧、曲艺、舞蹈作品；美术、摄影作品；电影、电视、录像作品；工程设计、产品设计图纸及其说明；地图、示意图等图形作品；计算机软件；计算机软件著作权登记证书；法律、行政法规规定的其他作品。作为版权的所有者，拥有以下受法律保护的权利。

① 发表权，即决定作品是否公之于众的权利。

② 署名权，即表明作者身份，在作品上署名的权利。

③ 修改权，即修改或者授权他人修改作品的权利。

④ 保护作品完整权，即保护作品不受歪曲、篡改的权利。

⑤ 复制权，即以印刷、复印、拓印、录音、录像、翻录、翻拍等方式将作品制作一份或者多份的权利。

⑥ 发行权，即以出售或者赠与方式向公众提供作品的原件或者复制件的权利。

⑦ 出租权，即有偿许可他人临时使用电影作品和以类似摄制电影的方法创作的作品、计算机软件的权利，计算机软件不是出租的主要标的的除外。

⑧ 展览权，即公开陈列美术作品、摄影作品的原件或者复制件的权利。

⑨ 表演权，即公开表演作品，以及用各种手段公开播送作品的表演的权利。

⑩ 放映权，即通过放映机、幻灯机等技术设备公开再现美术、摄影、电影和以类似摄制电影的方法创作的作品等的权利。

⑪ 广播权，即以无线方式公开广播或者传播作品，以有线传播或者转播的方式向公众传播广播的作品，以及通过扩音器或者其他传送符号、声音、图像的类似工具向公众传播广播的作品的权利。

⑫ 信息网络传播权，即以有线或者无线方式向公众提供作品，使公众可以在其个人选定的时间和地点获得作品的权利。

⑬ 摄制权，即以摄制电影或者以类似摄制电影的方法将作品固定在载体上的权利。

⑭ 改编权，即改变作品，创作出具有独创性的新作品的权利。

⑮ 翻译权，即将作品从一种语言文字转换成另一种语言文字的权利。

⑯ 汇编权，即将作品或者作品的片段通过选择或者编排，汇集成新作品的权利。

⑰ 应当由著作权人享有的其他权利。

3.4.2 面临版权侵权时应该怎么办？

① 及时注册商标和专利。企业保护自身知识产权的第一步，自然是一定要第一时间注册商标和申请专利。因为只有握有这些官方发放的产权所有凭证，才能够证明版权的归属，并且进行下一步的申诉和维权。由于中国的现行法律规定知识产权一般采用申请在先原则。所以哪怕是版权者率先使用了某一品牌或商标，但是没有及时申请注册的话，一旦被其他企业抢注，那么将来的维权之路也会十分辛苦。

② 授权专业平台代维权。无论是个人用户，还是小型创业团队，由于本身的时间精力有限，又暂时不具备设置专门的法务部门进行知识产权方面的相关维护，所以即使想要重视和维护产权，也常有分身乏术、力不从心的感觉。而目前互联网上，已经有一些专门代理个人和创业者进行维权的第三方平台。版权所有者只要和平台签订相关的代理维权协议，平台的专业人员就会代替版权所有者维权，如果获得相应的索赔，按照一定比例进行分配。

③ 熟悉法律维权渠道流程。在协商无果的前提下，维权的唯一途径，就是通过法律渠道。作为版权所有者，一定要对相关的维权流程做到心中有数。这种了解，绝不仅限于知道到哪里找谁去维权，还要清楚如果通过法律途径维权，成本是多少，回报是多少。成本包括耗费的时间、精力、资金和人力。如果投入较大成本进行维权，最后维权的结果却差强人意，那显然就应该考虑是否要通过法律渠道进行维权。

● 3.5 最划算的时间永远是昨天

种一棵树最好的时间是十年前，而后是现在。这句话对于企业的知识产权工作，同样非常适用——企业在知识产权上的投入性价比，最划算的时间永远是昨天，其次是今天。知识产权的价值，已经日益在中国经济转型过程中被企业和消费者发现与重视。对于创业者知识产权方面的建议，我们坚持一点，越早越好。

3.5.1 企业的知识产权意识在不断觉醒

由于中国本身的经济体量巨大，所以各地的经济发展水平差异较为明显。长期以来，中国东部地区的知识产权发展水平，明显优于全国平均水平。知识产权创造活动比较活跃的省市，主要集中在中国整体经济水平最高的北京、广东、上海、江苏等地。但是近三到五年来，中国的整体知识产权的发展提速明显，主要有以下体现。

① 知识产权综合发展水平总体增长平稳。各地政府与企业对于知识产权的重视程度与日俱增，并且由过去的东部地区明显领先全国，发展到当下的中西部广大省份知识产权综合发展水平提升明显。

② 知识产权案件总体数量增长。或许有读者会感到诧异，为什么知识产权相关案件的数量增长，反而是好事呢？因为知识产权的发展，一定是伴随着企业从不重视到重视，纠纷由少到多，再由多到少的过程。由少到多，是因为之前落后的知识产权意识留下的一些积弊会集中爆发；而由多到少，则是随着企业对于知识产权的了解日渐深入，在商业行为中会主动避免涉嫌知识产权纠纷的行为。

③ 企业知识产权意识整体提升明显。目前我国的知识产权综合实力，已经逐渐与该领域的世界最领先国家美国、日本之间的差距不断缩小。之所以能够取得如此成绩，和中国经济过去这些年高速发展，越来越多的中国企业走出国门，走向世界的过程中，在与不同国家企业同台竞技时，不断发现自身在知识产权方面的短板，并且迅速补齐短板关系重大。

3.5.2 初创企业怎样合理投资知识产权？

对于不少的初创企业而言，主要精力用在开拓市场和增加销售上。作为管理者，如果在创业前没有对知识产权进行过相应的了解，往往在创业的前期不会特别注意到对企业知识产权的保护和投资意识。我在过去接触到的创业者，很多都是在无意间侵犯到他人产权和被他人侵犯产权后，才突然意识到产权对于企业的重要性。

那么作为一家盈利规模有限的初创型企业，创业者究竟应该怎样合理投资和保护自身的知识产权呢？

① 企业自身要重视技术研发。知识产权的积累不是一朝一夕就可以速成的事情，目前世界上所有掌握了大量行业专利的企业，一般都是十几年甚至数十年的企业。初创企业的营收虽然相对有限，但是也应该设定相应的技术研发资金投入比例，专门用于企业专利方面的投入和保护。日积月累，企业就会在产权方面逐渐形成壁垒。

② 企业内部设置产权激励制度。不管是成熟型企业还是初创型企业，企业内部都应该对知识产权设立相应的激励制度，鼓励企业优秀员工进行技术上的创新。只有整个团队形成良好的创新氛围，企业的专利积累才能逐渐走上快车道，无论是发明专利的员工还是持有专利的企业，都将形成共赢的局面。

③ 通过合作方式相互授权。这方面经典的案例，就要说目前世界上几家最知名的智能手机生产厂商，如苹果、三星、华为之间，彼此都签署了专利产权的交叉授权协议。一般而言，体量相近的企业之间，彼此的知识产权体量水平也是相近的。如果彼此都通过自己掌握的产权刻意为难对方，最终多数结果都是两败俱伤。最好的选择，就是双方达成合作，彼此授权对方使用自身的专利，就像两家媒体平台互相授权对方均可以转载自己的文章，从而实现互利共赢一样。

④ 最后，自然是一定要先知法，才能守法和用法。目前国家相关部门已推出了《中华人民共和国专利法》《中华人民共和国商标法》《中华人民共和国著作权法》等一系列关于知识产权相关的法律法规。作为创业者，或者是主管这方面工作的创业合伙人，一定要对这些法律有所了解。明白在日常的商业行为中，哪些行为属于侵权行为不能做；也了解其他人的哪些行为，是对于自身知识产权的侵犯。在发现侵权行为又无法通过双方协调解决的情况下，要随时准备好通过法律程序，保护自身的合法权益。

第 4 章

员工没有最好只有最适合

所谓创业,无非是一群人聚在一起做一件事,然后事情越做越大,每个人都能够在这一过程中充分受益。然后我们就发现了创业最重要的两个核心——做什么事,什么人做。做什么事,一般是公司从创办之初就确定的。而什么人做,或者说人怎么做,则由本章节讲到的招聘+培训两大关键点决定。

● 4.1 明确自己企业的真实水平

中国古语说得好，人贵有自知之明。而在职场的招聘中，同样非常适用于这一规律。作为求职者，首先要做到的是对自己的真实能力和水平的判断，然后思考究竟什么样的企业才适合自己，愿意录用自己。而作为招聘企业，其实道理也是完全一致的，公司处于行业什么地位与规模，能够为员工提供怎样的待遇，也要做到心里有数。

4.1.1 企业与员工之间，是相互选择的过程

在过去的很长一段时间内，中国的招聘市场，都是买方市场。即由于中国人口的体量问题，导致很多工作岗位供不应求，许多员工同时竞争同一岗位。这样一来，供需关系就决定了，招聘方在面对这样的现状时更占优势，可以精挑细选，甚至鸡蛋里面挑骨头。因为岗位数量是一定的，前来面试的人数却远超岗位数量，自然要挑挑拣拣。甚至一些企业认为招聘员工是在花钱请人来工作，那么自己就应该在身份上更高一级。

而在当下的中国就业环境中，这样的想法显然已经是不合适的了。中国人口红利期正在快速走向结尾，而用人企业与求职员工之间的关系，也早已成为了"契约关系"，就是双方通过劳动关系约定各自的权利和义务，达到互利共赢。

在这样的大背景下，对于综合实力相对还比较弱小的初创企业，要求更为严格。原本优秀的员工就人人争抢，初创企业的福利待遇又明显不如成熟型企业。如果此时此刻仍旧端着架子，绷着态度，在招聘时设定了N条求职者必须要满足的红线才能够通过面试。那么毫无疑问，企业的招聘之路将变得无比艰辛。

比较典型的例子，就是某些企业在招聘员工时，非985、211高校学生不

录取。但是否985、211高校学生，其工作能力就一定高于普通院校毕业的学生呢？答案自然是不一定，能够考入985、211只能说明在过去他们更善于学习和考试，并不一定就意味着他们如今在工作效率和态度上都明显优于普通院校毕业生。

初创企业在进行招聘工作时，首先要做到灵活，一切要根据企业的实际发展水平和能够提供的福利待遇有的放矢，制定合理的员工要求。管理者不能总是幻想，通过一个白菜价，就换回来一个牛肉价的员工，这显然不符合市场经济的基本规律。如果在招聘中真的遇到的这样的情况，建议一定要再三、仔细考量这个求职者，是不是隐藏了什么事情。

还是那句话，在企业招聘这件事情上，从来都没有"最好"的员工，只有最"适合"的员工。很多知名企业在进入发展快车道后，创始人由于自感管理压力重大，不少都曾尝试过高薪聘请行业知名高管的操作。而多数案例的结果告诉我们，哪怕是企业负担了高额的薪资，也并不就意味着这名高管就能够物超所值。更重要的是，"空降兵"员工的最大问题，就在于对于企业本身的成长历程不够了解。如果贸然套用国际大企业的"经验"，反而有可能适得其反。

4.1.2 创业者如何向人才更好地展示企业？

众所周知，求职员工在前往企业面试的时候，都会自带一份简历。而随着中国职场的不断发展，很多求职者还会在简历上动些小心思，比如做些设计和创意，借以更快打动求职企业面试官。来而不往非礼也，求职者拿着自己的简历来面试，企业可以通过简历最短时间内对于求职者有初步的了解。那么作为企业呢，该如何让求职者在最短的时间内，做到对企业有初步了解呢？

一般来说，企业用以对外展示自身情况的主流方式有三种：其一是视频方式，即企业宣传片；其二是图文方式，即企业宣传PPT；其三是文字方式，即企业宣传手册。三种方式中，企业宣传片无疑是最直观、最高效的。但是企业宣传片的制作成本也相对较高，对于很多初创企业而言，一方面由于经费的限制，一方面也是企业原本也处于尚未定型的试错期，所以采用企业宣传片的性价比不是很高。

企业宣传手册这种方式，优点是相比企业宣传片而言成本会低很多，但是缺点也很明显，首先从设计到印刷都需要耗费较大的时间和精力。更重要的是，印刷需要批量，而往往未等全部用完，可能就需要增添和删改内容，于是造成了宣传物料的浪费。无法实时更新和修改，是纸质宣传品最大的问题。

三者已去其二，剩下的最后一个显然就是最适合初创企业在面试时介绍自身企业的工具。这里，我建议用于招聘的初创企业介绍PPT的内容，应该包括以下信息：企业的主营业务和盈利模式是什么；企业当下所处的发展现状和规模；各招聘岗位的工作要求、福利待遇、成长空间；企业未来的发展方向和计划。

给求职者看的企业宣传PPT，还需要遵守两个基本准则：第一是要简洁大方，如果不擅长做PPT，可以通过淘宝等平台请第三方公司来做，这个费用并不太高。第二是言简意赅，面试作为企业日常工作，每次的效率同样非常重要，动辄二三十页甚至更多，面试一名员工耗时半小时、一小时，显然是非常浪费时间的。

● 4.2　校招员工和社招员工

> 初创企业在招聘员工时，往往有一个选择会让人感到犹豫：究竟是招聘一张白纸的应届毕业生好呢？还是招聘有一定工作经验的往届毕业生好？或者说是，对于初创企业而言，职场新人和职场"老鸟"的区别，究竟在哪里？

校招员工，或者说是应届毕业生员工的优点：第一是一张白纸，由于之前没有工作经历，进入公司后，可以完整地按照企业的价值观和岗位需求进行定向培养，这也就是某些大型企业正在采用的"管培生"制度。

第二是年龄普遍较小，参考中国高校毕业生平均年龄二十二岁的平均水平，这一年龄段的年轻人，应该说是人生中来自家庭和社会压力相对较小的阶段。再加上刚毕业的年轻人普遍精力旺盛，更具理想主义，所以对于创业团队而言，显然这样的冲劲和干劲是非常有益公司发展的。

第三是从用人成本来说，初创企业在薪酬待遇方面普遍无法与成熟型企业相比。所以有经验的成熟人才，往往需要更高薪酬的财务支出。对于原本盈利水平就有限的初创企业而言，职场新人普遍会更注重职场成长性，而非实时的高薪回报。这一样来，对于成本有限的创业团队而言就是更好的选择。

上文中我们说完了初创团队招聘应届毕业生的优势，这里我们再来解析一下，招聘应届毕业生的劣势。而事实上，应届毕业生的劣势，反过来就是有职场经验员工的优势。

第一是如果初创团队本身在盈利模式、产品方向上就处于摸索阶段，此时再招入一张白纸的职场新人，他们之前没有任何工作经验，显然在公司大的发展方向上是很难起到相应作用和有效建议的。更重要的是，毫无经验的应届毕业生，最适合的团队是具备强大培训能力的企业，能够帮助他们从职场"小白"迅速成长起来，和公司一起迅速成长。而如果公司本身都尚处于混沌期，那么招入应届毕业生，显然是对双方都不够负责的一种做法。对于团队业务尚未走上正轨的初创企业，应谨慎对待校招招聘。

第二是关于应届毕业生的职场高流动性问题。一般来说，毕业后的前两三年，是一个职场人试错的高频时期。也就是说，他之所以会选择一家公司，往往并不是像职场"老鸟"那样经历了深思熟虑，一旦加入就不会轻易变动，以免造成对自己职场发展的损失。职场新人往往没有这方面的后顾之忧，今天想尝试了可能兴冲冲地前来面试入职，过两天可能因为兴奋劲过了，甚至是失恋了、想家了等各式各样的理由，就有可能要求离职。这对于多数岗位设定"一个萝卜一个坑"的初创企业而言，显然是不小的冲击。

第三是关于人工成本的问题，在成本之外，其实还要考虑产出，两项结合，才可以成为一名员工的效率或性价比。职场新人的工资成本的确较低，但是企业同样要耗费成本来培养和打造，未来他是否会离职同样是隐患。而社招的有工作经验的员工，虽然在薪资支出上较高，但是免去了培训的过程，基本上能够做到上岗即能创造价值。

所以初创企业如何判断自身更适合校招还是社招，最首先应考虑的是企业的产品或服务是否已经明确，盈利模式是否已经清晰，是否有善于培训的团队成员。如果以上三个问题未能有效解决，进行校招就需要慎之又慎。而相比校招，社招员工往往更为成熟，更能够理解职场中的"契约精神"。即使无法彼此满意，也能够以更成熟的方式平稳过渡，把彼此的损失降至最低。

● 4.3　招聘平台和工具怎样选择？

> 互联网招聘平台是当下企业招聘的主流渠道。如何利用好招聘平台，对于企业能否招聘到最适合自己团队的人才，至关重要。

4.3.1　常见的招聘平台有哪些？

智联招聘： 成立于 1997 年，总部位于北京，2014 年于美国纽交所上市，属于比较典型的传统型招聘平台。优点是创建时间早，行业知名度高，所以入驻的企业数量多，发布的招聘信息丰富，在求职者中的知名度较高。缺点则是页面设计老化，易用性不佳。如果你打开智联招聘的官网，映入眼帘的就是铺天盖地的"豆腐块"式招聘广告。比较适合传统行业的企业使用。

前程无忧： 成立于 1999 年，总部位于上海，2004 年于美国纳斯达克上市，和智联同属比较典型的传统型招聘平台。优点方面和智联相似，同样是创办多年来的行业积淀与知名度，在求职圈中有较高的影响力。缺点同样是易用性方面和当下的主流互联网网站相比依旧有差距，但是比智联相对要好一些，近几年在互联网化的程度上也快些。

中华英才： 成立于 1997 年，总部位于北京，不过已于 2015 年被 58 同城并购。虽然创办时间处于中国招聘网站的第一阵营，不过由于企业本身发展定位的问题，在知名度上要明显弱于智联和前程。但是被 58 同城并购之后，在招聘信息上与 58 同城实现了打通，在中低端岗位信息上较为丰富。另外，相比另外两家同时期创办的招聘平台，中华英才的网站设计和易用性都要更好一些。

猎聘网： 成立于 2011 年，总部位于北京，从名字也可以看出，猎聘网的主打业务是"猎头服务"。也就是网站自己宣传的，相比传统招聘网站更倾向于招聘企业广告发布，猎聘网更倾向于求职者的职场发展。不过也正是猎头服务本身对职场客观发展情况的局限性，所以猎聘网主要服务城市还是以一二线城市为主。猎聘网更倾向于中高端人才的求职招聘，初创型企业可根据自身实际情况进行使用。

拉勾网：成立于 2013 年，总部位于北京，是诞生于移动互联网时代的新型招聘平台。受益于团队成员均为互联网从业者，自我定位也是专注于互联网行业的招聘求职机会。相比上面的几家招聘平台，拉勾在手机端的设计体验优势明显。和传统招聘平台发布信息后需要等待求职者投递，双方再电话联系约定面试时间不同，拉勾有 HR 与求职者在线实时沟通的功能，招聘效率大为提高。

BOSS 直聘：成立于 2014 年，总部位于北京，BOSS 直聘与职场点评网站看准网属同一家公司。BOSS 直聘的创新之处在于，跳出了传统招聘网站都是由 HR 进行招聘的既定模式，由招聘企业的高管和老板进行直接在线招聘，求职者可以直接与招聘企业老板进行沟通，效率大大提升。尤其是对于团队规模较小的初创型企业，BOSS 直聘的模式更为快捷高效。招聘可以像聊天一样时时在手机端进行，且系统也会定期推送一些比较合适的求职者信息给招聘者，进一步提升招聘效率。

4.3.2 初创公司如何确定在招聘平台的投入？

初创团队可以根据自身所处的行业和招聘方向，选择合适自己的招聘平台进行相关安排。对于互联网创业公司，我更倾向于推荐拉勾和 BOSS 直聘，两者的模式更为年轻化，也更受年轻人和互联网求职者喜欢。

创业者需要明白一点，招聘平台具有比较强的功能重复性，"广撒网"式地入驻多家招聘平台，只适合大型的成熟型企业。一方面每一家平台的招聘规则都有所不同，维护日常信息的更新和查看新的求职者简历信息，都需要消耗大量时间。

另一方面，招聘网站的利润是不会从求职者身上收取的，必然就要向招聘企业收取，各家平台的收费标准也各不相同，还开通了许多实用性未必很强的增值功能。所以我们建议初创企业，只精挑细选一到两家招聘平台入驻就可以了。毕竟对于初创企业而言，多数也并没有日常长效性的大量招聘规模。

作为企业，只要你注册并填写了相关的信息，求职平台的销售人员很快会与你取得联系，向你推销平台的各类增值服务。这些服务，绝大多数对于初创企业而言意义都并不太大。除了上面我提到的初创企业本身的招聘规模就不大外，初创企业能够提供给员工的薪资待遇其实也有限。即使企业花费了较大的投入在招聘网站上，然后收到了更大体量的简历投递。但是如果企业本身的实力有限，即使经过面试，也未必能够留得下高端人才。招聘是一个双向选择的过程，看到更多人的简历，并不代表就可以招聘到更优秀的人才进入公司。

● 4.4　创业公司如何面试员工？

对于创业公司而言，招聘是重中之重的工作，创业者必须高度重视这件事。在招聘时不够认真仔细，后面会需要消耗多倍的时间和精力来处理和弥补当初的错误。严肃对待招聘工作，既是对创业团队负责，同样也是对求职者负责。那么对于初创企业而言，在面试中需要注意哪些问题呢？

4.4.1　创业者为何要对招聘亲力亲为？

这个话题，可能会让部分人感到迷惑。人事招聘工作，不是理所当然应该由人事来负责的吗？但是创业公司的现实情况则是：部分创业公司根本就没有设置人事这一岗位，而即使设置了人事岗位的部分创业公司，有些也是一岗多用，担任者很多也并非是人力资源相关专业人员。

所以，对于团队人数体量不超过几十人的创业公司，我们建议人事的招聘工作，应该由创始人或联合创始人团队直接负责。这样做的好处，是非常显而易见的。

① 作为团队管理者，一定要有识人的能力。因为只有先做到准确识人，才有可能做到合理用人。而招聘工作，需要与求职者进行直接的沟通，是最快培养一个管理者识人能力的方式。

② 管理者才是最了解团队目前所处情况及所面临问题的那个人，也只有他，才明白这一阶段公司最迫切需要什么样的人才。而无论将这项工作交给其他任何人代劳，其实都没办法做到自己最想要的状态。

③ 其实在面试的过程，同样也是在寻找一些团队问题答案的过程。管理者在面试员工的时候，可以适当提问一些问题，比如向求职者介绍过企业的基本情况后，问问求职者对于企业所处行业和当前方向的看法。很多时候管理者之所以焦虑，正是由于陷入了当局者迷的状态。作为局外人的求职者，或许就可以在交流碰撞中为你带来答案。

④ 招聘这件事，其实也是创业者社交的一种方式。如果碰巧碰到一个有同行业其他企业工作经验的求职者，无论最终能否成为同事，都应该互相留个联系方式。创业者成为团队最高管理者以后，往往身份便转变成为一切问题的最终解决者。但这并不意味着，创业者本身就无所不懂。而同行，永远都是最好的学习对象。

4.4.2　制定最适合企业自身的面试方式

面试作为招聘过程中最关键的一环，其实本身并没有一定要如何的固定方式。并不是说一定要是求职者拿着一份简历，面试人正襟危坐，你一言我一语，你一问我一答这样的最传统形式。

而面试可以沟通的话题其实也很多，不仅限于求职者之前的求职经历和工作能力。聊聊当下的生活状态和兴趣爱好，其实反而更容易让双方建立信任，从而观察出求职者的个性和心态。

而面试的方式，同样也不仅限于坐在办公室里。我有一个不错的企业家朋友，他的面试方式就比较有特色，他会根据实际情况，随机安排面试的环境。有时可能是在楼下的咖啡馆，和求职者一边喝咖啡一边聊工作；有时候是在公司附近的公园一边散步一边聊事情。还有一次，由于正巧赶上饭点，他就请来面试的人一起吃饭，边吃边聊。而事实上，通过这种方式，他的的确确为团队招募到了不少优秀的人才。很多人甚至就是因为觉得这样的管理者足够有人格魅力，而选择加入团队。

● 4.5 男女员工的各自优劣势是什么？

一个优秀的管理者，应该对于男性员工和女性员工的优劣势了然于胸，这样才能够更好地充分调动不同性别员工的工作积极性。

4.5.1 男女员工的各自优势是什么？

男女两性在职场上，通常存在互为优劣势的情况。即男性在工作中的劣势，往往正是女性的优势，反之亦然。而在有些情况下，并不能非常武断地说某某性别就一定是优势还是劣势，还是要结合客观的企业和岗位情况。所以接下来的解读当中，我们就把男性和女性同时展示，让管理者更好地理解男女两性员工的差异。

男性对于事业的企图心更强，女性则相对较弱：受先天生理条件的影响，男性在体力、野心、欲望等各方面，客观上就会比女性更为强烈。这也和从远古时代开始，"男性一般负责外出打猎，而女性则负责照看家里"的男女特性一脉相承。但是，这里我们很难说男性的事业企图心更强就一定是优点，而女性的更弱就是缺点，依旧要看岗位的实际情况。需要挑战和竞争性的岗位，显然更适合事业企图心强的男性；需要细心和稳得住的岗位，则更适合事业企图心弱些的女性。

在对于抗压能力与情绪稳定性上，男性一般比女性更具优势。由于男女两性先天的生理特征和后天的教育影响，对待情绪，男性偏向于内敛和克制，女性则偏向于外泄与释放。这同样谈不到哪一个更好，不喜怒形于色的男性管理者，或许更容易给员工以安全感，朝令夕改的情况相对少一些；但是与此同时，长时间的高压工作和负面情绪积累，如果管理者没有良好的疏导方式和渠道，集中爆发后杀伤力更大。而女性虽然不易控制情绪，但是情绪往往也来得快，去得快，很快就能恢复工作状态。

在对待工作的灵活性和柔韧性上，女性则更具备优势。在钻牛角尖这件事上，几乎是男性员工以压倒性的"优势"战胜女性的。这也就是为什么，公司内一般以协调人际关系为主要工作的岗位，一般都由女性来承担的原因。同样一件事，女性的思维更倾向于怎么做都可以，只要最后结果能完成就行了。而男性思维则更倾向于条理性和逻辑性，即一定要以怎样的流程和方式来做，不然肯定不行。而这种思维，其实就是偏执心理在作怪。

在思维方式上，男性员工和女性员工还有以下差异：一般而言，男性多为理性思维，而理性思维的一大特征就是，容易把事情往深处想，也就是会把简单的事情复杂化。表现在工作上，就会出现想得多，说得多，但是做得却少。而女性则相反，多为感性思维的女性，更容易把事情往轻松的方向想，也就是会把复杂的事情简单化。表现在工作上，就是女性员工的执行性更为彻底，不会有过多的工作心理负担。

4.5.2 如何妥善平衡男女员工比例？

谈完了男女员工在工作中的优势劣势，我们再来思考另外一件事。作为一个团队，男女比例应该怎样来安排呢？在过去的工作中，这也是我们经常接到的关于初创企业的招聘培训类别的疑问。

排除一些个案，比如财会代账类的公司，基本上以女性员工占大多数；比如机械制造类的公司，基本以男性员工占大多数。类似这样的情况，一般都是由于行业本身的特殊性导致的。一些岗位的工作要求明显倾向于某一性别的员工，或者在社会既定舆论的理解中，某一岗位就应该是特定性别这样的特殊案例。我们的建议是，哪怕客观情况如此，也一定要配置一定比例的异性员工，比例可以参考 8∶2。

当一家公司完全由同一种性别员工组成的时候，首先工作氛围就会显得有些异样。人们常说的"男女搭配，干活不累"，其背后的科学依据正是在于，工作由两性员工协同合作的情况下，人们的心情往往会更愉悦。而在客观条件允许的情况下，适当引入一些异性员工，对于完善团队的思维和工作方式，避免团队在做决策时整体走偏，益处明显。

而除了以上的这种较特殊情况外，对于绝大多数的公司而言，男女比例大致接近 1∶1 的比例，是比较合理的。企业需要由多个部门组成，而每个部门都有更适合于某一性别的员工来担任。还有一点更为重要的是，无论什么企业，终归都是要为消费者提供某种产品和服务的。而这种产品和服务究竟能不能得到更多人的喜欢，就需要男性思维和女性思维同时参与，以期更为高效地研发产品和服务。

我们不难想象，当一支团队全部都是由同一性别的员工组成时，作为产品和服务的提供商，就难免会对异性的需求不够了解，甚至有所忽略。而世间的消费者从来无非两种，男性与女性。如果团队都无法在产品和服务的设计制造当中做到男女平均适宜，那么自然也就将失去一半的市场空间。

• 4.6 企业为什么必须进行培训？

企业要对员工进行培训这样的问题，我想应该没有谁会提出异议。

4.6.1 如何设置培训制度和考核培训结果？

初创企业的培训制度其实需要明确的信息并不太多，主要就是讲什么，谁来讲，讲多久，效果怎样这几点。培训内容，一般就是企业的价值观和企业的工作方式方法。培训人一般就是创业者本身和团队表现出色的员工，课程时长参考学生时代一节课时长。而效果怎样，则需要培训后较长时间的观察才能得出结论。

比较忌讳的培训制度是，指定某一个成员，然后把培训变成了公司的集体"茶话会"。由于是定期的培训项目，所以不管有没有新的内容可以讲，到了时间都还是要集体跑去参与"培训"。这样的培训，就演变成为了培训而培训，既浪费了整个团队的时间，还会对于士气造成不良影响。

培训的结果考核，主要可以分为短期效果和长期效果。短期效果一般就是培训结束后一个月内培训员工的工作情况变化，长期效果则是三个月或更长时间。

4.6.2 这些高效的培训方式可以尝试

多数企业的培训方式，基本都采用了最传统的讲授法，即由一名资深员工，带领一群新员工进行培训。这种方式的优点自然就是操作简便，只要讲授人准备得当，其他人认真听讲即可。但是缺点同样明显，由于是非常纯粹的单向信息传递，所以反馈效果较差，只适合一些相对简单和初级的知识普及性培训。

那么对于初创企业而言，有哪些比较不错的培训方式，是值得尝试的呢？

① 案例讨论式。上文中我们提到，传统的讲授式培训法，最大的缺点就在于员工的参与度较低。那么案例讨论式培训法，就可以较大地改善这个问题。通过提出一个工作案例，甚至是一个故事，然后让参与培训的每个人都谈一谈自己对于这个案例的看法。

案例讨论式培训法的优点显而易见，员工的参与性较强，每个员工都提出了自己的观点和看法，充分实现了"培训的主要目的是引发参与者主动思考和分析问题"的初衷。但缺点也同样明显，虽然案例讨论式培训不需要讲授人，但依旧需要一个主持人，确保讨论有序高效进行，如果场控能力较弱，则会导致培训会变成了茶话会或争吵会。

② 角色扮演式。毫无疑问，最有效的培训方式，就是所有参与培训的员工，可以深入某一特定场景，扮演特定的身份和角色，最终在角色扮演中深刻学习和理解此次培训的内容。

角色扮演式的优点是趣味性较强，寓教于乐；通过不同的角色定位，让参与者更好地进行换位思考；通过预先的培训彩排，可以避免在今后实际工作中的明显错误。而缺点是，这种方式不太适合过多的成员集体参与，不然会导致角色扮演者无法真正进入状态。另外，个别员工可能会排斥这样的培训方式。

③ 网络课程式。关于企业的培训，我经常听到有些创业者和我说，我自己也不善言辞，能讲的平时也都讲得差不多了，这种情况该怎么办呢？上文中我们已经提到，企业一定要把培训制度化，并且形成相应的企业文化。因为培训不仅仅是为了工作效率的提高，还可以提高团队的凝聚力，开拓和增长团队成员的视野和格局。更重要的是，随着时间推移，人们很容易对工作产生倦怠感。那么培训，还可以增强员工对于工作和公司的新鲜感。

其实培训未必就一定非得是与工作岗位强关联的课程，我们以媒体公司为例，日常培训同样可以进行一些例如商业、历史、人文等方面纪录片和公开课的观看与学习。而类似的课程，其实在很多在线云课程平台上都可以寻找得到。这种培训方式，一方面解脱了部分公司无内容可讲的尴尬，另一方面在轻松的氛围下员工也更愿意参与其中。

● 4.7　新员工手册越薄越好

我见过把员工手册做成一本书那么厚发给员工的企业，但是我敢百分之百肯定，没有员工会心甘情愿一字一句把这本"书"从头到尾看完，就像没几个人能够把各类法律典籍看完一样，因为这实在是太过枯燥乏味了。员工手册归根结底就是工作的人事管理制度，如何让制度既简单明了又高效易用，才是初创团队最该做的事情。

4.7.1　制度越复杂，执行效率越糟糕

企业制度这种存在，从来都是一把双刃剑，用得好开疆拓土，成为企业稳定发展的坚实后盾；用得不好则限制创新，降低效率，导致企业日渐变得平庸低效。

对于初创企业的员工制度而言，其实制定的准则主要在于：强调哪些事情是底线，绝对不能做；而其他什么能够做，则不必做太过详尽的规定。因为对于初创企业而言，一切都还处于摸索与尝试阶段。把所有该做的事情都教条化，只会对团队的创新能力造成阻碍。

另外，隔三岔五就修改制度，其实也是负面影响较大的一件事。员工上一周才刚刚适应了某项规定，结果下一周开会时，管理者就表示这条制度又要改，大家按照新的来。这样一来，所有员工都被改来改去的制度弄得心神俱疲，哪里还有心思把工作做好？

条条大路通罗马，完成一项工作任务的方式方法，绝对不止一条。所以只要最终能够解决问题，那么就应该放手让员工去尝试，只有员工尝试的道路越多，

才能够有所比较，快速明确哪些道路是可行的，哪些是不可行的；哪些是高性价比的，哪些是低性价比的。在企业的发展过程中，有些错误是在所难免的。在创业初期就遇到，其实比到后期再遇到要好得多。

4.7.2　如何在不影响大局的前提下减少制度？

我所见过的绝大多数创业公司，公司的制度数量都是伴随着公司的业绩发展一路水涨船高起来的。公司人数越来越多，管理者认为管理这样规模的团队，不能再沿用原来的简易制度，必须得不断深化完善，直到达到"没有漏洞"的程度。

而"没有漏洞"的制度，本身也并不存在。上文中我们也提到了，制度的设定本身就是一柄双刃剑，并不是制度越多，团队的综合实力就越强大。如果我们回顾历史，如秦皇汉武这样雄才大略的一代雄主，观看他们的施政方式，我们就会发现一条共同的准则——抓大放小。绝不会事无巨细全部过问，或者是把修改国策当作游戏。

对创业团队也同样是如此，有些管理者之所以不断完善制度，其根源还在于因为遇到了什么事儿，处理过后认为这样的事情以后不要再发生，于是就写进了公司制度。从另一面说，这样的操作方式，其实也有消极懈怠和一劳永逸的思维在作怪。制度终归是工具，需要人来使用好这一工具，才能真正发挥它的良性作用。

相比不断增加制度，让公司的制度越来越厚；我反而建议，对于公司的制度，尤其是初创企业的制度，同样应该实行断舍离。"有备无患"这样的心态，并不适合用来构建和规划企业的管理制度。而且随着制度条款的不断增多，一方面往往自身都会存在前后矛盾，另一方面也会造成员工对制度开始麻木。员工没有了对公司制度的敬畏之心，那么这样的制度，就离"废话连篇"不远了。

第 5 章

行政运营：
好的行政就是事半功倍

企业行政管理广义上包括行政事务管理、办公事务管理两个方面；狭义上指以行政部为主，负责行政事务和办公事务。包括相关制度的制定和执行推动、日常办公事务管理、办公物品管理、文书资料管理、会议管理、涉外事务管理，还涉及出差、财产设备、生活福利、车辆、安全卫生等。工作的最终目标是通过各种规章制度和人为努力使部门之间或者关系企业之间形成密切配合的关系，使整个公司在运作过程中成为一个高速并且稳定运转的整体；用合理的成本换来员工最高的工作积极性，提高工作效率，完成公司目标发展任务。

● 5.1 是否需要设置单独的行政岗位？

创业者最容易犯的一个错误是，就是看轻自己比较容易理解的工作岗位。所以在很多公司内部，行政、人事、客服类的工作，往往并不太受管理层的重视，这点从岗位工资也可以看得出来。而类似技术和财务这样需要专业技能的岗位，由于创业者本身力不从心，所以更容易有所侧重。但是这种思维，其实是错误的。

5.1.1 是否单独设置行政岗位，何时该设置？

初创企业要不要设置单独的行政岗位，归根结底在于本来应由行政岗位日常负责的主要工作内容，是否可以由创业者自身或其他岗位同事代劳。那么行政岗位，之于一家公司的最主要价值，有哪几点呢？

① 组织。我们以一场公司集团活动为例，管理者只会提出我们要组织一个团建活动，普通员工只需要等着参与，那么如何保证这场活动从头到尾顺利完成呢？很显然，就需要有一个组织者能够将所有环节理顺，安排好活动的各个细节。在这个过程中，组织者要了解和熟悉公司每个人的实际情况。

② 协调。不管公司规模大小，只要有人，那么就一定存在沟通和协调工作。虽然在公司内部，有人扮演管理者身份，有人扮演普通员工身份，但是这种职场上的上下级关系，显然和封建时代的官僚体系截然不同。尤其是随着新生代的年轻人不断涌入职场，如何协调管理层与普通员工之间的关系，保证员工的工作积极性和主动性，公司内部就需要有对应的人来负责协调部门与部门之间、人与人之间的关系。

③ 监督。不管是一项公司新制度，还是会议新决定，终归都是停留在理论层面的。那如何保证公司的各项决定可以高效执行，而不是仅仅停留在理论层面？自然必须要有人在执行的过程中进行监督，在执行结束后进行总结。

综上所述，如果创业者认为以上的工作内容，自己或公司内部其他同事可以较好地完成以上工作的话，那么出于初创公司成本最优化的初衷，的确可以暂时不设置独立的行政岗位。但是注意，也只是暂时而已。随着企业的发展，行政岗位仍然是一家企业必不可少的岗位设定。行政岗位除了上述三点我们提到的价值外，还承担着企业文化的日常维护与运营的职责。而企业文化的重要性，下文中会有更为深入的解析。

5.1.2 行政岗位职责，应该如何设定？

麻雀虽小，五脏俱全。公司虽小，但日常工作内容却并不见得比大公司少很多。初创企业的行政岗位职责，可以参考大中型企业的制度，并且根据企业的实际情况，进行相应的灵活修改。

① 会议、活动组织：负责公司企业文化建设，包括公司内、外部各类公关、宣传、演示、文体等活动的组织、宣传、安排工作；负责公司各类会议的组织、安排、服务工作。

② 物品管理：负责公司办公用品、低值易耗品、办公设备的采购、登记、核查管理工作；制定办公用品计划；做好每月的分发、调配、保管工作，建全登记制度，做到账物相符。

③ 环境卫生：负责公司办公秩序和环境卫生的监督管理工作。

④ 安全工作：负责公司下班前的日常检查和安全确保工作，节假日或其他各类公司通告的拟定与发布。

⑤ 活动协同：负责公司集体活动时的相关安排和后勤保障。

⑥ 证照年检：负责办理包括公司营业执照的各类证件的年检和续期工作。

⑦ 设备管理：负责现场指挥部辅助设备（发电机、锅炉）的管理及设备维护。

⑧ 事务工作：负责交纳公司电话费、物业费在内的各项日常费用，保证公司日常工作所需的正常运转，处理公司与客户之间的相关事务。

⑨ 完成领导临时交办的任务：这一点几乎是所有行政类岗位在进行招聘时，都会注明的一点工作要求。因为相比其他工作岗位，行政工作更为繁复，或许每一件工作的难度未必很高，但却不可或缺，且需要足够细心。临时性工作较多，也是行政岗位重要的日常工作。

● 5.2　强行政企业和弱行政企业

上文中我们已经介绍了，行政岗位之于一家企业的重要性，以及行政岗位的日常工作内容。但是由于很多管理者对于行政岗位重要性的轻视，导致很多公司虽然有行政岗位，但却更像是徒有其表，行政对于公司的意义和价值并没有真正被展现出来。所以我们一起来看一看，强行政和弱行政的企业各有什么表现，从而也是帮助创业者判断自己公司的行政工作开展得究竟如何。

5.2.1　行政能力较强企业的表现

什么叫作强行政企业？行政部门在公司所有部门中的地位起码是不相上下，甚至拥有更核心权限的企业，可以称之为强行政企业。根据目前中国多数中小企业的现状，多数都属于弱行政型企业。

在说强行政企业之前，我们先要弄明白一件事，究竟什么类型的企业，才容易出现强行政制度。一般来说，技术驱动型和产品驱动型企业相对不容易出现强行政状况，而运营驱动型和销售驱动型企业更容易出现强行政状况。那么强行政型的企业，日常会有什么表现呢？

① 团队凝聚力较强。充分被监督的团队，团队成员之间更容易形成较强的凝聚力。我们日常所说的狼性文化和狼性团队，其实就是强行政企业对于团队凝聚力的一种强化。

② 企业价值观至上。企业的内在驱动力，一般由利益驱动和价值观驱动两种方式。所谓利益驱动，就是员工之所以努力工作，为的是获得更高的收入；所谓价值观驱动，就是员工努力工作的部分甚至多数原因，是实现企业和个人的人生理想。而强行政型企业，其实就是在统一团队价值观这一层面上，做得足够深入的企业。

③ 活跃性受影响。要说与强行政公司最相似的组织形态，应该就是军队。

军队具有非常严格的制度约束每一个个体,优点就是更容易形成合力,在攻坚行动上表现极为出色。但是军队式的团队结构,由于过于强调团队的集体意识,对于团队成员的个性缺乏包容,甚至在某种程度上会影响团队的创新精神。

5.2.2 行政能力较弱企业的表现

上文中已经提到,中国绝大多数中小企业都属于弱行政型企业。那么为什么中国的中小企业一般都是弱行政型企业,弱行政型企业的表现又有哪些呢?

弱行政企业形成的主要因素有:其一由于中小企业本身的规模和体量限制,作为辅助职能的行政岗位,一般人数相比其他各个部门都要明显较少。人数上的弱势,造成在企业内部本身的存在感普遍较低。其二由于行政工作主要针对公司内部,工作内容又偏于服务型,而在多数人的印象中对于服务型工作本身存在轻视。其三行政在日常工作中所行使的监督权,容易受到其他部门和同事的非议和排挤。

那么弱行政型的企业,在日常的运营当中,会有哪些典型表现呢?

① 团队执行力不足。一家企业的团队执行力高低,其实无外乎完成工作和无法完成工作对应的激励和惩罚机制。而机制永远都是停留在纸面上的,公司里由谁来确保这些机制可以正常运作呢?自然就是行政岗位。在弱行政型企业中,行政岗位的日常工作主要用来做一些杂活,变成与世无争的清闲岗位。那么失去了强有力的监督和鞭策的团队,自然执行力就会出现下降。

② 团队意识薄弱。行政岗位所负责的另外一件重要工作,就是企业价值观的统一,或者说是企业文化的维护。而企业文化的运营和维护都是一件旷日持久的事情。而且随着公司的体量越来越大,企业文化的重要性就要会日益突显。

③ 工作氛围轻松。上述两点我们讲了弱行政型企业的缺点,这里我们再来讲一讲弱行政型企业的优点。强行政型制度其实对于企业运营而言是把双刃剑,如果管理者无法拿捏好尺寸,很容易形成办公室政治,导致员工把过多精力放在明争暗斗上,影响工作效率。而弱行政企业,由于监管相对宽泛,工作氛围轻松,员工更容易自由发挥和创造。

●5.3　如何坚定不移地执行公司制度？

公司制度，是指在一定的历史条件下所形成的企业经济关系，包括企业经济运行和发展中的一些重要规定、规程和行动准则。按公司制要求建立的一整套公司管理制度。通常情况下是指公司管理制度。公司管理制度是公司为了规范员工自身的建设，加强考勤管理，维护工作秩序，提高工作效率，经过一定的程序严格制定的相应制度，是公司管理的依据和准则。公司的管理制度有助于维护工作秩序，提高工作效率。

5.3.1　公司行政的最重要工作是什么？

对于初次接触企业管理工作的创业者而言，往往容易在企业究竟应该是法治（管理制度）还是人治（灵活机动）之间游离。虽然"大事靠制度，小事靠应变"的说法大家都能够挂在嘴上，但是在企业实际管理上，却依旧频繁遇到棘手的管理难题。

有些创业公司，为了偷懒，干脆就从网络上随意找到一份公司制度大全，然后照葫芦画瓢，复制了一份。结果等到真需要使用公司制度进行日常工作管理时，才发现很多条款根本就不适用。此时创业者才会发现，企业制度这东西，必须依照企业自身的实际情况进行设定，才有可能真正发挥它的价值。

整个创业团队中，除了创业者本人外，还能够在日常工作中与所有团队成员有所交集的岗位，就是公司的行政岗位。而且相比创业者本人，行政岗位其实更容易站在相对较为局外人的角度，观察整个团队每个人的工作状态和岗位设定。加之行政岗位频繁参与公司的各类型会议，对于公司的大事小情更为熟悉，那么在设定公司管理制度时，行政无疑就是最佳的协助者。

一些初创公司的管理制度，往往是由创业者根据自己对于企业的理解和需求设定的。这种管理制度，如果不经过其他人的协助，很容易陷入偏理想化的状态。

毕竟作为创业者，都会对于自己一手创办的公司注入较大的心力，都更容易将企业当下的情况想象得比实际情况更好，所以制度自然也就容易缺乏可操作性。

而缺乏可操作性的制度，很快就会成为鸡肋，被当作口号贴在墙上。由行政岗位协助创业者共同设定公司制度，并且在有关执行层面提出相应的建议，是初创企业管理制度确立的最佳方式。

5.3.2　管理者应如何合理地对行政岗授权？

在企业管理中，我们经常说一句话，叫作"用人不疑，疑人不用"。很多初创企业每天创业者忙得停不下来，而员工却经常遭遇无事可做的尴尬局面。而这里所说的无事可做，当然并不是真的没事可以做，而是很多事情员工都没有权限进行决定。那么遇到了这种情况，自然就只能停下来等待管理层来做决定。

而相比其他岗位，行政岗位的权限下放，其实之于日常工作而言更为关键。一来行政岗位日常的主要工作就是组织和协调，涉及的其他部门和岗位员工原本就更多。尤其当涉及的员工还是部门负责人这样的管理层时，如果行政岗位负责人没有事先得到公司最高管理者的充分授权，那么日常的工作几乎就是无法进行的。

而组织协调之外的监督和处罚工作，显然是一家公司中最为得罪人的岗位。依照我们过去对于大量创业公司的观察经验，我们建议创业者要在公司全体会议上郑重声明，公司行政所下发的所有规章制度和处罚机制，就是公司层面的决定。任何员工，不得以任何理由拒绝执行。

作为创业者，如果对行政的日常工作有任何异议，最好的方式是在私下里进行沟通。而在日常的工作中，应该立场坚定地站在行政这边，做其权力后盾。只有如此，行政岗位的监督权才可能被充分发挥，从而使得团队的效率不断优化。

创业者永远都要记得，如果团队成员感到辛苦和困难，那说明团队的确是在发展壮大，走上坡路的阶段。如果团队的所有成员都过得十分轻松自在，毫无疑问，公司的管理和监督一定出了问题；如果不及时调整改正，将可能导致团队全面走上下坡路。

●5.4 老板性格和企业文化

每一家企业,无论大小,无论行业,都一定会有各自的企业文化。企业文化是一个组织由其价值观、信念、仪式、符号、处事方式等组成的特有的文化形象,简单而言,就是企业在日常运行中所表现出的各方各面。它包括文化观念、价值观念、企业精神、道德规范、行为准则、历史传统、企业制度、文化环境、企业产品等。其中价值观是企业文化的核心。

5.4.1 初创企业如何创建自己的企业文化?

特伦斯·E.迪尔、艾伦·A.肯尼迪把企业文化整个理论系统概述为5个要素,即企业环境、价值观、英雄人物、文化仪式和文化网络。

企业环境是指企业的性质、企业的经营方向、外部环境、企业的社会形象、与外界的联系等方面。它往往决定企业的行为。

价值观是指企业内成员对某个事件或某种行为好与坏、善与恶、正确与错误、是否值得仿效的一致认识。价值观是企业文化的核心,统一的价值观使企业内成员在判断自己行为时具有统一的标准,并以此来决定自己的行为。

英雄人物是指企业文化的核心人物或企业文化的人格化,其作用在于作为一种活的样板,给企业中其他员工提供可供学习的榜样,对企业文化的形成和强化起着极为重要的作用。

文化仪式是指企业内的各种表彰、奖励活动、聚会以及文娱活动等,它可以把企业中发生的某些事情戏剧化和形象化,来生动地宣传和体现本企业的价值观,使人们通过这些生动活泼的活动来领会企业文化的内涵,使企业文化"寓教于乐"。

文化网络是指非正式的信息传递渠道,主要是传播文化信息。它是由某种非正式的组织和人群所组成,它所传递出的信息往往能反映出职工的愿望和心态。

了解了企业文化的组成部分后,创业者还需要了解另外一件事,企业文化对于企业的重要性，究竟体现在哪些方面。换而言之，就是企业的企业文化，之于企业的发展和壮大，价值和意义何在？

① 导向作用。播种一种观念，培育一种行为，从而收获一种结果；解决人们的观念、感情、情绪、态度方面的问题，要靠企业文化。

② 凝聚作用。认同感——凝聚人心，增强员工的归属感。

部门壁垒会增加协作成本。拆除部门壁垒，降低协作成本，把企业整合为一个统一协调的整体，要靠企业文化。

③ 规范作用。企业文化作为一种心理的约束，可以规范行为，并能代替部分的正规约束。

④ 激励作用。可以减少物质激励、制度规范监督所必须付出的高昂费用，降低管理成本。

⑤ 社会影响。企业文化建设有助于企业成为社会的优秀成员，对社会乃至环境都有积极的影响作用。

5.4.2 企业文化建设应注意哪些要点？

毫无疑问，创业者作为一家企业的最高管理者，对于企业的价值观影响十分重大。虽然团队的每一位员工都会对企业的整体文化氛围有所影响，但是整个企业的性格，一定是与企业创始人的性格最息息相关的。那么作为初创企业，在进行企业文化建设时，应注意哪些要点？

① 企业文化建设要趁早。在过去的创业咨询工作中，我们遇到过两种比较常见的关于企业文化的错误认识。其一是认为企业不需要企业文化，现在大家在一起有钱挣就好了，想那么多干吗；其二是认为现在的企业规模还太小，企业文化不应该是到了千人万人规模才需要的吗。但事实上，不管企业多大多小，一定都会存在企业文化，而且如果管理者不主动引导企业文化向某一特定方向引导，那它自身依旧还是会产生，而且同样会发展。这就好比良田不用来播种庄稼，就会自己生出越来越多的野草来。而且，新员工加入团队初期是学习企业文化最佳的时刻，如果团队已经形成一定规模，再想要改变就会十分困难。

② 企业文化不能只是口号和标语。还有为数不少的创业者，认为企业文化就是定制一批宣传海报，然后拿回来把公司的墙上都贴满就万事大吉了。企业文

化是一种价值观，需要团队中的每个人记在脑中，并且发自内心地认同它，它才能产生相应的价值。

③ 员工有权对企业文化提出异议。企业文化和企业制度的产生机制是不太一样的，制度是通过强制手段执行的，而文化往往是自生性的。也就是说，一家企业的企业文化最终会发展成什么样，除了管理层的引导之外，团队每一位成员的性格和心态都会共同起作用。所以在进行企业文化建设时，同样应该综合考虑团队成员的意见。

④ 工资和奖金重要但不是唯一。我之前也见过有些企业，直接把企业文化定义成多劳多得，少劳少得，不劳不得。这自然没有什么错，但却是非常偷懒的一种做法。员工的需求是多种多样的，而且会随着时间的推移不断变化。如果员工与团队之间的唯一联系方式就是工资和奖金，那么员工本身的归属感和成就感都会不断降低。因人而异，充分调动团队每一位成员的工作积极性，才是企业文化的最主要目的。

⑤ 企业文化与招聘息息相关。企业文化的价值，其实远不仅仅只是针对企业内部，与外部对于企业的印象和评价也息息相关。比如一家充满创新和活力的企业，在进行招聘时，显然就更容易获得人才的注意。而结构臃肿、上升空间有限的企业，则不太容易受到求职者的注意。而即使是在商业领域的合作上，也往往是企业文化相近的企业，更容易走到一起。

⑥ 企业文化的最大影响者。其实所有创业者，从创业第一天起就应该明白，自己的言行对于企业的价值观影响十分巨大。如果作为管理者，没办法很好地控制自己的情绪，动不动就在企业里大发雷霆，那么长此以往团队的活力和创造力都会受挫，因为员工都觉得老板脾气太大，做好了未必有奖励，做错了就要挨骂，那干脆不如不做。对于权力缺乏有限监督的企业，管理者甚至可以完全主导企业文化的走向。

●5.5 狼性文化和家文化

企业文化中的两个极端，就是狼性文化和家文化。一个过于强调进取、攻击和战斗，另一个则过于强调互助、和谐、稳定。但是在实际的应用中，无论以上哪一种，都有非常明显的优点和缺点。如果分寸拿捏不好，很容易对于公司的发展造成较大负面影响。那么，究竟该如何看待狼性文化和家文化呢？

5.5.1 什么是狼性文化？

所谓的"狼性文化"指的是企业文化中一枝独秀的创举，是一种带有野性的拼搏精神。"狼其性也：野、残、贪、暴"，都应在团队文化中得以再现，那就是对工作、对事业要有"贪性"，永无止境地去拼搏、探索。狼性企业文化在实际当中的运用，最常见于纯粹的销售型企业。由于本身不具备技术方面的优势，便只能不断通过对销售人员打鸡血，来保证企业能够存活下去。

狼性文化也是有局限的。我们在接受狼性文化理念时，肯定优先接受那些被认为最具有狼性特征的要素。在提倡狼性文化的时候不能偏重某一点，一味提倡"你死我活"的"残酷竞争""不给对方以生存空间"等，在一定程度上扭曲了狼性文化。在商战中，以置对方于死地为唯一目的，这样即使一方获胜，也会因失血过多而元气大伤，形成"双输"的结果。

接下来，我们来一起看看企业推崇狼性文化，对于企业的发展有哪些优点和缺点。

优点：狼性文化的核心在于敏锐、进取心、攻击性、团队协作。即鼓励员工时刻保持在商业竞争中对机遇的敏锐捕捉能力，一旦发现机会和订单就要毫不犹豫、第一时间去争取。在日常工作中，始终保持积极向上的进取心，对待同行同业竞争要有十足的攻击性。在争取竞争胜利的过程中，要懂得团队精神和协作意识。

缺点：在所谓"文化"的背后，狼性中深藏着固有的本质——残酷无情，你死我活，为达到目的不择手段，蔑视规则，无视人性等，极易造成企业及员工在文化上的迷失。长期被狼性文化熏陶的员工，对于团队成员之间缺乏信任，并且容易形成对所有事情的怀疑心态。上级对下级产生不断榨取剩余价值的想法，下级对上级进行当面一套背后一套的套路，最终导致企业失去了人性，只剩下了兽性。

5.5.2 什么是家文化？

"家文化"指的是一个"家"的文化，家是最小的国，国是最大的家。这个"家"可以是三口之家，也可以是一个国的家，当然也可以是一个企业、一个公司。"家文化"是传统文化中最大的内容，也是最主要的部分，从对"家"的定义延伸，"家文化"是一个国家的文化，是一个企业的文化，是一个家族、家庭的文化。

和狼性文化不同，家文化的核心主要在于互助、创新、坚持、自我。管理者要努力地欣赏自己的员工，同时也努力地让员工欣赏他们的管理者，更要让员工学会彼此欣赏。如果做比喻的话，狼性文化更接近于诸子百家中的兵家和法家文化，家文化则更接近于诸子百家中的儒家和墨家文化。

同样，我们不妨一起来看一看，在企业中推崇家文化，对于一家企业的发展会有哪些影响。

正面： 家文化最大的正面影响，是为员工提供了一个相对稳定的团队氛围。相比于狼性文化过度强调竞争性与攻击性，家文化更多强调的是团队中的每位成员，都把彼此看成是自己的"家人"。那既然是家人，自然就需要彼此帮助、彼此尊重、彼此爱护。在家文化主导下的企业，往往员工的流失率会较低，员工对于企业的归属感会更强。

负面： 家文化的最大负面组作用，就是十分容易产生"温水煮青蛙"的效果。由于团队内部，以及团队对外的进取心和进攻性不强，很容易在于对外的竞争中落在下风。而且人原本就是一种"生于忧患，死于安乐"的生物，长时间生活在家文化的熏陶下，容易越来越安逸，最终无论是工作能力还是工作态度都发生退化。

5.5.3 究竟怎样的企业文化，才最适合企业？

月满则亏，水满则溢。没有任何一种企业文化是完美无缺，只有正面意义的。同样一种企业文化，不同程度的使用也会造成不同结果。就比如同样是法律，设置不同的量刑标准，也将对实际的执法造成巨大的差异。企业文化也是如此，过度依赖或过度强调某一种方式的企业文化，会导致企业在思想和行为上不断走向某种极端。

如何判断公司当下的企业文化是否适合自身呢？不妨从以下几个方面来考量。

① 能否提升员工的效率。从短期来看，考量企业文化是否适合团队的最有效标准，就是看企业文化是否能够提升员工的工作效率，是否可以保证团队的业绩不断提升。

② 能否激发员工的使命感。从长期来看，企业文化其实是团队整体的一种价值观，我们总说创业一定要有理想，而能够长期保持"为了这一理想不断努力"的精神支撑，就是团队成员对于这件事的使命感。如果团队成员自己都不认为自己正在做的事情能够成功，那么这样的价值观一定是有问题的。

③ 能否加强员工的责任感。从日常生活来看，企业文化还可以深刻影响员工对于工作的态度，比如是积极的，还是消极的；是主动的，还是被动的。对待工作结果，是负责到底的，还是草草了之的。

④ 能否凝聚员工的归属感。在企业的人事制度指标中，有关于团队员工流失率的相关数据。那么一家企业如果员工流失率较高，除了多数人理解的"活多钱少"这一点外，还有一个重要原因就是公司的企业文化，是否可以让员工能够踏实安定下来认真工作。

⑤ 能否赋予员工的荣誉感。企业文化中，应该也必须有对于员工的激励机制。惰性是人性当中与生俱来的因素，创业是创业者在与人性做斗争；而员工在职场上的每一步进步，同样都是在战胜人性的过程。不断对员工进行激励，鼓励他们在工作中变得更加出色，也是企业文化中必须具备的因素。

⑥ 能否实现员工的成就感。按照马斯洛需求层次理论，随着一个人年龄的增加，那么他希望从工作中获得的东西的层次也会不断提高。最早的时候工作只是为了生存和提高物质生活水平，但是随后就会希望获得职场的安全感和人生的成就感。

综上所述我们发现，企业的价值观和人的价值观一样，都是应该随着年龄增长而与时俱进的。我们无法想象，一家成立十多年的企业，企业文化还保持着最原始的企业文化。创业理想可以一以贯之，但企业文化却需要根据团队当下的实际发展情况不断调整。

第 6 章

人事制度：
奖罚分明，令行禁止

作为一名成功的企业管理者，其实日常最重要的工作有两点，其一是找钱，其二是找人。所谓找钱，就是找投资，为企业的竞争筹集粮草；所谓找人，就是招募人才，为企业的发展增强力量。本章所要讲的，就是能够深远影响企业命运的人事制度设定。

● 6.1 是否要给员工发放期权？

毫无疑问，公司给创业团队成员发放股权或期权的根本目的，都是为了激励员工努力工作，增强员工对于企业的忠诚度。通过优秀员工或者全员持股的方式，将创业企业与团队成员之间形成利益共同体。让所有团队成员明白，如果创业成功，那么每一个参与者都将是受益者。

6.1.1 企业的股权和期权各是什么？

股权是有限责任公司或者股份有限公司的股东对公司享有的人身和财产权益的一种综合性权利。即股权是股东基于其股东资格而享有的，从公司获得经济利益，并参与公司经营管理的权利。股权是股东在初创公司中的投资份额，即股权比例，股权比例的大小，直接影响股东对公司的话语权和控制权，也是股东分红比例的依据。

期权是指一种合约，该合约赋予持有人在某一特定日期或该日之前的任何时间以固定价格购进或售出一种资产的权利。

对于创业企业而言，股权一般涉及合伙人之间的关系，而期权则涉及公司与团队成员之间的关系。作为一名创业者，必须对期权做到了解。期权定义的要点如下。

① 期权是一种权利。期权合约至少涉及购买人和出售人两方。持有人享有权力但不承担相应的义务。

② 期权的标的物。期权的标的物是指选择购买或出售的资产。它包括股票、政府债券、货币、股票指数、商品期货等。期权是这些标的物"衍生"的，因此称衍生金融工具。值得注意的是，期权出售人不一定拥有标的资产。期权是可以"卖空"的。期权购买人也不一定真的想购买资产标的物。因此，期权到期时双方不一定进行标的物的实物交割，而只需按价差补足价款即可。

③ 到期日。双方约定的期权到期的那一天称为"到期日",如果该期权只能在到期日执行,则称为欧式期权;如果该期权可以在到期日或到期日之前的任何时间执行,则称为美式期权。

④ 期权的执行。依据期权合约购进或售出标的资产的行为称为"执行"。在期权合约中约定的、期权持有人据以购进或售出标的资产的固定价格,称为"执行价格"。

6.1.2 初创企业如何给优秀员工发放期权?

上文我们已经介绍了关于期权的一些基本概念。那么接下来我们要讲的是,如果作为一家创业公司,打算给员工发放期权的话,应该注意哪些事项。

① 定时。无论是股权还是期权,都不宜过早进行发放。尤其是在企业尚未真正开始运作,还处于筹备期时,贸然将大量股权分配出去,一来后期企业逐渐发展壮大的成本过高,二来员工本身也还不能充分认识到这些期权的真实价值所在。最好的发放期权的时间点,要么是已经有风险投资开始注入后,要么是企业的营收达到了一定规模,此时可以根据团队的实际情况,开始发放期权。

② 定人。一般来说,创业公司的合伙人,主要拿的是限制性股权,不参与期权的分配。不过如果创始人和核心团队认为某位合伙人的贡献和股权不匹配,可以再适量发放一些期权。而团队中主要拿期权的成员,应该是中高层管理人员。当然,如果团队认为全员持股更有利于团队的进步,那么可以分批次对所有员工进行期权分配。不过,普通员工的期权发放数量一般较少。

③ 定量。公司的期权池,10%~30% 之间的较多,15% 是个中间值。公司总池子确定下来,再综合考虑他的职位、贡献、薪水与公司发展阶段,员工该取得的激励股权数量基本就确定下来了。邵亦波分享过他在创办易趣公司时期权发放的标准。比如,对于 VP 级别的管理人员,如果在天使进来之前参与创业,发放 2%~5% 期权;如果是 A 轮后进来,1%~2%;如果是 C 轮或接近 IPO 时进来,发放 0.2%~0.5%。对于核心 VP(CTO、CFO、CTO 等),可以参照前述标准按照 2~3 倍发。总监级别的人员,参照 VP 的 1/2 或 1/3 发放。

④ 定价。期权发放的最主要目的,在于激励团队成员与创业公司共进退。所以期权作为一种激励体制,很多企业要么是直接免费发放给员工,要么是只象

征性收取极低的费用。这里我的建议是,员工获得期权应该付出一定的成本,这个成本由创业者自己来衡量。一来完全没有成本的期权获得方式会使得员工对期权不够重视和珍惜,二来对于员工离职后如何收回和退出也是一大隐患。

⑤ 退出。离职员工的期权退出回购机制,主要有两个重要的注意点。其一是发放期权时,公司就应管理好员工的预期,深度沟通明确期权的退出方式,并通过白纸黑字协议的方式落地确认。其二是设计期权退出机制时,必须设计好期权回购价格。期权回购价格的确定,既要承认退出员工的历史贡献,又要兼顾公司的现金流压力,还得给公司预留一定议价空间。

另外,关于创业公司如何分配股份期权?可以参考硅谷的一般原则:外聘CEO－5%到8%;副总－0.8%到1.3%;一线管理人员－0.25%;普通员工－0.1%;外聘董事会董事－0.25%。期权总共占公司15%到20%股份。期权在工作1年后开始兑现,4年兑现完毕。

● 6.2 初创公司如何设定薪资制度?

薪资制度的设定,对于一家企业的发展至关重要。因为无论企业的理想多么远大,想要员工工作更加努力,想要更多的人才能够加入公司,那么合理而又有竞争力的薪资制度就显得至关重要。为什么同处一个行业,国企员工的工作积极性往往会逊色于民企员工,核心就在于其各自背后的薪资制度,是否起到了对员工工作积极性的推动作用。

6.2.1 初创企业设置各岗位薪资制度的注意事项

作为一家初创企业,在工资的设定上,容易犯的最大错误往往是,直接参考同行标准,给出一个和行业水平接近的固定值,然后就直接按照此固定值进行发放。这种方式的最大隐患在于,没有意识到企业的薪资制度是会随着企业发展不断变化的。而直接以固定值这种形式进行发放,在日后的薪资制度调整时会有很多不便。

这里举个小例子：A、B两家无论员工规模还是盈利水平都比较相似的公司，现在针对某一相似岗位进行薪资制度的设定。根据对所在区域和所在行业的了解，目前这一岗位的平均薪资是5000元/月。

现在A公司的薪资制度就是，试用期4000元/月，转正后5000元/月，五险一金等按照相关标准进行操作。

而B公司的薪资制度则是，基本工资3000元/月，住房补贴500元/月，通信补贴200元/月，交通补贴300元/月，全勤奖300元/月，奖金0~1500元每月，五险一金等按照相关标准进行操作。试用期按照正式员工薪资标准的80%进行发放。

不妨仔细思考一下，A公司和B公司的这两种薪资制度，究竟哪一种更为高效。这里我们可以提前告诉大家，虽然B公司的薪资制度看上去种类很多，但是实际操作下来，每月企业需要支出的成本，却是和A公司差不多的。

在我们过去对于大量创业公司的观察中，发现很多企业最开始都曾采用过类似A公司的薪资制度，但是经过一段时间的实际操作后，多数开始变更为B公司的薪资方式。那么B公司的薪资方式，相比A公司而言有哪些优势呢？

① 更符合员工的心理需求。虽然A、B两种薪资待遇的最终实发金额是差不多的，但是A薪资制度过于宽泛，类似于大锅饭的混沌型；而B薪资制度则更为现代化，可以让员工清楚地看到自己薪资的各个组成部分。从情感上讲，B公司的薪资结构充分考虑了作为职场人在日常工作生活中的各项主要开销，让员工觉得公司更具备人情味，而不仅仅是非常赤裸裸的利益关系。

② 相比A公司的薪资制度，B公司的薪资制度显然更具备对员工的激励性。因为在B公司的薪资结构当中，有每月不固定的0~1500元的奖金。当然，该岗位明显不属于销售岗位，因为并没有提成这一栏目。但是这才更加体现了B公司制度的难得之处，如何调动非市场部门的工作积极性，对于多数公司来说一直都是一个难题。如果干好干坏始终都是一个固定收入，那么毫无疑问将导致该岗位员工工作积极性与日俱减。而设定一个奖金范围，就能够在一定程度上给予员工相应的激励和鞭策。

③ 既然是工作，那么有奖励的同时就应该有对应的惩罚。而如何做到有法可循，A公司的薪资制度显然就非常粗糙，应该怎么惩罚，惩罚力度是多少，都

没有在薪资制度上有所体现。而B公司则较为清楚，我们就以这个全勤奖为例，如果该名员工在本月度没能做到不迟到不早退，那么就可以进行对应的惩罚。惩罚的目的不是为了罚钱而罚钱，而应该是激励员工更努力地工作。

6.2.2 员工的薪资应该由哪几部分构成？

从国家层面说，只对企业的最低薪资标准、五险一金及节假日加班补偿等方面进行了比较基础的规定。但是员工的薪资究竟应该由哪些部分来组成，才能够最大限度地激励员工努力工作，这显然是个非常值得创业者思考的问题。参考一些在薪资制度上较为出色的企业，我们不妨进行下学习。

① 基本工资。管理者可以参考国家相应法律法规要求的当地最低工资标准，结合企业自身的盈利情况，进行相应的设定。

② 奖金/绩效/提成。奖金提成是激励员工做好工作的最重要组成部分。这里要强调的是，企业的薪资标准中，不仅仅应该对市场岗位设定奖金，对其他岗位也同样应该设定，区别只是金额和比例多少。没有激励的薪资制度，注定是失败的薪资制度。

③ 全勤奖。全勤奖金额不必多，但是却是对员工工作态度进行鞭策的一项重要内容。在下文中，会有对全勤奖的更多解读。

④ 住房/通信/交通补贴。对于一名职场人而言，这三部分的开销，基本是必不可少的。作为企业，虽然做不到全额报销，但是在薪资结构中加入对应的一些补贴，可以很大程度上体现出企业的人情味，提升员工对于企业的满意度。

⑤ 职业技能补贴。虽然我们总是把终身学习挂在嘴边，虽然很多企业也总是鼓励员工多去学习和提高职业技能。但是，如果员工投入了时间和金钱成本进行职业技能的提高后，是否就可以得到公司的相关认可呢？这一点至关重要。如果想要长期激励员工不断提高职业技能，那么对于一些行业职业技能成绩的补贴，就显得尤为重要。

⑥ 其他激励。不同行业、不同企业，对于员工的薪资设定自然还有非常多的创新方式。这里我们没办法发一一罗列，企业对于员工的激励，未必一定要多高多大，重要的是足够用心和贴心。

⑦ 五险一金。这个是最基本的福利待遇了，之所以写出来，是提醒所有的

企业管理者，五险一金是对员工和企业双方的最基本保障，切不可在这一项目上动脑筋。这不仅仅是做企业的底线，同样也是做人的底线。

● 6.3 上下班考勤是否使用传统打卡制？

对于多数的创业企业而言，如何界定员工上下班的迟到早退情况，并且处以怎样的惩罚机制，显然都是一件令人十分纠结的事情。排除极少数的恶意迟到早退现象，多数员工的迟到早退往往是偶发性的意外情况，如果惩处过重会影响员工的工作积极性，如果不予处罚又会显得纵容这种行为。那么有什么好方法，可以解决这个问题吗？

6.3.1 上下班打卡制考勤是好制度吗？

在绝大多数的传统行业和企业当中，上下班打卡签到签退，是非常重要的日常考勤方式。部分管理更为严格的公司，不仅仅是上下班打卡，外出办事可能都要打卡。对于这些企业的管理者而言，为了最大化监督员工的工作时长，不惜牺牲了员工与公司之间的信任机制。

员工和企业之间的关系，最初级的是利益关系，就是大家聚在一起只谈钱，做得好就奖励，做得不好就扣钱；中级的是契约关系，就是大家彼此都按白纸黑字上的约定来，各自完成相应的义务，同时获取相应的权利；而高级的是信任关系，也就是彼此认同价值观，员工认同企业的理想，企业也尊重员工的个性，彼此之间形成良性的互相成就体系。

企业坚持使用打卡上下班方式，好处是众所周知的，就是能够较好地约束员工的时间观念，对于有迟到早退情况的员工情况一目了然，可以通过处罚的形式进行教育。但是缺点，却是很多管理者有所忽视的，这里我们不妨做下解释。

① 斤斤计较这件事儿，其实是相对的，如果企业对于员工的日常工作时间分秒不让，那么员工对于企业的态度也很容易形成这样的负面循环。比如打卡上

班时,每天都踩着点来,绝不早到两分钟;而到了下班的时候,同样是时间一到马上打卡下班,绝不晚走一分钟。我们不难想象,当一家公司,尤其还是创业公司的团队对于公司的态度已经演变成这种情况时,未来将是多么岌岌可危。

② 坚持这种打卡上下班的企业,在招聘新员工时更有劣势。随着中国经济的进一步发展,越来越多的人才对于一家企业的评判标准越来越多元化。过去或许只会评判收入如何,但是现在关于工作环境和企业文化的重视程度越来越高。上下班是否需要打卡,已经成为很多优秀的年轻人选择一家公司的重要考虑权重。

6.3.2 员工迟到早退的相关监督机制

创业者在对公司进行管理工作时,一定要把一个管理的最基本准则挂在心上——堵不如疏。很多企业的管理一塌糊涂,员工与管理层的关系势如水火,归根结底就是在于管理中大量用了"堵"这种方式,例如不管迟到早退,不管什么原因,不管几分几秒,一律处以多少金额的罚款。这样的处理方式,就属于典型的"堵"。

管理中的堵,主要体现在对于触犯规定者的严惩。这种惩罚固然会有立竿见影的作用,但是久而久之就会形成一种负面的对立情绪,更严重者会对公司员工的流失率造成明显影响。而管理中的疏,主要体现在对于出色者的表彰。这种表彰一方面对于表现出色者是一种认可和鼓励,对于团队中的其他人同样也是鞭策和激励。相比于堵,疏的方式更容易为员工所接受,从长期来看效果也更为正面。

那么对于员工迟到早退方面的监督机制,初创企业可以考虑哪些手段呢?

① 全勤奖的必要性。部分的企业设置了全勤奖这一奖金项目,未必金额有多高,但是对于每月能够按时上下班,没有出现任何迟到早退情况的员工,却是一项非常好的激励制度。这一制度没有侧重于对未完成者的惩罚,而是反向思维侧重于对完成者的奖励,是非常值得肯定的人事制度。

② 守时者的表彰。如果企业认为守时是企业文化中非常重要的一项,那么完全可以在每月或每季度的表彰颁奖中,设置一项关于最守时员工的表彰。对于多数时间都最早到达公司的员工,可以通过这一方式进行表彰和鼓励。

③ 惩罚不是目的。上文中我们说了两点对于遵守制度员工的嘉奖,那么

对于未能遵守制度的员工，是否应该惩罚呢？答案自然是肯定，否则就演变成了奖罚不明。但是惩罚的方式却同样可以灵活处理。很多公司直接罚钱的方式，其实只能算是下下策。无论罚多还是罚少，终归都是颇为敏感的事情。反倒不如用增加值日次数，或者为部门员工购买水果零食的惩罚方式更容易被大家接受。

● 6.4　合理的请假制度的益处

最常见的企业休假制度，就是完全按照国家法定节假日安排进行，周六日双休，法定节假日休息。但是对于创业公司而言，经常会出现一些需要临时加班的情况。那么如果企业的休假制度是放假时就按法定安排，加班时却又随心所欲，这显然是非常不合理的休假制度。对于初创企业而言，究竟应该如何合理安排休假和请假制度呢？

6.4.1　朝九晚五式工作制为何效率越来越低？

一般而言，人们把朝九晚五，周末双休的工时制度，当成是好制度的典范。但是在实际应用中，这种制度最适合的企业一般是体制内或成熟型公司。而对于创业型公司而言，往往是一切因工作的轻重缓急而灵活调整工作制度。

按照国家的法律规定，每天八小时工作制，每周五个工作日共计四十个小时。作为创业公司而言，如何灵活高效地将每周的四十个小时灵活分配，显然就是一门很重要的学问。对于服务行业来说，可能每天上午基本没有什么顾客。那么就完全可以把上班时间设定为每日 12：00-20：00，而完全没必要死咬着朝九晚五的传统工作制度不放。

类似的情况，其实在很多创业公司都存在。在很多年轻人比较多的创业团队中，把早上的上班时间设定成 9 点甚至 8 点未必是什么英明的决定。年轻人普遍习惯晚睡，所以早上起床就是一件非常有挑战性的事情。然后根据居住地点与上班地点之间的距离，很多大城市的职场人需要提前两个小时就起床，然后洗漱收拾吃饭再乘坐交通工具前往公司。到了公司以后，往往困意都还没有完全消退，半梦半醒的状态下，上午的宝贵工作时间就这样被浪费了。

另外，目前中国各大城市的早高峰交通情况同样让人不能满意。虽然我们一直都在高呼错峰出行，但是就实际的早高峰拥堵情况来看，多数公司显然没有做任何改变，依旧把早上的上班时间设定得十分机械。那作为一家创业公司，工作效率远重于工作形式和工作时长。适当将上班时间延后，比如早上10点上班，下午6点下班，总时长依旧不变，但是对于喜欢晚睡晚起的年轻员工而言，却往往会有意外收获。

另外，中国地大物博，南方北方之间的生活方式和气候差异比较明显。夏季白天较长，冬季白天较短，公司也完全可以根据夏冬两季的不同自然气候情况，设定两套上班机制，就像是学校的上学制度一样。

6.4.2　如何巧妙设置弹性调休制度？

如果创业公司完全按照国家法定加班薪资制度进行运营，那么周六日加班双倍工资，节假日三倍工资的成本，显然不是一笔小数。而如果不按照法定加班薪资制度来，一方面违反劳动法规定会受到相应处罚，另一方面也会造成团队成员对于公司的不满，影响工作效率。

比较好的一种解决方法就是，设置灵活的调休制度。保证员工每周有两天的休息日，但是并不统一在周六日两天进行休息。可能有创业者会疑惑，这样的调休方式，员工们会接受吗？事实上，有喜欢在周六日休息的员工，自然也就有喜欢在周一到周五之间休息的员工。所以所谓的灵活调休制度，就是让那些能够接受在周一到周五间休息的员工，选择在周六日进行工作。

这种灵活的调休制度，其实不仅仅局限于日常的每周休息当中，同样适用于一些比较重大的法定节假日。比如像清明、端午、五一、十一这样的全国法定节假日，由于绝大多数企业都会同意安排放假，那么无论回家还是旅行，车票机票都会特别难买，这点我想很多职场人应该都深有体会。

针对这样的情况，为什么我们就不能够设置更为灵活的休假方式呢？比如给公司员工两种选择，一种是完全按照法定节假日时间进行放假，另一种是在法定节假日之前或之后放假，当然时长都是一致的，由员工们自由选择。类似这样的灵活放假制度，对于员工的工作积极性其实会很有帮助，对于企业本身的运营也完全没有坏处。

作为一家创业公司，应该把创新二字真正刻在心上，而不仅仅是写在纸上。而这种创新，不仅仅局限在产品和服务上，同样体现在公司内部的制度上。

● 6.5　重视薪资激励但不过度激励

> 如何激励员工更好地工作，对于管理者来说，是非常重要的一项日常工作。人们对于重复完成一件事会有疲劳感和倦怠感。如果长期重复一件事，且无论结果好坏都没有任何激励的话，那么工作效率和工作结果自然就会受到相应的影响。

6.5.1　管理者如何对员工进行激励？

一提到员工激励，多数管理者的第一反应就是，发钱。甭管是提成、绩效还是奖金，统统都属于多数企业最常见的员工激励方式。那么发钱这种简单粗暴的方式，是否适合所有公司，所有员工呢？我们认为有待商榷。

按照著名的马斯洛需求层次理论，人类需求像阶梯一样从低到高按层次分为五种，分别是：生理需求、安全需求、社交需求、尊重需求和自我实现需求。那么我们不妨来思考一下，直接发钱这种方式，对于员工而言是满足了哪一层次的满足。基本就是最初级的生理需求；部分把金钱作为人生安全感最重要因素的员工，可能还满足了第二层的安全需求。而对于之后的社交需求、尊重需求和自我实现需求，显然都没能很好地满足。据此，我们来一起思考一下，哪些激励方式，可以满足员工较高层次的需求。

① 满足社交需求。所谓社交需求，就是员工除了在公司内完成指定岗位工作任务，获得相应报酬之外，是否还可以与团队的其他成员之间建立较好的关系。对于多数人而言，工作以后结识的朋友，往往关系会明显弱于上学期间认识的朋

友。那么作为管理者，如何增进员工对于团队的归属感，以及团队成员之间的亲密感呢？组织团建活动，为员工进行统一的生日派对，甚至组队参与员工的婚礼等活动，都会非常好地满足员工此层次的需求。

② 满足尊重需求。和加薪并列的，往往就是升职。但和加薪不同的是，升职所附带的，是更高级别的信任和责任。加薪更多出自于对于员工一项工作完成度与工作能力改善情况的鼓励，而升职则是对于一名员工综合型的肯定。对于团队中渴望在职位上获得更高提升的员工，管理者要及时发现并予以培养和提拔，而不是停留在加薪表彰的层面。

③ 满足自我实现需求。对于有些志向远大的员工而言，金钱奖励对于他们的激励效果其实非常有限。他们渴望能够独当一面，带领团队完成一项颇具难度的任务，获得团队和更多人的认同和尊重，从而实现他们的人生和职场理想。所以作为管理者，要善于发现团队中具有较高职场理想的员工，并且根据其真实工作能力，给予其机会和平台，让其充分施展才华和抱负，在完成公司发展任务的同时，也实现了员工的个人理想，一举两得。

6.5.2　过度依赖薪资激励的副作用

我们再来看看如果企业不因人而异，始终都按照加薪的方式进行激励，会有哪些负面的影响。

① 不会知足的心，所以有可能不管企业给某一位员工发多高的薪水，从本质上来说都不能在真正意义上让一个人彻底满足。

② 企业过度依赖薪资激励，会弱化员工对于企业价值观的认同，在片面追求高回报的道路上越走越远。企业对一名员工进行激励，除了是希望员工在接下来的工作中更加努力、更上一层楼外，同样是希望员工能够对公司心存感恩，提升忠诚度。但是过度依赖金钱激励，将弱化员工对于企业的感性认知，将两者之间的关系不断朝着强利益关联方向推进。

③ 对于渴望在职位上和事业上获得更高成就的员工，长期给予其金钱上的鼓励，显然也并没有达到他们真正渴望实现的梦想。久而久之，他们也会考虑到其他愿意给予他们更高权限和平台的企业去进行进一步的开拓进取。企业损失这样的员工，显然是非常遗憾的事情。

6.6 创业团队更应该重视长板理论

> 短板理论又称"木桶原理""水桶效应"。该理论由美国管理学家彼得提出,意思是盛水的木桶是由许多块木板箍成的,盛水量也是由这些木板共同决定的;若其中一块木板很短,则盛水量就被短板所限制,这块短板就成了木桶盛水量的"限制因素"(或称"短板效应");若要使木桶盛水量增加,只有换掉短板或将短板加长才行。

6.6.1 初创型企业一定要重视长板效应

所谓短板效应,其实就是我们多数人从小就被教育的木桶效应。这种短板效应,或者说短板思维,对于多数中国人而言影响深远。在上学时期,很多学生为了能够在总分上获得更高的成绩,就会把更多时间用于自己相对短板和不擅长的学科。而对于自己比较有天赋和擅长的学科,则保持了较少时间和精力的投入。而这种思维,本质上就是强调均衡,忽视优点的应试教育。

这一思维到了某些创业者身上,同样有着非常深刻的烙印。比如团队在招聘成员时,过于强调员工对于企业文化的认同度,忽视其原本在某一特定工作岗位上优于常人的能力和特长。在部门的设定和项目的投入上,也尽可能保持每个部门和项目的投入标准相似,最终导致有优势的项目得不到充分的弹药补给,表现欠佳;而不具备优势的项目却浪费了同样的人力物力,最终的结果还是差强人意。

而事实上,如果你深入了解过木桶理论。就会明白木桶最长的一根木板决定了其特色与优势,在一个小范围内成为制高点;对组织而言,凭借其鲜明的特色,就能跳出大集团的游戏规则,独树一帜地建立自己的王国。在这个注意力的时代,突显才能发展。与木桶原理求稳固的保守思想不同，反木桶原理是一种提倡特色突显的创新战略，要求企业能打破思维定式，一切向前看，找准自己的特殊优势，开辟一个崭新的天地。

对于成熟型的大企业，或许短板理论更为适合；但是对于创新型的小团队，短板理论反而会成为掣肘企业无法迅速突围，最终沦为平庸，走向失败的导火索。这就好比同样是攻城，大公司兵强马壮，可以将整个城池包围起来，然后各个城门同时发起进攻，只要城市有一处城门防守不利，大公司就可以获得攻城战的胜利。

而对于初创型公司而言，这样的分兵作战计划显然并不适合。原本就兵力有限，在进一步被平均分配之后，每一处的战斗力都将进一步下降，导致丝毫没有获胜的可能性。那么初创企业如何进行市场攻坚战呢？首先是要聚集所有力量于一处，并且寻找对方的最虚弱之处，以己之长，攻彼之短，才有可能获得成功。

那么初创企业的"长处"，究竟是什么呢？显然就是团队中最擅长的那一领域，即团队的长板效应。初创企业想要从成熟企业手里抢夺来一块属于自己的蛋糕，就必须具备在这一领域中的创新打法。

6.6.2 如何充分发挥团队的长板效应？

我们已经介绍了长板理论之于初创企业的重要性。我们再来说说初创企业如何在实际经营之中充分发挥团队的长板效应，迅速成长和壮大。

① 差异化定位。当下的市场，是充分竞争化格局。无论创业者选择哪一行业，一定都会存在既有的强势品牌甚至垄断企业。那么如果创业者依旧坚持想要在这一领域有所作为，首先应该做的事情，就是深入、仔细研究强势品牌的市场定位和擅长领域。在市场竞争中，后来者能够打败先发者的方式，一定不是把自己变成先发者，然后用同样的方法击败对方。只有定位在强势品牌有所忽略和轻视的地方，然后出其不意，攻其不备，才有可能获得成功。

② 个性化人才。对于一个胸怀大志，但却尚处于创业初期的团队而言，招募员工的法则是什么？我认为有一句诗形容得十分恰到好处——我劝天公重抖擞，不拘一格降人才。如果创业企业也完全参考成熟大公司的招聘和用人法则，我们很难想象依靠这些人如何能够战胜大公司。只有那些个性鲜明，思维与众不

同的员工，才有可能是初创企业制胜的关键所在。

③ 核心竞争力。很多企业即使创业多年，依旧搞不明白自己的核心竞争力是什么。如果你现在所在的团队也存在这样的问题，那么我建议你要及时进行反思，因为这就意味着你的团队处于短板理论的深刻影响下。找不到核心竞争力，换句话说就是企业的各个方面都十分平庸，未来不知道该选择向哪个方向发展。核心竞争力就是公司最大的特色，是擅长营销，还是技术领先，又或者是渠道为王，起码要占上一点。

④ 以小见大。上面我们讲了很多初创企业该如何重视和利用好长板效应的内容，但是我们同样要明白另外一件事，当企业已经具备某一方向的长板时，依旧应该清楚地认识到自己在整个行业中的地位。是不是初创企业找到了自己的长板，然后就可以拿着这条长板直接冲向行业中的强势品牌？这显然是十分不明智的选择。初创企业的长板，是用来突围和确定立足之地用的。当立足已稳的时候，就要及时补足自己的短板，然后再寻找市场痛点继续突围。如此一突一补，交替往复，企业才能不断开拓进取，同时又不至于孤军深入，后继乏力。

第 7 章

融资有道：
老板就是要找人和找钱

作为一名企业管理者，有两项能力是必不可少的，而且这两项能力的强弱，也将直接决定一家企业究竟能够飞多高、走多远。这两种能力，分别是找人和找钱。对于普通人而言，钱是维持生计的必要存在；而对于企业主而言，钱是推动企业运转的最重要工具。如何利用好融资这一工具，使得钱能够更好地服务于企业发展，至关重要。

● 7.1 企业为什么要融资？

企业融资是指以企业为主体融通资金，使企业及其内部各环节之间资金供求由不平衡到平衡的运动过程。当资金短缺时，以最小的代价筹措到适当期限、适当额度的资金；当资金盈余时，以最低的风险、适当的期限投放出去，以取得最大的收益，从而实现资金供求的平衡。

7.1.1 企业融资的理由

所谓融资，其实就是企业通过股权或债权等方式筹集资金，从而帮助企业更好更快发展。那么在这个过程中，融资充当了怎样的身份，或者说是起到了什么样的作用？

首先是加速器的作用，资金对于创业者或创业公司而言，本质是一种工具。这就好比我们现代人类与原始人，或者与其他动物最大的差别，就在于我们掌握了工具的使用。所以，企业不通过融资，未必就不能发展壮大。只是，通过融资，就像是使用了一把趁手的工具，从而使得让企业的发展更为事半功倍。

其次是伴随着商业文明的不断发展，融资已经日建成为创业的主流方式。这更像是一种圈子，作为创业者，如果你想要企业能够发展得更快更好，那么你必然不能闭门造车，而应该尽可能主动融入创投圈，适应这种全新的创业方式和文化。用句时髦的话来形容，如果创业是一种全新的生活方式的话，那么融资就是这一生活方式中最有趣的几件事情之一。

最后则是，融资融来的，绝不仅仅只是钱。对于很多目前创业圈内比较成功的二次创业者而言，他们已经在第一次的创业中获得了足够的成功，也就是说他们完全能够自己拿得出足够的钱，来进行第二次创业，但是他们依旧还是会选择通过融资的方式进行再创业。一方面企业有钱时融资会更为容易；另一方面，融资对于一家创业公司的帮助是多方面的，初创企业将最大限度地享受到投资机构的品牌、人脉、资源、管理、财务等方方面面的正面影响。

所以对于创业公司，我们的建议是，在创业的过程中，应该尽可能多地接触投资人和投资机构，哪怕最后并没有投资成功，但是每一位投资人和每一家投资机构，背后都是许许多多的创业成功经验和创业失败教训。作为创业者，这些经验和教训，一点都不比金钱价值低多少。

7.1.2 哪些企业最需要融资？

中国目前有两家特别知名的成功企业并未进行融资上市的操作，就是华为和老干妈。长期以来，每每提到融资可以帮助企业发展得更快更好时，就会有人表示华为和老干妈不也没有融资和上市吗？人家企业不也做得风生水起吗？

这就要提到不少创业者对于融资的一个误解：因为没钱所以才融资。这当然是一种落后而且错误的思路。这里我想用另外一种投资理财方式做个类比，就是如果你有足够的资金可以全款买房的话，你还会选择贷款吗？事实上，对于绝大多数人而言，通过贷款买房，都是一件非常划算的投资方式。因为当下的房贷利率足够低，而且房贷还可以进一步增强你在银行机构的征信信誉。更重要的是，你还可以将原本打算买房的资金，投入其他更高收益的理财产品。

创业公司融资也是一样的道理，没钱自然是需要融资的一大因素，但即使是有足够的钱，作为一家拥有远大理想的创业企业，应该从创业之初就具备最现代化的企业运营思维。而通过融资，就是当下最经济，也是最高效的帮助一家初创企业迅速成长为一家规范化运营企业的最佳方式。我们不妨来看一下，哪些企业最需要融资。

① 技术创新型企业。科技创新型企业，一直都是创业圈内最受欢迎的投融资热点。一方面技术创新型企业从技术的研发到落地，需要较大的投入，也就是需要更多的资金。另一方面，技术创新型企业的产品往往具有非常值得被看好的长期市场成长空间。所以对于投资机构而言，投资创新型企业也是回报率非常高的选择。

② 互联网行业企业。相较于其他任何传统行业，互联网行业企业对于资本运作的思维，都是更为先进的。这种先进，不仅体现在互联网行业对于资本的运用熟稔程度上，更体现在互联网企业往往从创业之初，在公司的管理和财务架构

上，就会按照适合投融资的方式进行搭建。

③ 模式可复制型企业。从本质上，投融资行为依旧是一种交易。创业企业通过融资拿到更多的钱，迅速将企业的规模做大，从而获得更高的利润；投资机构通过投资具有良好发展前景的创业公司，在创业公司规模迅速增长后，同样可以获得几何级数的收益。所以，如果作为一名创业者，你的创业项目具备极强的迅速复制性，仅仅是需要更多的钱就可以做到，那么显然你是非常适合去融资扩大规模的。

● 7.2 天使投资、VC、PE 究竟都是什么？

作为一家初创企业，如果你有意向通过外部的融资进行资本操作。那么你首先要明白，关于初创企业的主流融资方式有哪些。然后再根据自身所处行业、团队实际情况以及相关的资源情况，来最终确定最适合自己的融资方式。

7.2.1 天使投资、VC、PE 各是什么？

天使投资（Angel Investment）。是权益资本投资的一种形式，是指有一定财力的个人或机构出资协助具有专门技术或独特概念的原创项目或小型初创企业，进行一次性的前期投资。天使投资人又被称为投资天使（Business Angel）。天使投资是风险投资的一种形式，根据天使投资人的投资数量以及对被投资企业可能提供的综合资源进行投资。

与天使投资密切相关的，就是天使投资人。所谓的天使投资是一种概念，所有有空闲资金愿意做主业外投资的公司或个人都可以叫天使投资者，他们更多参与早期容易参与的项目，也有天使敢于投资大型项目，不过一般受财力和个人能力范围限制或各种因素干预而不能从事类似私募股权资本 PE 所做的大体量资金投入。由于天使投资的概念整体较新，所以目前在中国范围内依旧主要集中在互联网等新兴科技行业。像李开复、雷军，都曾在自身的事业之外同时从事天使投资人的投资行为。

VC（Venture Capital），即风险投资。是指由职业金融家投入到新兴的、迅速发展的、有巨大竞争潜力的企业中的一种权益资本。风险投资机构是风险投资体系（由投资者、风险投资机构、中介服务机构和风险企业构成）中最核心的机构，是连接资金来源与资金运用的金融中介，是风险投资最直接的参与者和实际操作者，同时也最直接地承担风险、分享收益。我国目前风险投资机构包括五类：政府出资的风险投资机构、民间出资的风险投资机构、外资设立的风险投资机构、上市公司出资的风险投资机构、金融系统出资的风险投资机构。为鼓励风险投资，积极拓宽中小企业融资渠道，国家通过税收政策鼓励风险投资机构增加对中小企业的投资。

相比天使投资，风险投资则更为成熟，一般不以个人身份进行投资，而是以投资机构的身份参与初创企业的投资行为。从投资行为的角度来讲，风险投资是把资本投向蕴藏着失败风险的高新技术及其产品的研究开发领域，旨在促使高新技术成果尽快商品化、产业化，以取得高资本收益的一种投资过程。从运作方式来看，是指由专业化人才管理下的投资中介向特别具有潜能的高新技术企业投入风险资本的过程，也是协调风险投资家、技术专家、投资者的关系，利益共享，风险共担的一种投资方式。

而目前的中国市面上，较为知名的风险投资机构有DCM资本、中国IDG资本、北极光创投、晨兴资本、达晨创投、红杉资本中国基金、今日资本、经纬中国、启明创投、深圳市创新投资集团有限公司等。他们在各类媒体、各种活动上曝光度很高，和各类行业的主流企业家关系也十分密切。他们彼此之间消息互通，对于出色的创业项目和公司，他们一般会采取一家领投，多家跟投的形式进行投资，从而最大化地减少投资风险。

PE（Private Equity）也就是私募股权投资。从投资方式角度看，是指通过私募形式对私有企业，即非上市企业进行的权益性投资，在交易实施过程中附带考虑了将来的退出机制，即通过上市、并购或管理层回购等方式，出售持股获利。

目前中国市面上的私募股权投资，主要是狭义上的私募股权投资。即主要指对已经形成一定规模并产生稳定现金流的成熟企业的私募股权投资部分，主要是指创业投资后期的私募股权投资部分，而这其中并购基金和夹层资本在资金规模上占最大的一部分。相比天使投资和风险投资的高风险和高回报，介入融资阶段相对较晚的私募股权投资，一般投资金额较大，但是风险却相应较低。

7.2.2 初创企业如何通过上述投资机构融资？

作为一家创业公司，应该通过何种渠道，联系到这些投资机构，从而有机会当面协商沟通投融资事宜呢？常见的方式，有以下几种。

其一是通过众创空间和孵化器。作为当今时代的创业者，对于众创空间和创业孵化器类型的机构应该不会太陌生。但是多数人对于这类机构的认识往往只局限于"能够提供一个公共的办公场所"，而忽略了每一个众创空间都有与之合作的投资机构。很多投资机构，都会选择定期到各家众创空间进行交流活动，并且从中发掘和发现好的创业项目和创业公司。对于创业公司而言，哪怕你没有入驻某家众创空间，也应该与机构的相关工作人员或入驻空间的一些创业者有良好的沟通和联系。这样一来，在有投融资机会的时候，创业者才可以及时把握到。

其二是参与各平台组织的创业竞赛。一般会组织创业竞赛的单位，就是两种。一是政府的相关部门，二是有投资机构背景的平台。那么对于初创企业而言，定期参与一些创业竞赛，其实对于创业公司而言不仅仅是开阔眼界，互通有无，彼此学习，宣传营销。类似创业竞赛的裁判或嘉宾当中，总是少不了投资机构的身影。如果你对自己的项目足够自信，认为完全可以拿到融资的话，那么不妨多参与这样的创业竞赛。

其三是通过身边已经获得融资的公司的引荐：无论是天使投资人，还是风投机构，其投资方式经常会出现"扎堆"的状况。就是一家投资以后，其他多家也开始主动前来洽谈沟通。原因就在于，对于投资机构而言，一家创业公司最重要的就是要有信任背书。有了第一家投资机构做了这份信任背书，那么之后就会容易很多。如果创业者身边有朋友的公司已经拿到了投资，那么通过引荐的方式进行投资机构接触，成功率自然就会大很多。

其四是直接通过机构官网联系方式毛遂自荐。如果以上方式都存在障碍的话，那么最直接的方式，无疑就是毛遂自荐。目前主流风投机构都有自己的官方网站，而官方网站上则都有相应的工作联系电话和邮箱。创业者可以主动去联系投资机构，然后将自己的商业计划书通过邮箱发给投资机构。不过相比上面的几种渠道，这一种显然成功率会相对低一些。一是彼此间缺乏基本的信任，二是投资机构每天收到的商业计划书数量很多。

● 7.3 天使轮、A轮、B轮、C轮、D轮、E轮

如果你关注创业圈，经常可以从各类媒体上看到某某企业最新完成某轮融资，此次融资是由哪家投资机构或哪几家参与投资，融资总额高达多少，公司目前估值多少的新闻。那么关于这里所说的某轮融资，究竟是什么意思呢？

7.3.1 一家企业融资的完整道路是怎样的？

融资是一个企业资金筹集的行为与过程，一般顺序为天使投资→A轮（1轮）融资、→B轮（2轮）融资、→C轮（3轮）融资等。

所以我们发现，关于A轮、B轮、C轮等名称，更多只是大家约定俗称的名称。实际上，对应的就是第一轮融资、第二轮融资、第三轮融资的实际融资次数。对于多数创业企业而言，融资到了D轮和E轮就应该差不多谋求IPO上市了。当然，我们也排除由于种种原因，融资超过E轮，到了F轮甚至G轮都没能上市成功的企业，比如凡客诚品。

而上文中我们也简单介绍过了天使轮，相较于A轮、B轮等相对严谨规范的风投机构的投资行为，天使轮融资并不是创业企业融资路上必须要经历的阶段。所以我们也经常发现，有些企业第一次融资直接就是A轮，而另外一些企业则会存在有天使轮的情况，这要根据企业自身的发展情况和资本背景来判断。下面，我们再介绍一下各个融资轮次对应的创业企业发展情况。

天使轮。当创业项目已经具备基本的雏形，能够通过商业计划书将创业项目的各个层面展示得清楚明了，测试版的产品最好已经可以上线使用，或者已经有了一些核心用户。这个阶段，基本上就可以通过天使投资人进行天使轮融资了。

A轮。创业公司进一步将创业产品进行打磨完善，并且用户数量继续保持增长。但是由于此阶段多数创业公司都还尚未涉及变现盈利，所以依旧存在较大的

投资风险，此阶段进行第一次融资，就是 A 轮融资。融资金额，一般在数百万到数千万人民币之间。

B 轮。通过 A 轮获得融资资金，企业可以加速发展，迅速扩张团队，营销产品，经营模式不断趋于成熟。此时公司就可能在原有的产品中不断加入新业务和探索新的盈利方向，自然也就需要更多的资金来进行公司运营，此时就可以进行 B 轮融资。融资金额，一般在数千万人民币区间，A 轮投资机构可以继续跟投，也可以继续引入更多投资机构。

C 轮。经过了 A、B 两轮融资，创业企业基本上应该可以走入商业变现的阶段。企业可以通过产品本身获得盈利，并且可以进一步扩大和增加盈利的渠道和领域。但是根据客观市场情况，比如如果还处于与同类竞品抢夺市场的焦灼状态，那么就需要继续 C 轮融资，补贴市场和营造商业闭环。而部分企业，在此阶段就可以开始谋求上市。此阶段的投资机构，除了先前的风险投资外，还将出现私募股权投资的身影，融资金额一般已经达到亿元的级别。

D 轮、E 轮及 F 轮。如果创业公司发展的情况较好的话，那么完全可以在 C 轮融资后准备 IPO。但是我们发现，目前中国市场，尤其是互联网行业，经常出现一些企业融资到了 F 轮依旧上市无望的情况。一般而言，都是由于市场上未能形成绝对意义上的行业巨头，相关企业谁也不敢轻易放弃补贴和烧钱。而烧掉的钱，自然就都是投资机构的融资。我们就会发现，创业公司如果到了 D 轮和 E 轮还不能上市的话，那么股权一分再分之后，创业者本人对于企业的实际管理权，也就基本丧失了。

7.3.2　第一笔融资为什么至关重要？

我们介绍了从天使轮到 A、B、C、D、E、F 轮的融资情况。那么这么多的融资轮数，对于初创企业而言，究竟哪一轮最为重要呢？毫无疑问，一定是第一轮，不管是通过天使轮还是 A 轮，对初创企业而言第一轮融资都至关重要。

这种重要，首先就体现在，依照目前的市场竞争环境，绝大多数初创企业是根本拿不到投资的。所以当一家企业能够拿到第一笔融资，就已经相当于在起跑线上跑赢了其他同类创业公司。也就是说，相比哪一轮融资更重要，能不能够拿到融资，才是重中之重。

一家创业公司能够拿到第一笔融资，最大的好处当然是钱，这是毋庸置疑的。但是除了钱之外，第一轮融资成功，对于初创企业而言还有其他多重好处：比如企业经历过第一次融资后，对于之后企业的管理和财务规范化帮助明显，更利于接下来的融资。另外，投资机构除了可以提供创业资金外，还可以提供管理层面的帮助和行业资源，这些对于创业者而言都是很大的帮助。

第一笔融资，还将在很大程度上决定创业公司在接下来的几次融资当中的规模和估值。对于创业团队而言，每一次的融资，并不是金额越多越好，尤其是对于早期的融资。由于企业尚未盈利，在与投资机构进行沟通谈判时，相对而言更容易占据劣势。此时创业者为了更多的融资金额，往往就要付出更大的股权。随着企业的不断发展和扩张，股权的价值将呈几何倍数地提升。到那时，创业者就会后悔当初为什么把股权卖得如此之便宜。

● 7.4　获得投资，从了解投资机构开始

初创企业无论是在市场竞争中，还是与投资机构的接触中，始终都应该明白一个基本道理——知己知彼，方能百战不殆。你想要拿到一家投资机构的钱，那么你首先就要摸清这家投资机构的风格和口味。看看自己的团队和项目是不是对方所看好的，这样才能够做到有的放矢，事半功倍。

7.4.1　国内主流的初创企业投资机构

针对初创企业的早期投资机构，一般以风险投资为主，我们不妨一起来看一看，目前国内有哪些比较知名的风投公司，它们的特点又是什么。

DCM 资本：成立于 1996 年，DCM 的合伙人们管理了 7 支基金，总共超过 20 亿美金，在美国和亚洲投资了超过 200 家高科技企业。DCM 在硅谷、北京以及东京设立了办公室，并利用自身的实战经验和全球的商业和财务资源为其所投资的企业提供帮助。在国内的投资案例有：会小二、前程无忧、58 同城网、快钱、

活动行、易车、当当网、时代焦点、绿盒子、好大夫、乐元素、互动百科、酷盘、兰缪、康魄、麦包包、分享传媒、欧瑞思丹、木瓜移动、人人网、绿新、中芯国际、途牛、文思信息技术、中星微、唯品会、豌豆荚、万学、喜事网、也买酒。

IDG资本：全称IDG技术创业投资基金，创始于1992年，在中国进行风险投资活动，是最早进入中国的外资投资基金。24年来，IDG资本始终专注于投资中国技术型企业以及以技术和创新为驱动的企业。截至2017年上半年，IDG资本已在中国扶持超过600家各行业优秀企业，其中有150余家在中国及海外市场上市或实现并购退出。投资对象包括：腾讯、百度、搜狐、搜房、宜信、小米、携程、金蝶软件、奇虎360、传奇影业、暴风科技、91手机助手、如家酒店集团、汉庭酒店集团、网龙科技、当当网、乌镇、古北水镇、印象创新、爱奇艺、美图、周黑鸭、美团、哔哩哔哩bilibili、雷蛇、猿题库、蓝港互动、蘑菇街、贝贝网、纷享逍客、找钢网、金山云、康辉医疗、九安医疗、武汉华灿光电、拼多多、蔚来汽车等公司。

红杉资本：红杉资本于1972年在美国硅谷成立。红杉总共投资超过500家公司，200多家成功上市，100多个通过兼并收购成功退出的案例。红杉中国的投资组合包括新浪网、阿里巴巴集团、土巴兔、酒仙网、万学教育、京东商城、文思创新、唯品会、聚美优品、豆瓣网、诺亚财富、高德软件、乐蜂网、奇虎360、乾照光电、焦点科技、大众点评网、美团网、中国利农集团、乡村基餐饮、斯凯网络、博纳影视、开封药业、秦川机床、快乐购、蒙草抗旱、匹克运动、火币网等。

经纬中国：正式成立于2008年，旗下共管理5支基金，总值约13亿美金。经纬中国关注的投资领域主要包括移动社交、交易平台、O2O、电商、智能硬件、互联网教育、垂直社区、文化、医疗、互联网金融等。截至目前，经纬在国内已经投资超过220家公司，明星企业包括陌陌、快的、口袋购物、找钢网、饿了么、猎聘网、nice、36氪、猎豹移动、七牛、青云、e代驾、e袋洗、分期乐、宝宝树、辣妈帮、美柚、camera360、积木盒子、猿题库、机智云等。

启明创投：成立于2006年，先后在上海、北京、苏州和香港设有办公室。启明创投旗下管理五支美元基金，四支人民币基金，管理资产总额达27亿美金。专注于投资互联网消费、医疗健康、信息技术以及清洁环保技术等行业早期和成长期的优秀企业。截至目前，启明已投资超过180家企业，其中有超过30家分别在美国纽交所、纳斯达克、中国香港联交所、中国台湾柜买中心、上交所A股及深交所上市或通过并购方式赢得投资回报。其中有大批知名企业包括：小米公司、大众点评、iTutorGroup、蘑菇街、美图公司、哔哩哔哩弹幕网、泰格医药、甘李药业有限公司、再鼎医药、微医集团、海博思创、Face++、优必选和摩拜单车等。

晨兴资本：晨兴创投于1992年开始投资于中国内地的高科技、媒体、通信和生命科技项目。晨兴集团是一家全球化的私人投资集团，该集团由香港的陈氏家族于1986年在美国创立。通过与全球的投资机构和投资人合作，集团在北美洲、欧洲、亚太地区、印度和中国广泛地投资新兴产业。目前在国内成功案例有：媒体伯乐、正保远程集团、搜狐、第九城市、携程Ctrip、贝宝PayPal、小米公司。

达晨创投：成立于2000年4月，聚焦于文化传媒、消费服务、现代农业、节能环保四大投资领域。目前，达晨创投管理资金110亿元人民币，投资企业累计近180家，其中27家企业成功IPO，9家企业通过企业并购或回购退出。成功案例有：中南传媒、同洲电子、拓维信息、圣农发展、和而泰、亿纬锂能、爱尔眼科、网宿科技、蓝色光标、数码视讯、达刚路机、太阳鸟、晨光生物、恒泰艾普、金凰首饰。

7.4.2 投资机构能带来的除了钱还有什么？

看一家投资机构，一定不要只把目光停留在投资机构能够给你带来多少钱这一点上。而应该把眼光放得更长远些，了解投资机构能够为创业团队创造哪些更为广阔的空间。

管理规范。创业团队最容易犯的错误是什么？就是"水泊梁山"式的草台班子团队。团队成员之间他和他是朋友，他和他是同学，他和他是亲戚，总之七拐八绕都能扯上关系。但是企业管理不是儿戏，必须要有管理制度和有效监督体制。尤其是创业公司的财务制度，往往都会有较多的问题。作为专业的投资机构，在管理制度和财务制度的规范化运作上，能够为创业公司提供很大的帮助。问题越早被发现并解决，对于公司日后的规范化运营越有帮助。

资本运作。我已经讲到了第一次融资对于初创企业的重要性，其中有一条就是关于资本运作。创业团队从第一次融资，到最终（如果可以）IPO上市，中间都要经历多轮的融资操作。那么投资机构会在这一过程中帮助创业团队寻找下一阶段的融资机构，推动企业在资本运作层面的进步。另外，当企业遭遇资金困难时，投资机构也可以通过借款、债转股等方式，帮助初创团队渡过难关。

市场渠道。有不少的初创团队，是善于做产品但是不善于做营销和变现的。加之受限于渠道资源，多数都会存在不知道如何将产品推销出去的情况。那么作为专业的投资机构，一方面长期的投资经历使得投资方更为了解初创企业应如何进行市场运作；另一方面，还可以通过投资的其他相关企业，进行营销渠道上的整合，达到事半功倍的效果。

人脉资源。人脉和圈子的重要性，几乎是每个创业者有所了解的。而在人脉资源这一领域，投资机构的从业人员一般都会有相应较好的人脉和平台资源。这也是为什么各家投资机构，都会有其长期深耕的投资方向和领域的关键因素。在一个领域沉淀和积累时间越长，行业内的人脉资源自然就会越丰富。

企业培训。在本书前面的"招聘培训"章节，我曾重点讲述了员工培训之于一家企业的重要性。但是对于创业者而言，往往自身的知识面和经验都有局限性，尤其是创业后成为新团队的第一领导者，可供学习的渠道反而更少了。尤其是在企业管理和财务知识方面，很多创业者都存在一定的不足。而出色的投资机构，同样拥有这方面的资源。

优秀人才。创业归根结底还是取决于团队成员的综合实力，对于创业团队而言，从哪里能够找到优秀的人才，如何判断人才是否适用于团队，如何留住人才并充分发挥其价值，统统都是创业者的必修课。对于初创团队面临的某些关键岗位的人才需求，拥有较好人脉资源的投资机构，同样可以助创业团队一臂之力。

● 7.5　融资前在哪些方面需要提前做好准备？

创业是九死一生的事情，融资同样是九死一生的事情。之前我们也已经提到，创业的企业不计其数，但是最终能够获得成功的企业凤毛麟角。融资也是一样，想要融资的创业企业同样数量巨大，但是最后能够融资成功的也只有极少数。但如果作为一个创业者，你已经十分坚定要走融资这一条路的话，那么我们不妨一起来看一看，你需要提前做哪些准备。

7.5.1　融资计划从创立之初就要有相关准备

对于想要融资的创业企业而言，需要准备的事情很多，但是第一点，我想把心理和生理先摆出来。心理准备，就是希望所有创业者明白，融资成功是小概率事件，最后获得成功的也从来都是少数人，创业者要做好充足的心理准备，就是经过长时间的努力，依旧没能获得融资。而生理上的准备，则是说创业企业去找融资是一件非常辛苦的事情，既是脑力劳动，同样也是体力劳动，奔波于不同路演，奔波于不同城市，都是非常稀松平常的事情。

而第二点，则是时间和资金上的准备。创业者千万不要认为我现在已经开始找融资了，所以公司账上哪怕还有一两个月就要亏空了也无所谓。从找融资到融资成功，顺利的话半年到一年都是很常见的事情，所以创业企业在寻求融资的时候，一定要做两手准备。融资成功了当然最好，如果不成功的话企业的日常运营资金能够维持多久是必须考虑的。

第三点，自然也就是最重要的第一点——商业计划书。众所周知，求职者想要寻找工作，那么就必须有一份简历；而创业公司想要获得融资，就必须有一份商业计划书。商业计划书务必要做到简洁明了，数据清晰。不要长篇大论地构想，要脚踏实地，拿出真真切切的数据来证明自己的各项商业计划是切实可行的。而产品、市场、目标客户、战略战术、团队管理、财务状况等计划书的标配，自然一个都不能少。

第四点，清楚的财务及盈利模式，最好已经能够有收入。财务状况，是所有投资机构都非常非常看重的，这里我用了两个非常，就是提醒所有创业者一定要注意。不管你的理想有多远大，一定要用财务的数据进行支撑。产品成本多少，运营成本多少，推广成本多少，销售数据如何，毛利润/净利润如何，统统都不能模棱两可。财务状况是一家创业公司方向的试金石，如果你在融资时，已经有了稳定的正向收入，那么获得融资成功的概率就会大大提升。

第五点，最好的情况，是你能够拿出测试版的产品来。投资机构的工作人员，从另一个层面说，他们也是普通消费者。当你作为一个创业者，向他推销你的创业想法和创业项目时，最有效的凭证，就是你能够把产品摆在桌面上，让对方亲自试一下，这就是典型的体验式营销。如果产品真心做得好，无论是实体产品还是互联网产品，一定都会有让人眼前一亮的闪光点。而这一点，可能就是能够决定企业融资成败的关键。

7.5.2 投资机构看重创业公司的哪些方面？

关于"创业者如果打算融资，需要提前做哪些准备"的内容中，已经体现出一部分关于投资机构最看中的创业公司的要素。当然，不同投资机构，各自的投资风格也不尽相同，所以看中的内容也会有些许的差异。但是在一些大的层面上，却始终都是保持统一的。

① 团队背景。我们以互联网行业为例，最容易受到投资机构青睐的创业者是哪些人呢？就是从BAT（百度、阿里、腾讯）跳出来的创业者，尤其是原BAT的高管创业，更容易拿到较高金额的融资。于是我们就发现，投资机构为了最大限度地避免投资风险，在选择创业团队时，一定会优选考虑那些有大公司从业背景的创业者。所以如果你的创业团队中有某个大牛，之前在行业中有一定的影响力，那么对于获得投资机构青睐帮助很大。

② 市场营销。目前国内多数创业公司的特点是，长于做产品，而短于做营销和变现。体现在商业模式中，就是一款好的产品，如何通过行之有效的市场运作，获得较好的盈利收益。所以多数投资机构都会要求创业团队当中一定要有一个资深的市场人，负责产品的市场营销工作。如果你的创业团队清一色的都是产品和技术人员，那么在寻找投资机构之前，一定要先找到这样一位"关键先生"。

③ 财务状况。投资机构投进创业企业的是真金白银，那么如何保证企业可以真正高效地使用这些资金，而不是被胡乱花掉呢？这就需要考验一家创业公司的财务制度和管理水平了。创业公司有一个非常强的财务部门，未必一定能够创造极大的利润，但却可以最大限度地减少创业企业的不必要支出和亏损。

④ 增长空间。为什么很多小餐馆生意模式很清晰，而且往往开业不多久就能开始盈利，但是这一行业能够拿到融资的企业数量凤毛麟角呢？这就涉及一个

投资机构投资一家创业公司的最根本目的，是为了获取最大程度的利润。而想要获得这样的利润，必然就需要企业本身从事的项目具有较高的成长性。不能以每年10%这样的速度增长，而需要以每年100%、200%、300%这样的几何级数成长。如果行业本身市场空间有限，又不存在快速扩张的可行性，那么投资机构一般是不会投资这样的"鸡肋"企业的。

7.6 内部融资：借力打力

> 即使是在创投行业非常繁荣的今天，我们还是应该清楚地认识到：首先创投机构绝大多数依旧扎堆一线城市，对于很多在中小城市创业的创业者而言，投融资距离他们依旧还很远。其次当下国内创投机构总数虽然不算少，但是相比中国目前的全民创业热情，依旧显得非常有限，而且热衷于扎堆投资独角兽企业；普通创业者想要获得投资，难度十分之高。所以除了外部融资外，创业者还应该了解更多的资金筹措方式。

7.6.1 融资的方式不止风投机构

所谓内部融资，自然是相较于外部融资而言的。什么叫作外部融资呢？就是企业向第三方融资机构，比如风险投资、银行借贷、民间借贷等各种渠道进行的资金筹措，都可以称之为外部融资。

而既然企业可以进行外部融资，自然同样可以进行企业内部融资。一般来说，同样是走股权或债权两种形式。所谓股权，自然就是公司的股东，通过转让一定比例的股权，换取企业员工的资金。换而言之，其实就相当于是企业吸纳了新的股东进入。而所谓债权，其实就相当于企业向员工借了一笔钱，并且约定相应的偿还时间和利息。

我们一起来看看两种方式的不同之处。首先是股权融资，公司内部股权融资其实和外部风险投资融资在性质上是相似的，即公司创业团队经过转让一定比例的股权，换取投资机构的投资，投资机构成为公司的股东。而内部股权融资，同样是公司转让一部分股权给员工，然后员工注入新的资金给公司。

内部股权融资的好处，自然就是可以更好地激励员工。虽然目前很多公司为了激励员工也会许诺期权，但是相比员工拿出自己的真金白银入股公司，这两者之间对于公司的责任感和重视程度显然不同。从某种角度说，参与了内部融资的员工，从此便与企业的未来发展有了休戚与共的关联。而缺点同样明显，就是员工并不是专业的投资机构，除了资金的注入外，无法带来专业的投资机构所能够提供的资金以外的诸多软性帮助。另外，相比投资机构成熟的退出机制，个人投资者的入股很容易受个人情绪和心态影响，今天一时兴起要入股，明天可能就嚷嚷着要退股，这对于创业企业显然不是一件好事。

而内部债权融资，即企业直接向员工借钱扩大运营，好处就是由于不涉及公司的股权转让，在公司的法律责任上更为清晰明了，企业只需要和员工约定还款的时间和金额就可以了。但缺点是，一来对员工的激励作用并不明显，毕竟双方只是单纯的借贷关系；二来则是对创业企业来说，这样操作的风险很大，毕竟创业本身就是件极高风险的事情。亏损和失败永远是大概率事件，一旦出现失败，如何偿还员工的债务，就成为一件头疼的事情。

7.6.2 内部融资更能够调动员工的积极性

我们已经简单介绍了企业通过内部融资方式，可以起到激励员工的作用。我们再来看一看，究竟怎样的内部融资方式，才能够更为有效地激励员工的工作积极性。根据我们过去的实际操作经验，大致有以下几点建议。

① 明确股东的相关权责。上文我们简单介绍了内部股权融资和债权融资两种方式，并且明确了相比债权融资，股权融资的形式更能够对参与融资的员工起到激励作用。但是凡事都有利弊，转让股权，即相当于公司增加了新的股东。而股东在公司的权限和普通员工相差很大，股东拥有对公司行使管理的相关权利，同时也承担公司亏损的相关义务。所以创业公司在进行内部股权融资时，一定要慎重考量参与融资对象的相关资历与能力，不能仅仅是因为对方有钱，就草率地将股权让出。如果其甚至不具备基本的企业管理知识和担任股东的素质，这将对于公司接下来的发展形成较大的负面影响。

② 约定股权的退出机制。天下没有不散的筵席，公司作为商业组织同样如此。很多创业公司在开始的时候，往往碍于情面或确实缺乏相应的知识，容易形成"大锅饭"式的团队模式，只顾着畅想企业未来发展好了我们如何如何，而忽略了企业如果失败了，团队该如何妥善收场。而内部股权融资同样面临着如何设定相应的退出机制的问题。其一要有时间限定和相应惩罚，比如参与者可以提出退出变现，但需要在几年之后。如果时间不到，则按照一定比例折损。其二是退出的方式，提前约定退出者的股权由谁来负责回收，又以何种渠道兑现资金。

③ 股权与职权的搭配。企业内部股权融资这件事，最难的就在于如何判断参与融资者本身的素质。所以我们的建议是，尽可能让公司的中高层管理者参与内部融资。一来相比普通员工，中高层管埋者的稳定性更强；另一方面，作为公司的管理层，其原本的工作就是在行使公司的职权。如今在职权的基础上再加上了股权，将形成对其的双重激励，同样也是压力和鞭策。作为公司的股东，需要对公司的收益负责；作为公司的管理层，又要对员工的管理负责。这样一来，将最大限度上激发其工作积极性和责任心。

● 7.7　网络众筹：全民呼唤工匠精神时代

虽然当下的商业环境下，消费者的物质需求被极大满足。但是对于商品品质的提升，无论是生产企业也好，还是创业者也好，都是永无止境的。近些年我们一直不断呼吁的"工匠精神"，正是消费者对于优秀品质产品需求不断提升的体现。如果你的产品真的足够好，那么一定会有消费者愿意为之买单。

7.7.1　如何通过网络众筹筹集资金？

众筹，翻译自国外 crowdfunding 一词，即大众筹资或群众筹资，香港译作"群众集资"，台湾译作"群众募资"。由发起人、跟投人、平台构成。具有低门槛、多样性、依靠大众力量、注重创意的特征，是指一种向群众募资，以支持发起的个人或组织的行为。一般而言是透过网络上的平台联结起赞助者与提案者。众筹被用来支持各种活动，包含灾害重建、民间集资、竞选活动、创业募资、艺术创作、自由软件、设计发明、科学研究以及公共专案等。

所以众筹的本质，就是集合大家的力量，一起来做成一件事情。而之于创业类的众筹，主要又可以分为三种形式，分别是回报型、股权型、债务型。对于一般创业者而言，使用前两种形式的频率更高。接下来，我们进行下介绍。

回报型。这种属于创业众筹中非常常见的一种，以淘宝众筹和京东众筹为代表。所谓回报，就是创业者通过众筹平台发起众筹，目标是为完成一款特定产品筹集一定体量的资金。然后提前约定回报的方式，比如产品上线后的价格是 200 元，但是众筹期间的所有参与者，可以以 100 元的众筹价获得该款产品。回报型是操作最简便，权责最清晰的一种众筹方式，也是当下创业众筹中最为成熟的一种。

股权型。同样很好理解，就像是公司注册时，每位股东按照自己的出资金额获得公司相应比例的股权一样。如果将这种方式进一步扩大范围，让更多的参与者出资给公司，然后获得公司相应的股权，这就是股权型众筹了。

债务型。所谓债务型众筹，顾名思义，就是通过网络平台向多个参与者发起创业项目的借款，并且约定相应的还款时限和利息。相比前两种方式，债务型众筹方法对于创业者本身而言，风险较大。一旦创业失败，就将面临较大体量的资金负债，一定要慎重使用这种方式。

7.7.2 使用网络众筹应注意哪些问题？

相比通过银行进行资金信贷的传统方式，通过网络这一平台进行资金筹措时，显然需要创业者留意的内容更多。这里，简单介绍下。

① 从小处开始。如果创业者是第一次使用众筹平台筹集资金，那么我建议一定要先从小体量入手。比如是为一款新产品进行资金众筹，那么最好把产品的数量设定为较少一些，重点在于体验和尝试网络众筹这种方式，而不是妄图一口吃成个胖子。

② 选择大平台。中国的互联网行业，属于典型的"赢家通吃，大者恒大"

情况。所以同样是众筹平台，各家的页面设计和操作流程虽然大都差不多，但是各家平台的受众数量和安全系数却是有天壤之别的。创业者如果不想因为平台问题导致后续的隐患，那么最好的方式方法无疑就是优先选择大平台。

③ 选择回报型或股权型。我们已经介绍了网络上主流的众筹类型。其中第三种的债务型，是最不推荐多数小微创业者尝试的。因为这种众筹方式，相当于把所有的风险压力全部集中在了创业公司这边，一旦出问题就得不偿失。

7.8 P2P 网贷：互联网普惠金融时代

P2P 模式这几年频繁出现在网络之上，越来越多的投资者已经能够接受 P2P 理财方式。而 P2P 理财的初衷，其实就在于让那些手中有空闲资金的投资者，可以直接把资金投资给那些有良好创业项目，但却受限于没有资金来源的人。

7.8.1 P2P 网贷是什么？

P2P 是英文 person to person（或 peer to peer）的缩写，意即个人对个人（伙伴对伙伴），又称点对点网络借款，是一种将小额资金聚集起来借贷给有资金需求人群的一种民间小额借贷模式，属于互联网金融产品中的民间小额借贷形式。P2P 网贷即网络借贷，是指个体和个体之间通过互联网平台实现的直接借贷。

那么作为创业者，通过 P2P 网贷筹集创业资金这条途径，优点和缺点各是什么呢？优点有以下两点。

第一，操作简单。通过银行等传统渠道进行创业资金贷款，对于绝大多数创业者而言门槛都较高，难度也较大。但是 P2P 网贷作为一种个人对个人直接进行借贷的方式，其难度相比个人对平台进行借贷要容易得多。另外，相比银行本身的数量较为固定，P2P 平台的数量显然更多，且涉及高中低各个不同的定位，创业者可以根据自身的实际情况选择对应的平台尝试借贷。

第二，方式创新。以银行信贷为代表的借款方式，是最为传统的借款方式。而 P2P 网贷的形成，促进了实业和金融的互动，也改变了贷款公司的观察视野、思维脉络、信贷文化和发展战略，打破了原有的借贷局面。对于创业者而言，尝试和深入理解 P2P 信贷模式后，对于之后创业的资金运作思维，帮助很大。

而凡事有利自然有弊。P2P 网贷对于创业者而言虽然具有以上优点，但是同样有一些缺点，需要创业者注意。

① 高利率。由于 P2P 平台本身对于抵押物的要求较低，对借款人的风控能力也较弱，所以相应的借贷利率就会明显偏高。作为创业者，在通过 P2P 平台进行借贷前，一定要提前计算好自身的风险承受能力，避免因无力承高利率而导致违约的风险。

② 高风险。P2P 平台的整体数量较多，这也导致各个平台的质量参差不齐。一旦 P2P 平台出现了爆雷与跑路，那么无论对于 P2P 的投资者还是 P2P 的借贷者，其实都成了 P2P 平台的受害者。

③ 监管缺失。由于网贷是一种新型的融资手段，央行和银监会尚无明确的法律法规指导网贷。对于网贷，监管层主要是持中性态度，不反对也不认可。所以创业者一定要优先选择较大的平台进行资金筹措，避免因平台风险导致自身权益受损而无处维权。

7.8.2 小微企业通过 P2P 平台融资现状

由于 P2P 网贷还属于相对比较初期的发展阶段，各方面的相关法律法规和操作流程也都并不完善。那么目前阶段，小微企业通过 P2P 平台融资的发展情况如何呢？

① 额度限制。由于 P2P 网贷平台本身的规模体量和风控能力，以及初创企业本身的资质情况，目前小微企业通过 P2P 平台融资的额度普遍不高，部分 P2P 平台对于中小企业的授信额度上限一般不会超过几十万。所以对于创业者而言，应该提前对自己企业的资金需求量有所了解。

② 利率情况。P2P 平台相比银行最大的好处是审核机制灵活，门槛相对较低，但最大的缺点就在于利率普遍较高，平均都是银行借贷利率的几倍。所以

创业者如果计划通过 P2P 平台筹措资金，一定要量入为出，避免出现逾期违约情况。

③ 抵押担保。由于创业公司本身经营和营收层面的不确定性较大，所以多数 P2P 平台出于资金的安全考虑，都需要创业者提供其他一些抵押物作为贷款的担保，例如房产、车辆或者办公设备。

④ 通过概率。P2P 平台的行业差异性较大，不同平台的审核机制也不尽相同。所以在通过概率层面，只能说比银行信贷要高。但是如果企业本身的流水情况较为糟糕，那么能够获批的概率也会较低。

第 8 章

财税指南：
有钱如何，没钱如何

财务管理是在一定的整体目标下，对资产的购置（投资）、资本的融通（筹资）和经营中现金流量(营运资金)，以及利润分配的管理。财务管理是企业管理的一个组成部分，它是根据财经法规制度，按照财务管理的原则，组织企业财务活动，处理财务关系的一项经济管理工作。简单地说，财务管理是组织企业财务活动、处理财务关系的一项经济管理工作。

● 8.1 账目建立：每一笔进出款项都登记

记账就是把一个企事业单位发生的所有经济业务运用一定的记账方法在账簿上记录；是指根据审核无误的原始凭证及记账凭证，按照国家统一会计制度规定的会计科目，运用复式记账法对经济业务序时地、分类地登记到账簿中去。登记账簿是会计核算工作的主要环节。

8.1.1 初创企业必须账目清晰

部分初创的小微公司，一方面为了节省成本，将财会记账工作进行了外包；另一方面为了节约时间精力，公司内部也没有日常记账的员工安排，最终导致企业的支出和收入都成了一个模棱两可的"大约是多少"的结果。

一些小的创业团队，等到公司经营不下去，合伙人聚到一起讨论如何收尾的时候，才发现甚至没有一份账目，能够清楚地显示之前每个人投进公司里的钱，都花到了哪里。于是，连反思和总结的依据都没有。

另外一些创业团队，公私不分。作为团队的合伙人，认为自己只要给公司投了钱，那么自己就是公司的一个老板了，既然是老板，那么自己的日常各种花销，自然是能够让公司花钱的，自己绝不花钱。如此天长日久，公账成了私账，公司成了合伙人的提款机。

无论是出于对公司股东负责，还是对公司员工负责的心态，初创企业都必须要保证企业的每一笔开销与收入，都登记在册，不论金额大小，也不管公司有没有专职会计。如果没有会计，那么创业者自己就应该把这份工作承担起来。如果作为一家公司连账目都不清晰，那么这样的团队势必是没有未来的。

8.1.2 记账的目的和意义是什么？

在讨论创业企业为什么一定要记账，而且要笔笔入账、笔笔准确之前，我们不妨从反向的角度思考一下如果企业不重视记账,可能会造成的问题。

① 银行账户多,货币资金管理混乱,公款私存私借、白条抵库现象严重。

② 各类票据多,收支凭证乱,普遍存在使用自制收支票据的现象,大量的收支凭证要素不齐。

③ 违规账目多,会计核算及档案管理混乱,自行设置会计科目,记流水账及不编制会计报表。

④ 违规问题多,财务收支混乱,收入不入账,私设"小金库""账外账",扩大报销范围和标准。

然后,我们再来看看,对于初创企业而言,标准化记账的好处又有哪些。

① 一目了然:商业的最基本逻辑,就是对收益与利润负责。那么如何能够清楚明了看出企业每一个固定阶段内,支出多少,收入多少,利润多少或亏损多少呢?又如何知道哪些钱以后应该多花,哪些钱以后应该少花甚至不花,这些统统都可以在账目中找到答案。

② 以小见大:在企业很小的时候,就应该预想到如果有一天企业做大了的情况。如果因为企业规模小,就不进行记账,而且也没有形成规范化的财务制度。这就会导致公司核心团队对于财务制度的错误认识,等到公司逐渐发展壮大,或是需要融资的时候,这样的情况会起到巨大的反作用。

③ 重要数据:初创企业不仅要记账,而且还要妥善保存,因为这些都是企业最重要的数据。当企业越来越好时,这些账目可以证明企业一路走来的不易与成长。当企业遭遇问题时,这些账目又是最好的发现问题的原始资料。

●8.2 成本控制:有效控制每一笔支出合理

成本控制,是企业根据一定时期预先建立的成本管理目标,由成本控制主体在其职权范围内,在生产耗费发生以前和成本控制过程中,对各种影响成本的因素和条件采取的一系列预防和调节措施,以保证成本管理目标实现的管理行为。

8.2.1 控制成本这件事永无止境

曾有创业者问过一个问题,作为企业,成本管理应控制到怎样的水平,才算是出色呢?这个问题没有标准答案,因为当一个创业者拥有成本控制意识以后,基本上在这条道路上是没有尽头的。这就好比企业的销售业绩究竟做到多高才算出色一样,同样没有尽头。

企业成本控制的另一个核心原因还在于,所有商品的价格始终都是处于一个不断变化当中。我们就以企业的办公地点为例,同样面积的办公场所不计其数,谁也无法保证企业当下所租用的地方就是性价比最高、成本控制最好的。只不过中和了每次企业搬迁的成本后,或许当下的选择是阶段性最合适的。

再比如说,企业多数都有和自己长期合作的广告公司,日常的宣传物料都会通过这家公司进行制作。那么从成本控制的层面来说,之所以选择这家公司合作,往往是在最初寻找广告合作伙伴时对方的性价比还不错。但是这并不意味着,两三年后的今天,对方的性价比依旧不错。

通过上述两个举例,我想要所有创业者意识到的是,成本控制是一个变动的因素,不是一个静止的因素,自然也不存在做到某种程度就可以觉得万事大吉,无须再管了。事实上,很多公司从出色走向平庸的一个标志,就是对于挣钱的事失去动力,对于花钱的事缺乏慎重,最终企业开始不断走下坡路的。

8.2.2 企业从哪些方面优化成本控制

那么对于一个初创企业而言,如何在成本控制这项重要的企业财务行为中,做到出色呢?我大致推荐创业者从以下几个方面入手。

① 一个好的财务人员。毋庸置疑,财务人员是企业成本控制工作中最重要的一环。如果一家企业没有一个好的财务人员,公司每月的支出和收入都近似是一笔糊涂账的话,那么可能直到企业倒闭了,创业者都还没能发现企业的运营成本已经问题百出。重视财务工作,善待财务人员,益处你会日渐在工作中发现。

② 不断学习财务知识。团队有了一个好的财务人员后,创业者还需要干什么?是当一个甩手掌柜吗?这显然又是大错特错。这就好比是请了一个出

色的老师，但是学生自己根本不学习，到最后的结果依旧是毫无收获。一方面管理者要听得懂财务的专业术语都是什么意思，另一方面管理者还要从各种财务数据中敏锐发现哪些支出和成本是有问题，可以继续被优化的，这十分重要。

③ 不断优化团队结构。在管理学上，有一个重要的方式叫作鲶鱼效应，就是鲶鱼在搅动小鱼生存环境的同时，也激活了小鱼的求生能力。团队的稳定性固然重要，但是团队中每个成员的性价比如何，同样也是管理者对企业人工成本优化的一项重要工作。

④ 利用好二手平台。如果创业者懂得从二手平台上选购各类办公耗材，你会发现原来同样品质的办公用品，还可以用如此之低的价格获得。所有全新的办公用品在买回来的一瞬间就已经变成二手的，价值也将大打折扣。所以最好的办法，就是充分利用二手平台，坚持实用主义。

● 8.3　财务报表：危机来临之前的预警

财务报表是以会计准则为规范编制的，向所有者、债权人、政府及其他有关各方及社会公众等外部反映会计主体财务状况和经营的会计报表。财务报表包括资产负债表、损益表、现金流量表或财务状况变动表、附表和附注。财务报表是财务报告的主要部分，不包括董事报告、管理分析及财务情况说明书等列入财务报告或年度报告的资料。

8.3.1　财务报表中的企业运营关键信息

从管理角度上说，企业对财务重视程度不够，必然导致财务在成本控制上与实际脱节。而管理者对财务情况不够重视的典型行为，就是自身不肯持续学习财务知识，看不懂财务报表或者压根就不看财务报表。财务报表是关于公司财务最为详尽的、可视化的数据信息，它不仅仅是一份简单的支出、收入、利润表，更包括以下关于企业财务情况的多个内容。

① 资产负债表。亦称财务状况表，表示企业在一定日期（通常为各会计期末）的财务状况（即资产、负债和业主权益的状况）的主要会计报表，资产负债表利用会计平衡原则，将合乎会计原则的"资产、负债、股东权益"交易科目分为"资产"和"负债及股东权益"两大区块，在经过分录、转账、分类账、试算、调整等会计程序后，以特定日期的静态企业情况为基准，浓缩成一张报表。其报表功用除了企业内部除错、经营方向、防止弊端外，也可让所有阅读者用最短时间了解企业经营状况。

② 损益表。是反映企业在一定时期内（月份、年度）经营成果（利润或亏损）的报表利用损益表，可以评价一个企业的经营成果和投资效率，分析企业的盈利能力及未来一定时期的盈利趋势。损益表可以为报表的阅读者提供做出合理的经济决策所需要的有关资料，可用来分析利润增减变化的原因、公司的经营成本、做出投资价值评价等。损益表的项目，按利润构成和分配分为两个部分。其利润构成部分先列示销售收入，然后减去销售成本得出销售利润；再减去各种费用后得出营业利润（或亏损）；再加减营业外收入和支出后，即为利润（亏损）总额。利润分配部分先将利润总额减去应交所得税后得出税后利润；其下即为按分配方案提取的公积金和应付利润；如有余额，即为未分配利润。损益表中的利润分配部分如单独划出列示，则为"利润分配表"。

③ 现金流量表。现金流量表是财务报表的三个基本报表之一，所表达的是在一固定期间（通常是每月或每季）内，一家机构的现金（包含银行存款）的增减变动情形。现金流量表的出现，主要是要反映出资产负债表中各个项目对现金流量的影响，并根据其用途划分为经营、投资及融资三个活动分类。现金流量表可用于分析一家机构在短期内有没有足够现金去应付开销。国际财务报告准则第7号公报规范了现金流量表的编制。

④ 财务状况变动表。是反映企业在一定时期内，资金取得的来源渠道和资金的用途去向等整个过程，分析流动资金净额增减的原因及由此引起的财务状况变动情况的报表。财务状况变动表是动态报表。财务状况变动表，又称资金表、资金来源与运用表，是根据企业在一定时期内资产项目和权益项目的增减变动来揭示资金的流入、流出和转换的会计报表。财务状况变动表的主要作用是反映企业在报告期内财务状况的全貌，并沟通了损益表和资产负债表。

⑤ 财务报表附注。是为了便于财务报表使用者理解财务报表的内容而对财务报表的编制基础、编制依据、编制原则和方法及主要项目等所做的解释。其主要内容有：主要会计政策、会计政策的变更情况、变更原因及其对财务状况和经营成果的影响、非经营项目的说明、财务报表中有关重要项目的明细资料、其他有助于理解和分析报表需要说明的事项。

8.3.2 财务报表中的那些预警信号

财务报表主要是反映企业一定期间的经营成果和财务状况变动，对财务报表可以从六个方面来看，以发现问题或做出判断。

① 看利润表。对比相邻两年收入的增长是否在合理的范围内。那些增长点在 50%~100% 之间的企业，都要特别关注。

② 看企业的坏账准备。有些企业的产品销售出去，但款项收不回来，但它在账面上却不计提或提取不足，这样的收入和利润就是不实的。

③ 看长期投资是否正常。有些企业在主营业务之外会有一些其他投资，看这种投资是否与其主营业务相关联，如果不相关联，那么，这种投资的风险就很大。

④ 看其他应收款是否清晰。有些企业的资产负债表上，其他应收款很乱，许多陈年老账都放在里面，有很多是收不回来的。

⑤ 看是否有关联交易。尤其注意年中大股东向上市公司借钱，到年底再利用银行借款还钱，从而在年底报表上无法体现大股东借款的做法。

⑥ 看现金流量表是否能正常地反映资金的流向。注意现金注入和流出的原因和事项。

•8.4 财务危机：6个月的账面余额

在过去的创业咨询与创业培训中，关于一家初创企业账面上最少要预留多少资金才安全的问题，也是创业者经常会问到的。由于创业者的性格相差很多，有保守型也有激进型。保守型创业者认为自然是越多越好，而激进型创业者则觉得哪怕账面余额已经捉襟见肘，也依旧不是什么问题。那么综合各种情况来看，初创企业的账面资金最低要保证怎样的水平呢？

8.4.1　初创企业常见的财务危机情况

虽然创业企业死法千千万，但是归根结底，最常见的一种，依旧还是由于不当的企业运作方式，最终导致企业资金链断裂，不得不宣告企业破产解散的。那么对于初创企业而言，最常见的财务危机有哪几种呢？

① 运营成本过高。事实上，运营成本中包括人工成本一项，但是为了方便创业者理解，这里我将它分成两项来进行解读。所以此处的运营成本，大家可以理解成狭义的运营成本，指的是企业硬件的运营成本，比如房租、水电网等方面的费用。有为数不少的创业公司，为了面子上更好看，都租用了十分高成本的写字楼，每月房租开销十分巨大。量入为出，甚至适当艰苦一些，对创业团队而言更为有益。

② 人工成本过高。创业团队的人工成本过高，主要原因一般有两种，其一是不合理的薪资制度，给予了员工不合适的工资水平或聘用了不符合企业发展阶段的员工；其二则是盲目扩招，导致团队成员明显超出实际需要规模。对于前者的处理方法，自然是企业在行业中实际处于什么水平，就按照对应的标准招募员工和设定薪资标准；而对于后者的处理方法，要及时进行裁员，不可心慈手软。

③ 市场投入过高。中国的互联网时代带红的一个词语，叫作烧钱。不得不承认，在某些特定的互联网领域内，部分企业凭借着资本优势，通过烧钱大战战胜了一众对手，最终成了行业的唯一幸存者，获得了阶段性成功。但是这并不意味着初创企业的市场推广就是要靠烧钱来进行，也不代表烧钱越多企业的市场占有率就越高。相反，因为烧钱不当最终死掉的创业公司，远比烧钱成功的创业公司数量多了几倍不止。

④ 财务入不敷出。初创企业的财务进项，基本都集中在三个方向，其一是创业合伙人的自筹资金，其二是投资机构的融资，其三是通过销售获得利润。对于绝大多数中国创业公司而言，基本是拿不到风投的，而能够在创业前期即获得较大销售业绩的也是凤毛麟角，所以基本主要都集中在创始团队的自有资金。一旦创始团队无力承担团队的运营成本，那么企业基本上就岌岌可危。

8.4.2 账面余额不足企业运营 6 个月

综合初创企业的各种因素,我们建议初创企业的账面余额,最低要保证足以支撑 6 个月的账面余额。这里我们所说的 6 个月账面余额,并不包含企业的市场投入等支出,只是指公司的房租、水电和人力成本等最低运营成本。

激进型创业者在公司账面余额上最容易犯的错误有以下几种。

① 认为公司很快就能拿到投资。有为数不少的创业者,在对于获得风投这件事的态度上,过于乐观。能够通过各种方式与各家投资机构获得联系,进行过简单的沟通了解,这些对于投资机构而言只是日常最寻常不过的工作,并不是创业者接触过了风投机构,甚至风投机构出于客套寒暄表达了项目还不错,就表示获得融资的希望。哪怕风投机构确认了投资意向,到敲定具体的投资方案,再到资金实际到账,依旧需要较长的一段时间。在创业圈中,因为迟迟等不到风投资金到账,导致公司停运的情况常有发生。

② 认为公司很快就能实现盈利。相比部分创业者认为公司很快就能拿到投资,还有部分创业者认为公司很快就能实现盈利。对于创业公司而言,排除纯粹的销售代理型公司,由于盈利模式十分清晰,只需要严格执行就能够较快进入盈利通道。对于多数自主研发产品、自主市场推广、自主销售变现的创业公司而言,谁也无法保证公司一定可以在几个月之间就迅速实现盈利。

③ 认为公司很快就能获得大单。由于部分创业者所从事行业的特殊性,所以存在一定程度上"半年不开张,开张吃半年"的情况。所以部分创业者哪怕公司账面资金已经岌岌可危,但是有些创业者却依旧十分不以为意,认为大单已经在路上,兴许就是在明天。这样的思维方式,其实是十分危险的,建议创业者要严格避免类似的投机心态,尤其是对待公司的财务情况,更要保持足够的严肃和谨慎。

● 8.5 常见税种:现行税种初了解

对于初创企业而言,曾经需要经常与两个税务机关打交道,即国税局和地税局。2018 年 3 月 13 日,十三届全国人民代表大会一次会议第四次全体会议决定,改革国税地税征管体制,将省级和省级以下国税地税机构合并。国地税合并作为中国税务改革的重要里程碑事件,未来对于税种、税率、纳税流程的精简都将起到重要作用。但是这些改变,都非一朝一夕所能完成。所以作为纳税人,依旧还是需要首先将现有的国地税定义及税种做到清晰明了,并实时关注税改的全新动向。

8.5.1 常见国税税种

增值税。增值税是以商品(含应税劳务)在流转过程中产生的增值额作为计税依据而征收的一种流转税。增值税的收入占中国全部税收的 60% 以上,是最大的税种。增值税由国家税务局负责征收,税收收入中 50% 为中央财政收入,50% 为地方收入。进口环节的增值税由海关负责征收,税收收入全部为中央财政收入。

消费税。消费税(特种货物及劳务税)是以消费品的流转额作为征税对象的各种税收的统称。消费税实行价内税,只在应税消费品的生产、委托加工和进口环节缴纳,在以后的批发、零售等环节,因为价款中已包含消费税,因此不用再缴纳消费税,税款最终由消费者承担。

燃油税。燃油税是指政府对燃油在零售环节征收的专项性质的税收。通过征税的办法从油价中提取一定比例作为养路等费用。燃油税是指对在我国境内行驶的汽车购用的汽油、柴油所征收的税,实际就是成品油消费税。它是费改税的产物,是取代养路费而开征的,其实质是汽车燃油税。简而言之,就是将现有的养路费转换成燃油税,实行捆绑收费。

车辆购置税。车辆购置税是对在境内购置规定车辆的单位和个人征收的一种税,它由车辆购置附加费演变而来。车辆购置税的纳税人为购置(包括购买、进口、自产、受赠、获奖或以其他方式取得并自用)应税车辆的单位和个人,征税范围为汽车、摩托车、电车、挂车、农用运输车。

储蓄存款利息所得个人所得税。储蓄存款在 1999 年 11 月 1 日至 2007 年 8 月 14 日孳生的利息所得,按照 20% 的比例税率征收个人所得税;储蓄存款在 2007 年 8 月 15 日至 2008 年 10 月 8 日孳生的利息所得,按照 5% 的比例税率征收个人所得税；储蓄存款在 2008 年 10 月 9 日后（含 10 月 9 日）孳生的利息所得，暂免征收个人所得税。

证券交易税。证券交易税是以特定的有价证券的交易行为为课税对象，以证券的成交金额为计税依据征收的一种税。

8.5.2 常见地税税种

个人所得税。个人所得税是调整征税机关与自然人（居民、非居民人）之间在个人所得税的征纳与管理过程中所发生的社会关系的法律规范的总称。2018 年 10 月 1 日起，免征额由 3500 元提高至 5000 元。

城镇土地使用税。城镇土地使用税是指国家在城市、县城、建制镇、工矿区范围内，对使用土地的单位和个人，以其实际占用的土地面积为计税依据，按照规定的税额计算征收的一种税。

资源税。资源税是以各种应税自然资源为课税对象，为了调节资源级差收入并体现国有资源有偿使用而征收的一种税。

城市维护建设税。城市维护建设税（简称城建税），是以纳税人实际缴纳的增值税、消费税和营业税（简称"三税"）的税额为计税依据，依法计征的一种税。

房产税。房产税是以房屋为征税对象，按房屋的计税余值或租金收入为计税依据，向产权所有人征收的一种财产税。现行的房产税是第二步利改税以后开征的，1986 年 9 月 15 日，国务院正式发布了《中华人民共和国房产税暂行条例》，从 1986 年 10 月 1 日开始实施。

车船税。车船税是指对在我国境内应依法到公安、交通、农业、渔业、军事等管理部门办理登记的车辆、船舶，根据其种类，按照规定的计税依据和年税额标准计算征收的一种财产税。

印花税。印花税是对经济活动和经济交往中书立、领受具有法律效力的凭证的行为所征收的一种税。因采用在应税凭证上粘贴印花税票作为完税的标志而得名。印花税的纳税人包括在中国境内设立、领受规定的经济凭证的企业、行政单位、事业单位、军事单位、社会团体、其他单位、个体工商户和其他个人。

契税。契税是指不动产（土地、房屋）产权发生转移变动时，就当事人所订契约按产价的一定比例向新业主（产权承受人）征收的一次性税收。

土地增值税。土地增值税是指转让国有土地使用权、地上的建筑物及其附着物并取得收入的单位和个人，以转让所取得的收入包括货币收入、实物收入和其他收入减除法定扣除项目金额后的增值额为计税依据向国家缴纳的一种税赋，不包括以继承、赠与方式无偿转让房地产的行为。

地方教育附加税。地方教育附加属于政府性基金，专项用于发展教育事业。在广东，已明确规定，该笔收入全额纳入财政实行"收支两条线"管理，按照"以收定支、专款专用"的原则，合理安排基金预算支出。

● 8.6 国地合并：对于纳税人有哪些好处？

在我们讨论国税、地税合并，对于社会与纳税人有哪些好处之前，首先需要了解曾经为什么会有国税、地税两大税务机构，他们曾经又都被赋予过哪些责任。国地分税制度实行了二十四年，对于中国当下和未来企业税务工作的影响是极其深远的。

8.6.1 国税、地税的前世今生

中国税务机关的前身是 1983 年以前的财税局，1983 年以后财税分家，分成财政局和税务局。1994 年，根据不同行业和税种，将过去的税务局分为国家税务局和地方税务局。与国税局、地税局对应的，自然就是税种中的国税和地税，即分税制（分税制财政管理体制）。

分税制，是指在合理划分各级政府事权范围的基础上，主要按税收来划分各级政府的预算收入，各级预算相对独立，负有明确的平衡责任，各级次间和地区间的差别通过转移支付制度进行调节。它是市场经济国家普遍推行的一种财政管理体制模式。接下来我们简要介绍一下国税和地税。

国税是国家税务系统，与"地税"对称，是一个国家实行分税制的产物。在发展社会主义市场经济的过程中，税收承担着组织财政收入、调控经济、调节社会分配的职能。中国每年财政收入的 90% 以上来自税收，其地位和作用越来

重要。国税又称中央税，由国家税务局系统征收，是中央政府收入的固定来源，归中央所有。国家税务总局为国务院主管税收工作的直属机构（正部级）。

国税系统主要负责征收和管理的项目有：增值税，消费税，铁道、各银行总行、保险总公司集中缴纳的营业税、所得税和城市维护建设税，中央企业所得税，中央与地方所属企、事业单位组成的联营企业、股份制企业的所得税，2002年1月1日以后在各级工商行政管理部门办理设立（开业）登记企业的企业所得税，地方和外资银行及非银行金融企业所得税，海洋石油企业所得税、资源税，对储蓄存款利息所得征收的个人所得税，对证券交易征收的印花税，车辆购置税，出口产品退税，中央税的滞补罚收入，按中央税、共享税附征的教育费附加（属于铁道、银行总行、保险总公司缴纳的入中央库，其他入地方库）。

地方税，是中央税的对称。由地方政府征收、管理和支配的一类税收。是依据税收的征收管理权及收入支配权进行的分类。地方税即属于地方固定财政收入，由地方管理和使用的税种。

在中国，明确划归地方管理和支配的地方税份额比较小，而且税源分散，收入零星，但对于调动地方政府组织收入的积极性和保证地方政府因地制宜地解决地方特殊问题有一定意义。1984年以前，国家明确划为地方税的有屠宰税、城市房地产税、车船使用牌照税、牲畜交易税、集市交易税、契税等少数几个税种。1985年实行新的财政管理体制后，又陆续增设了一些地方税种。

8.6.2　国地税合并的好处

分税制作为中国特定经济发展时期的财税制度，为中国经济的腾飞与发展做出了巨大贡献。而伴随着时间的推移，市场环境的改变，国地税合并成为大势所趋。那么国地税合并之后，对于普通纳税人而言，有哪些显而易见的好处呢？

① 过去纳税人需要逐个到国税、地税窗口办理业务，且两家机构往往不在同一地点。国地税合并之后，纳税人只需要到一个窗口办理业务，不需要两头跑，更加方便，可有效节约时间成本，提高纳税效率。

② 由于国地税分属两个管理系统，所以在过去存在彼此政策口径不一、执法要求不同的情况。国地税合并后，这些问题将被有效解决。

③ 两税合一后，纳税人所有税务问题都可以统一询问办理，有效避免两边

机构责任界限不清的情况。

④ 对于纳税人而言，两套不同的纳税体系操作起来相对麻烦。而对于国税、地税两家机构而言，在税种设定上也会存在一定程度的利益冲突，容易形成三方间的矛盾。

⑤ 国地税两套重复配置的资源，例如办公场地、设备、后勤、员工工资、福利等，其实都是税务管理成本。而这些成本，一定比例上都会加重纳税人的负担。

⑥ 国地税合并后统一管理，统一征收，有效降低税收征管成本。

⑦ 对于税务的监督管理，之后口径将更为统一，避免国税地税只负责各自税收风险，对对方税收问题避而不见的情况发生。

⑧ 对于纳税人而言，从过去的两个平台操作办税，变成一个平台即可对自身税务情况一目了然，提升了效率。

⑨ 税务工作意义重大，需要长期对社会进行宣传教育。国地税的合并，对于日后税务工作的普及和开展帮助很大。

⑩ 国地税合并是新一轮中国税务改革的起点，未来围绕着国地税合并将会有一系列的税务利好政策推出。

⑪ 国地税合并，对于相关部门更好地了解国家及企业的生存发展情况意义重大。

⑫ 国地税合并后，统一使用相同的纳税系统，对税务信息化进程也是利好。

● 8.7 发票相关：交易双方权益的保证

发票是指一切单位和个人在购销商品、提供或接受服务以及从事其他经营活动中，所开具和收取的业务凭证，是会计核算的原始依据，也是审计机关、税务机关执法检查的重要依据。收据才是收付款凭证，发票只能证明业务发生了，不能证明款项是否收付。简单来说，发票就是发生的成本、费用或收入的原始凭证。对于公司来讲，发票主要是公司做账的依据，同时也是缴税的费用凭证；而对于员工来讲，发票主要是用来报销的。国地税合并后，将启用新的税收票证式样和发票监制章,而纳税人的用税控设备可以延续使用。

8.7.1 发票常识知多少

发票具有合法性、真实性、统一性、及时性等特征,是最基本的会计原始凭证之一;发票是记录经济活动内容的载体,是财务管理的重要工具;发票是税务机关控制税源,征收税款的重要依据;发票是国家监督经济活动、维护经济秩序、保护国家财产安全的重要手段。现行发票分为普通发票和增值税专用发票两种。

普通发票主要由营业税纳税人和增值税小规模纳税人使用,增值税一般纳税人在不能开具专用发票的情况下也可使用普通发票。普通发票由行业发票和专用发票组成。前者适用于某个行业和经营业务,如商业零售统一发票、商业批发统一发票、工业企业产品销售统一发票等;后者仅适用于某一经营项目,如广告费用结算发票、商品房销售发票等。

增值税专用发票是我国实施新税制的产物,是国家税务部门根据增值税征收管理需要而设定的,专用于纳税人销售或者提供增值税应税项目的一种发票。专用发票既具有普通发票所具有的内涵,同时还具有比普通发票更特殊的作用。它不仅是记载商品销售额和增值税税额的财务收支凭证,而且是兼记销货方纳税义务和购货方进项税额的合法证明,是购货方据以抵扣税款的法定凭证,对增值税的计算起着关键性作用。

发票内容一般包括票头、字轨号码、联次及用途、客户名称、银行开户账号、商(产)品名称或经营项目、计量单位、数量、单价、金额,以及大小写金额、经手人、单位印章、开票日期等。实行增值税的单位所使用的增值税专用发票还应有税种、税率、税额等内容。

发票的开具规定如下。

① 在销售商品、提供服务以及从事其他经营活动对外收取款项时,应向付款方开具发票。特殊情况下,由付款方向收款方开具发票。

② 开具发票应当按照规定的时限、顺序、逐栏、全部联次一次性如实开具,

并加盖单位发票专用章。

③ 使用计算机开具发票，须经国税机关批准，并使用国税机关统一监制的机外发票，并要求开具后的存根联按顺序号装订成册。

④ 发票限于领购的单位和个人在本市、县范围内使用，跨出市县范围的，应当使用经营地的发票。

⑤ 开具发票单位和个人的税务登记内容发生变化时，应相应办理发票和发票领购簿的变更手续；注销税务登记前，应当缴销发票领购簿和发票。

⑥ 所有单位和从事生产、经营的个人，在购买商品、接受服务，以及从事其他经营活动支付款项时，向收款方取得发票，不得要求变更品名和金额。

⑦ 对不符合规定的发票，不得作为报销凭证，任何单位和个人有权拒收。

⑧ 发票应在有效期内使用，过期应当作废。

8.7.2　不同行业税点为什么相差这么多？

由于企业开具的发票基本以增值税发票为主，而如果你足够细心，就会发现不同企业和商家开具给你的发票税率，全都是不一样的。自 2017 年 7 月 1 日起，国家简并增值税税率结构，取消 13% 的增值税税率。

当前，一般纳税人适用的税率有：17%、11%、6%、0% 等。

适用 17% 税率：销售货物或者提供加工、修理修配劳务以及进口货物。提供有形动产租赁服务。

适用 11% 税率：提供交通运输业服务、农产品（含粮食）、自来水、暖气、石油液化气、天然气、食用植物油、冷气、热水、煤气、居民用煤炭制品、食用盐、农机、饲料、农药、农膜、化肥、沼气、二甲醚、图书、报纸、杂志、音像制品、电子出版物。

适用 6% 税率：提供现代服务业服务（有形动产租赁服务除外）。

适用 0% 税率：出口货物等特殊业务。

小规模纳税人适用征收率，征收率为 3%。

第 9 章

商业法规：
有哪些行为一定不能做

创业路上，一定会有非常多的诱惑频繁出现在创业者的眼前。有些时候，利益更是已经触手可及，只需要创业者越过红线，就可以将之纳入囊中。所谓创业是逆人性的行为，同样在于创业者在面临法律与利益考验时，如何从中做出正确取舍。那么作为创业者，如果想要企业能够走得更远、站得更高，就必须对商业法律法规了然于胸。

● 9.1 创业最基本的商业法律知识

有些创业者曾经向我表示说,我又不是法律相关专业毕业,公司如果真需要法律相关服务的时候,我去花钱请个律师来处理就好了,干吗在每天忙得不可开交的公司业务之外,还要自己学习、熟悉这些枯燥无趣的法律条文?事实上,需要请律师出面时,往往公司的损失就已经形成,学习法律的最大价值在于防患于未然,尽最大可能在商业行为中少用到法律途径,因为这一途径的性价比往往并不太高。

9.1.1 创业者必看的法律法规

公司法。公司法是指规定公司设立程序、组织机构、活动原则及其对内对外关系的法律规范的总称。从狭义上讲,公司法是指于 1993 年 12 月 29 日在第八届全国人大常委会第五次会议通过,并于 2005 年 10 月 27 日经第十届全国人民代表大会常务委员会第十八次会议第三次修订,自 2006 年 1 月 1 日起施行的《中华人民共和国公司法》。现行版本由全国人民代表大会常务委员会于 2013 年 12 月 28 日颁布。

合同法。我国于 1999 年 3 月 15 日由第九届全国人民代表大会第二次会议通过并颁布《中华人民共和国合同法》。在我国,合同法是调整平等主体之间交易关系的法律,它主要规定合同的订立、合同的效力及合同的履行、变更、解除、保全、违约责任等问题。所谓合同,即双方或多方当事人(自然人或法人)关于建立、变更、消灭民事法律关系的协议。此类合同是产生债权的一种最为普遍和重要的根据,故又称债权合同。《中华人民共和国合同法》所规定的经济合同,属于债权合同的范围。合同有时也泛指发生一定权利、义务的协议,又称契约,如买卖合同、师徒合同、劳动合同以及工厂与车间订立的承包合同等。

劳动法。劳动法是调整劳动关系以及与劳动关系密切联系的社会关系的法律规范总称。它是资本主义发展到一定阶段而产生的法律部门；它是从民法中分离出来的法律部门；是一种独立的法律部门。这些法律条文规管工会、雇主及雇员的关系，并保障各方面的权利及义务。《中华人民共和国劳动法》是为了保护劳动者的合法权益，调整劳动关系，建立和维护适应社会主义市场经济的劳动制度，促进经济发展和社会进步，根据宪法而制定的，于1994年7月5日由第八届全国人民代表大会常务委员会第八次会议通过，自1995年1月1日起施行。

专利法。专利一词来自拉丁文 litterae patents，含有公开之意，原指盖有国玺印鉴不必拆封即可打开阅读的一种文件。专利法是确认发明人（或其权利继受人）对其发明享有专有权，规定专利权的取得与消灭、专利权的实施与保护，以及其他专利权人的权利和义务的法律规范的总称。为了保护发明创造专利权，鼓励发明创造，有利于发明创造的推广应用，促进科学技术的发展，适应社会主义现代化建设的需要，我国制定《中华人民共和国专利法》，由第十一届全国人民代表大会通过，从2009年10月1日开始施行。

商标法。《中华人民共和国商标法》经1982年8月23日五届全国人大常委会第24议通过；根据2013年8月30日十二届全国人大常委会第4次会议《关于修改〈中华人民共和国商标法〉的决定》第3次修正。《中华人民共和国商标法》内容包括总则，商标注册的申请，商标注册的审查和核准，注册商标的续展、变更、转让和使用许可，注册商标的无效宣告，商标使用的管理，注册商标专用权的保护，附则73条。我国《商标法》自1983年3月1日起施行。1963年4月10日国务院公布的《商标管理条例》予以废止；其他有关商标管理的规定，凡与本法抵触的，同时失效。本法施行前已注册的商标继续有效。

劳动合同法。《中华人民共和国劳动合同法》是为了完善劳动合同制度，明确劳动合同双方当事人的权利和义务，保护劳动者的合法权益，构建和发展和谐稳定的劳动关系而制定的。2012年12月28日第十一届常务委员会第三十次会议对其进行了修正，自2013年7月1日起施行。

税收征管法。税收征管法是指调整税收征收与管理过程中所发生的社会关系的法律规范的总称，包括国家权力机关制定的税收征管法律、国家权力机关授权行政机关制定的税收征管行政法规和有关税收征管的规章制度等。《中华人民共和国税收征收管理法》是为了加强税收征收管理，规范税收征收和缴纳行为，保障国家税收收入，保护纳税人的合法权益，促进经济和社会发展而制定的法律。《中华人民共和国税收征收管理法》由第九届全国人民代表大会常务委员会第二十一次会议于1992年9月4日通过，自1993年1月1日起施行。现行版本于2015年4月24日经第十二届全国人民代表大会常务委员会第十四次会议修正。

个人所得税法。《中华人民共和国个人所得税法》是中国全国人民代表大会常务委员会批准的中国国家法律文件。现行的《中华人民共和国个人所得税法》于2011年6月30日公布，自2011年9月1日起施行。《个人所得税法》、《个人所得税法实施条例》（1994年1月28日颁布）、《税收征管法》（2001年4月28日颁布）以及由中国各级税务机关发布的有关个人所得税征管的规定，构成了现行中国个人所得税法的主体法律基础。

企业所得税法。《中华人民共和国企业所得税法》是为了使中国境内企业和其他取得收入的组织缴纳企业所得税而制定的法律，由中华人民共和国第十届全国人民代表大会第五次会议于2007年3月16日通过，于2017年2月24日经第十二届全国人民代表大会常务委员会第二十六次会议修正。

增值税暂行条例。现行《中华人民共和国增值税暂行条例》经2008年11月5日国务院第34次常务会议修订通过，自2009年1月1日起施行。绝大多数公司日常运营所开具的发票，均为增值税普通发票或增值税专用发票。所以对于创业者而言，深入了解增值税至关重要。

9.1.2　创业者如何正确认识法律的意义？

作为一名创业者，法律之于创业公司的真正意义是什么？在过去的创业咨询工作中，我大致总结了以下几点内容，分享给大家。

① 法律是底线。法律是底线，是告诉所有创业者，哪些事情无论如何也不能做，做了将造成怎样恶劣的结果。创业的目的都是实现梦想，这其中会有艰难险阻和惊心动魄不假，但是不能为了寻找刺激而冒险，尤其是无底线的冒险行动，将毁掉企业和创业者的未来。

② 不用是关键。事实上，如果我们参考过去的商业纠纷案件，且不说诉讼的过程十分复杂艰难，即使是最后获胜的一方，所付出的成本其实也是比较巨大的。那么，能够通过协商和谈判的事情，最好不要使用法律渠道，因为如果操作

不当，很容易造成双输的局面。

③ 用就要用好。所谓用就要用好，是指如果遇到了一定要通过法律程序来处理的问题，那么就要保证熟悉法律流程中的各个环节，确保可以通过法律流程完成自己的维权行动。

● 9.2 常见的风险与陷阱有哪些，如何避免？

创业路上最常见的风险和陷阱，之所以屡屡发生，根源主要集中在两个方面：其一是创业者对风险缺乏最基本的意识，对常用商业法规缺乏基础的了解；其二是知道某些商业行为存在较大的法律风险，但是出于大意和疏忽最终造成了不良结果。那么接下来，我们就来看看在创业过程中，最常见的风险和陷阱有哪些。

9.2.1 初创企业常见的法律风险

① 公司设立法律风险。得益于国家层面对于创新创业的支持，目前普通人想要注册一家公司的流程被大大简化，门槛也被大大降低。在部分经济和创业较为发达的地区，注册一家公司最短只需要十多天时间。但是无论公司注册的流程和步骤如何被简化，其背后对应的法律责任与义务却是从未改变过的。以最常见的公司股东的股份占比如何分配，就与公司日后的实际债务承担比例息息相关。这就是我们一直强调的，公司注册时每一份表格上的每一个数字和签字都不要乱写，在之后都需要承担对应的法律责任。

② 合同签订法律风险。许多创业企业在对外签订合同时，都习惯于上网随意搜索一份模板，然后简单修修改改，便当作商业合同使用了。而事实上，网络上多数的合同模板都存在不同程度的法律漏洞。存在法律漏洞的合同，在后续遭遇合同纠纷需要做仲裁和诉讼时，往往无法得到相应的法律保障。那么正确的处理方式，一是拟定重要合同时请专业律师过目确认；二是可以从专业的创业服务平台上，购买创业企业常用合同套餐，性价比相对较高。

③ 知识产权法律风险。商标、专利、版权，从近几年的知识产权相关案件数量来看，几乎每年都在攀升。这种情况一方面说明了小微企业对于知识产权的法律意识越来越强，开始懂得使用法律武器来保护自身的相关权益；另一方面，其实也说明了还有更多的企业存在知识产权相关法律意识淡薄的问题，从而导致频繁发生法律纷争。而事实上，从法律风险的解决成本看，避免知识产权受到侵犯，比遭受侵权之后再索赔更为有效。而如何避免知识产权受到侵犯，作为创业者就必须在创业前就对知识产权相关知识进行深入了解，并且在公司日常的运营中及时进行知识产权方面的注册与保护。

④ 企业融资法律风险。企业并购涉及公司法、税收法、知识产权法等多个法律部门，操作程序复杂，产生法律风险的可能性较高。中小企业在缺乏正规、有效融资渠道的情况下，往往通过民间借贷集资、违规借贷等方式筹资，这就必然形成法律风险。如果在融资的过程中还把企业的股权进行了抵押，甚至加入了对赌协议，那么一旦未能按照协议约定完成相应目标，企业就将面临巨大的风险，而且由于有协议在先，企业也很难通过法律流程进行翻盘。不管企业多么缺钱，都要重视获得融资的渠道安全性和流程合法性。

⑤ 盲目担保法律风险。近些年，由于替一些资信情况较差、还债能力不足的企业进行担保，最终导致原本正常运营的企业一蹶不振的案例，屡见不鲜。虽然作为中小企业，在恶劣的市场竞争环境下彼此结伙、相互帮助、互相扶持的初衷没有错，但是一定要先法后情。只有团队中每家企业对彼此的情况都心知肚明的前提下，才可以进行担保这样的重要行为。

⑥ 人力资源法律风险。随着时间的推移，一方面年轻的职场人们对于自身的合法权益意识越来越强烈，另一方面监管部门对于用人企业在劳务关系的各个环节监管力度越来越深入。是否按照规定签订劳动合同，是否严格按照法律规定执行劳动合同，试用期的时间和薪酬，日常加班和法定节假日的休假情况，社保和公积金是否按时足额缴纳，员工的正常离职是否受到为难和克扣工资等一系列流程中，企业任何不遵守法律的行为都有可能导致劳动纠纷，这样不仅仅会受到监管部门相应的惩罚，还将对企业的信用造成不良影响，得不偿失。

⑦ 司法诉讼法律风险。部分创业者在日常运营中，虽然动辄高喊我们要走法律流程如何如何，但是如果企业真的不得不面对一场诉讼时，创业者对于司法

程序是否足够了解，对于诉讼和仲裁中涉及的流程和技巧，能够了然于胸吗？如果耗费了大量的时间和人力成本，但是最终还是输掉了诉讼，那么这样的成本显然十分之高。

⑧ 其他各类法律风险。除了上述创业企业最常遇到的风险外，企业在与各个监管部门进行互动时，同样存在各种各样的法律风险。部分企业在经营中的不规范行为，还会引发工商、税务、环保等各个部门的行政管治与处罚。而这些，是很多创业公司十分容易忽视的。

9.2.2 遭遇创业陷阱如何冷静面对？

我们所提到的法律风险，还仅仅是停留在"风险"这一步。事实上，在复杂的商业环境中，还有很多针对创业者的陷阱。这里我不妨再举几个常见的创业陷阱。

借贷陷阱。伴随着中国互联网金融时代的全面来临，创业者可以通过网络渠道获得贷款的机会越来越多。但是这其中多数网络平台，都存在贷款利息畸高的问题。前段时间，还曾爆发过不法网贷机构以创业、兼职为幌子，诈骗在校大学生进行多平台网贷的案件。在为创业筹集资金的过程中，创业者一定要与高利贷保持界限，它非但无法助你创业成功，还将把你拖入无底深渊。

代理陷阱。最典型的创业代理陷阱，就是之前流行一时的微商囤货制度。微商通过软件制造假的销售金额和业绩，然后欺骗更多对于微商不了解的人加入微商，而加入的门槛就是先购入几千、几万甚至十几万、几十万的货物。而这些货物，多数都是劣质的三无产品，一旦代理批量进货后，基本卖出去的希望很渺茫。而如果代理者想要回本，就必须以同样欺骗的手段骗更多代理入局，如此循环往复。

培训陷阱。创业浪潮最如火如荼的那几年，不仅仅是大量的上班族纷纷辞职加入创业大潮，还有一部分生意人也看到了创业大潮的商机，想要从海量的创业者身上获得利润。于是他们就搞起了创业培训，只需两三个人，四处发发宣传单，然后就可以把一波想要创业但却不知如何创业的年轻人汇聚一堂，然后大讲特讲一些十分形式化的创业课，而可实际操作的可能性几乎为零。但这样的创业培训课，本身的费用却一点都不低。

营销陷阱。对于不少的创业公司而言，擅长开发产品但却不擅长销售产品。那么有一些居心叵测的机构，就自诩他们的平台可以帮助创业公司进行营销推广，一般都是以线上的网络营销为主。这种营销服务价格起伏较大，但是营销效果却很难被量化和考核。最终多数以创业者投入了较大经费但是结果却差强人意而告终。

那么创业者在遭遇以上或者其他各类创业陷阱时，最佳的应对方式自然是保持警惕，并且向相应的监管部门进行举报和投诉，使得此类创业陷阱不会再继续坑害他人。但是如果创业者因为种种原因已经落入陷阱，并且造成损失的话，又该如何处理呢？

首先是沉着冷静，不要惊慌或采取其他不理性的措施，而是先把证据收集起来。与对方签订的合同、开具的票据是重要的物证。互联网时代下，电话录音、聊天记录统统都是重要的证据。创业者如果想要挽回损失，就必须拿出可以证明对方进行商业欺诈的证据。

其次是一个人的力量毕竟是有限的，要尽可能汇聚更多和自己有相同遭遇者的力量，大家汇集起来进行维权。组团式的维权，一方面可以在声势上对行骗者造成压力，另一方面还可以把大家各自的证据汇聚在一起，在进行维权时更为强有力。

最后自然是通过有效的法律手段，如果是较为初级的诈骗陷阱，创业者可以通过公安机关进行维权处理。而如果同时还涉及商业纠纷等进一步的矛盾，则需要通过仲裁和诉讼的方式进行处理。但无论如何，采取自认倒霉和暴力解决的方式方法，都是极端错误的，要严格避免。

● 9.3　企业与员工发生劳务纠纷如何处理？

首先我们来看一看，哪些情况属于劳务纠纷：用人单位与劳动者因确认劳动关系发生的争议，因订立、履行、变更、解除和终止劳动合同发生的争议，因劳动报酬以及经济补偿或赔偿金等发生的争议，都属于劳务纠纷。

9.3.1　常见劳务纠纷解读

那么在企业的实际运营当中，常见的劳动纠纷又有哪些呢？大致可以分为劳动合同纠纷、劳动派遣合同纠纷、非全日制用工纠纷、追讨劳动报酬纠纷、经济补偿金纠纷、竞业限制纠纷等类型。接下来，我们逐一进行介绍。

劳动合同纠纷，指企业职工一方与企业就劳动报酬、工作时间、休息休假、劳动安全卫生、保险福利等事项，通过平等协商而签订书面协议，由此发生争议引起的纠纷。

劳务派遣合同纠纷，指因劳务派遣合同发生争议引起的纠纷。劳务派遣是一种新的用人方式，用人单位可以根据自身工作和发展需要，通过正规劳务服务公司，派遣所需要的各类人员，实行劳务派遣后，实际用人单位与劳务派遣组织签订劳务派遣合同，劳务派遣组织与劳务人员签订劳动合同，实际用人单位与劳务人员之间只有使用关系，没有聘用合同关系。

非全日制用工纠纷，指因非全日制用工形式引发的纠纷。非全日制用工是指以小时计酬，劳动者在同一用人单位平均每日工作时间不超过 4 小时，累计每周工作时间不超过 24 小时的用工形式，其实也就是我们通俗意义上说的兼职工作。《劳动合同法》扩大了非全日制用工的计酬方式，缩短了关于非全日制用工的劳动者在同一家用人单位的平均每日工作时间和累计每周工作时间的规定，更好地保护了非全日制用工的劳动者的合法权益。

追讨劳动报酬纠纷，指劳动者与用人单位在履行劳动合同期间，因追讨劳动报酬所发生的争议。

经济补偿金纠纷，指用人单位与劳动者解除劳动合同，因依法应当给予劳动者的经济补偿而发生的争议。

竞业限制纠纷，指因竞业限制发生的纠纷。竞业限制是用人单位对负有保守用人单位商业秘密，或对企业竞争优势有重要影响的劳动者，在劳动合同、知识产权权利归属协议或技术保密协议中约定的劳动者在终止或解除劳动合同后的一定期限内不得在生产同类产品、经营同类业务或有其他竞争关系的用人单位任职，也不得自己生产与原单位有竞争关系的同类产品或经营同类业务。

9.3.2 劳务纠纷处理方法

在了解了初创企业常见的劳务纠纷形式后，我们再来看看发生劳务纠纷后，通过协商、仲裁或诉讼等各个方式，最终会出现哪些处理结果。

① 继续履行。合同义务没有履行或者履行不符合约定的，守约方可以要求违约方按照合同约定继续履行，直至达到合同目的。此种情况多适用于标的物是特定的必须履行的、不得替代履行的情况，比如委托加工特定的半成品、特种型号或规格的元器件；而一般不适用于劳动合同类的纠纷。

② 采取补救措施。履行债务的标的物品质不符合合同约定的条件，在不需继续履行时可采取适当补救措施，以达到合同目的或守约方认为满意的目的。比如交付的产品质量不符合约定的，受损害方根据标的的性质以及损失的大小，可以合理选择要求对方承担修理、更换、重作、退货、减少价款或者报酬等违约责任。

③ 违约金。合同各方可以在合同中约定的一方或各方违约时，违约方要支付给守约方一定数额的经济赔偿，以弥补守约方损失同时兼有惩罚违约行为的作用。承担违约责任后，是否还要继续履行或采取补救措施，可由合同各方协商确定。但是，当事人就迟延履行约定违约金的，违约方支付违约金后，还应当履行债务。

④ 赔偿金。合同各方可以在合同中约定一方因违约给对方造成实际损害的，按实际损害数额给予赔偿。当事人在履行义务或者采取补救措施后，对方还有其他损失的，应当赔偿损失。

● 9.4 企业与其他企业发生合同纠纷如何处理？

合同纠纷，是指因合同的生效、解释、履行、变更、终止等行为而引起的合同当事人的所有争议。合同纠纷的内容主要表现在争议主体对于导致合同法律关系产生、变更与消灭的法律事实以及法律关系的内容有着不同的观点与看法。合同纠纷的范围涵盖了一项合同从成立到终止的整个过程。

9.4.1 常见合同纠纷解读

合同纠纷的种类,可以根据合同名称是否属于合同法规定的名称来进行划分。合同法具体规定名称的合同为有名合同,其他合同则为无名合同。从合同法规定来看,有名合同纠纷主要有以下 15 种:

① 买卖合同纠纷;
② 供用电、水、气、热力合同纠纷;
③ 赠与合同纠纷;
④ 借款合同纠纷;
⑤ 租赁合同纠纷;
⑥ 融资租赁合同纠纷;
⑦ 承揽合同纠纷;
⑧ 建设工程合同纠纷;
⑨ 运输合同纠纷;
⑩ 技术合同纠纷;
⑪ 保管合同纠纷;
⑫ 仓储合同纠纷;
⑬ 委托合同纠纷;
⑭ 行纪合同纠纷;
⑮ 居间合同纠纷。

除了《合同法》规定的 15 种合同外,现实生活中还大量存在着各种各样的合同,它们分别受到不同的法律、法规所调整。这些合同争议也属于合同纠纷之列。具体说来,主要有以下合同纠纷:

① 保险合同纠纷;
② 担保合同纠纷;
③ 房地产合同纠纷;
④ 承包经营合同纠纷;
⑤ 劳动合同纠纷;
⑥ 知识产权合同纠纷;
⑦ 中外合资经营企业合同纠纷;

⑧ 合伙合同纠纷；
⑨ 其他合同纠纷。

9.4.2 合同纠纷处理方法

了解了企业日常会遇到的常见合同纠纷类型，接下来我们再来看看如果发生合同纠纷，可以采取怎样的处理方法。

① 协商。合同双方在友好的基础上，通过相互协商解决纠纷，这是最佳的方式。

② 调解。合同双方如果不能协商一致，可以要求有关机构调解，如一方或双方是国有企业的，可以要求上级机关进行调解。上级机关应在平等的基础上分清是非进行调解，而不能进行行政干预。双方还可以要求合同管理机关、仲裁机构、法庭等进行调解。

③ 仲裁。合同双方协商不成，又不愿调解的，可根据合同中规定的仲裁条款或双方在纠纷发生后达成的仲裁协议向仲裁机构申请仲裁。

④ 诉讼。如果合同中没有订立仲裁条款，事后也没有达成仲裁协议，合同双方可以将合同纠纷起诉到法院，寻求司法解决。

● 9.5 企业与其他企业发生债务纠纷如何处理？

债务纠纷可以通俗地理解为因各种金钱借贷偿还关系问题而引发的矛盾。债务纠纷也就是人与人之间因金钱而引起的矛盾，债务人有义务按约定偿还债务。

9.5.1 常见债务纠纷解读

和债务纠纷概念相近的另一个概念是借贷纠纷，借贷纠纷是指因借用他人财物不能按时归还，在借用人与出借人之间产生的纠纷。一般借贷纠纷是一种民事法律关系，应受民事法律调整，不产生刑事责任。但是，如果行为人以借贷为名，行诈骗财物之实，则应以诈骗罪论处。而区分以借贷为名的诈骗罪与借贷纠纷的界限，最关键的是查明行为人有无非法占有他人财物的目的。

要把贷款诈骗罪和借贷纠纷做区分，应重点把握以下三方面。

① 若发生了到期不还的结果，还要看行为人在申请贷款时，履行能力不足的事实是否已经存在，行为人对此是否清楚。如对无法履约这一点并不十分了解，即使到期不还，也不应认定为诈骗贷款罪而应以借贷纠纷处理。

② 要看行为人获得贷款后，是否积极将贷款用于借贷合同所规定的用途。

③ 要看行为人于贷款到期后是否积极偿还。如果行为人仅仅口头上承诺还款，而实际上没有积极筹款准备归还的行为，也不能证明行为人没有诈骗的故意。不赖账，不一定就没有诈骗的故意。

9.5.2 债务纠纷处理方法

接下来，我们再来看看相关法律法规中对一些常见的债务、借贷纠纷的处理规定。

① 公民之间的借贷纠纷、公民与法人（企业）之间的借贷纠纷以及公民与其他组织之间的借贷纠纷，应作为借贷案件受理。

② 人民法院审查借贷案件的起诉时，根据民事诉讼法第一百零八条的规定，应要求原告提供书面借据；无书面借据的，应提供必要的事实根据，对于不具备上述条件的起诉，裁定不予受理。

③ 债权人起诉时，债务人下落不明的，由债务人原住所地或其财产所在地法院管辖。法院应要求债权人提供证明借贷关系存在的证据，受理后公告传唤债务人应诉。公告期限届满，债务人仍不应诉，借贷关系明确的，经审理后可缺席判决；借贷关系无法查明的，裁定中止诉讼。在审理中债务人出走，下落不明，借贷关系明确的，可以缺席判决；事实难以查清的，裁定中止诉讼。

④ 民间借贷的利率可以适当高于银行的利率，各地人民法院可根据本地区的实际情况具体掌握，但最高不得超过银行同类贷款利率的四倍（包含利率本数）。超出此限度的，超出部分的利息不予保护。

⑤ 一方以欺诈、胁迫等手段或者乘人之危，使对方在违背真实意思的情况下所形成的借贷关系，应认定为无效。借贷关系无效由债权人的行为引起的，只返还本金；借贷关系无效由债务人的行为引起的，除返还本金外，还应参照银行同类贷款利率给付利息。

⑥ 出借人明知借款人是为了进行非法活动而借款的，其借贷关系不予保护。对双方的违法借贷行为，可按照《中华人民共和国民法通则》第一百三十四条第三款及《关于贯彻执行（中华人民共和国民法通则）若干问题的意见（试行）》第163条、164条的规定予以制裁。

⑦ 合伙经营期间，个人以合伙组织的名义借款，用于合伙经营的，由合伙人共同偿还；借款人不能证明借款用于合伙经营的，由借款人偿还。

⑧ 有保证人的借贷债务到期后，债务人有清偿能力的，由债务人承担责任；债务人无能力清偿、无法清偿或者债务人下落不明的，由保证人承担连带责任。借期届满，债务人未偿还欠款，借、贷双方未征求保证人同意而重新对偿还期限或利率达成协议的，保证人不再承担保证责任。

⑨ 对债务人有可能转移、变卖、隐匿与案件有关的财产的，法院可根据当事人申请或依职权采取查封、扣押、冻结、责令提供担保等财产保全措施。被保全的财物为生产资料的，应责令申请人提供担保。财产保全应根据被保全财产的性质采用妥善的方式，尽可能减少对生产、生活的影响，避免造成财产损失。

⑩ 被执行人无钱还债，要求以其他财物抵偿债务，申请执行人同意的，应予准许。双方可以协议作价或请有关部门合理作价，按判决数额将相应部分财物交付申请执行人。被执行人无钱还债，要求以债券、股票等有价证券抵偿债务，申请执行人同意的，应予准许；要求以其他债权抵偿债务的，须经申请执行人同意并通知被执行人的债务人，办理相应的债权转移手续。

● 9.6　企业遭遇知识产权纠纷如何处理？

知识产权纠纷是指知识产权人因行使知识产权或不特定第三人侵犯自己的知识产权与不特定第三人产生的纠纷。

9.6.1 常见知识产权纠纷解读

常见的知识产权纠纷如下。

① 归属权纠纷,是指主体之间就谁是真正的知识产权人、谁应该拥有知识产权所发生的争议,如是单方知识产权人还是共同知识产权人等纠纷。

② 侵权纠纷,是指知识产权人与不特定第三人因侵权行为发生的争议,如未经知识产权人许可,擅自使用其知识产权而导致双方发生的纠纷。

③ 合同纠纷,是指知识产权转让、许可使用等合同中各方当事人因合同而引起的争议,如受让方超越合同授权导致双方发生的纠纷。

④ 行政纠纷,是指当事人对知识产权行政管理机关所做出的决定不服而引起的争议,如对有关行政机关的处理决定不服而产生的纠纷。

9.6.2 知识产权纠纷处理方法

解决知识产权纠纷的主要方法有协商、调解、行政处理、仲裁和民事诉讼五种。

① 协商。双方当事人在知识产权纠纷发生后,在自愿互谅的基础上,可以按照有关法律的规定,通过直接的协商和谈判自行达成和解协议,从而使纠纷得到解决。

② 调解。知识产权纠纷发生后,可以经双方当事人申请,由人民法院、仲裁机构或调解人从中协调,使双方当事人在自愿协商的基础上,互作让步,达成协议,从而使纠纷得到解决。

③ 行政处理。知识产权纠纷有关的当事人或者不特定第三人可以请求知识产权行政管理机关处理其知识产权纠纷或与知识产权有关的侵权等违法行为。

④ 仲裁。知识产权纠纷双方当事人可以在自愿基础上达成协议,将纠纷提交仲裁机构审理,由仲裁机构做出对争议双方均有约束力的裁决。当事人可以根据仲裁裁决或调解书要求对方承担责任或履行义务,也可请求人民法院强制执行。

⑤ 民事诉讼。人民法院可以在知识产权纠纷双方当事人的参与下审理和解决知识产权纠纷案件。当事人可以请求人民法院做出要求对方承担责任或履行义务的判决书或调解书,并可请求人民法院强制执行。

第 10 章

团队建设:
不打仗,就练兵

这世上没有任何一支优秀的军队,是依靠军纪懒散、疏于操练而获得成功的。换成一家创业团队,也是同样的道理。团队的战斗力,一方面取决于团队人员本身的初始能力,这点由招聘工作决定;另一方面取决于团队管理者的领导能力,这点由创业者决定。而以上两点之外,还有一点对于团队的战斗力影响至关重要,就是团队的建设活动,或者说团队的共同价值观塑造行动。

● 10.1 团建活动的间隔时长，如何设定？

相比于企业日常繁忙的工作而言，团建活动看上去更像是一场大伙儿平时工作累了，然后找个时间一起"休闲、娱乐、放松"的游戏。但实际上，一支团队之所以能够同心同德，只依靠在公司里的日常共同工作是远远不够的，还需要在生活中有更多的交集和了解。团队成员只有彼此认为对方是"朋友"而非"同事"，团队的战斗力才会不断增强。

10.1.1 团建活动的目的和意义何在？

在过去的企业咨询工作当中，我也曾和一些初创企业的创业者有过关于团队建设活动方面的讨论。一般来说，由于初创团队受限于盈利能力和日常工作的双重压力，对于团建活动比较重视的创业者并不是很多。甚至还有一些创业者，对公司团建的态度就是——瞎花钱，还不如直接发点钱来得实惠。

这其实是一个非常具有代表性的观点，而且持此观点的人，还不仅仅是企业管理者，很多企业的员工也秉持着这一观点。而人们之所以会对公司团建活动抱有这样的误解，根本原因就在于两个方面：第一是没弄明白团建活动的意义和价值在哪儿；第二是由于对团建活动不够重视，导致团建活动的经历也并不十分美好。两相结合，大家便得出了团建活动是"花钱买罪受"的印象。

团队建设是指为了实现团队绩效及产出最大化而进行的一系列结构设计及人员激励等团队优化行为。简单来说，就是大局意识、协作精神和服务精神的集中体现。团队精神的基础是尊重个人的兴趣和成就。核心是协同合作，最高境界是全体成员的向心力、凝聚力，也就是个体利益和整体利益的统一，从而推动团队的高效率运转。团队精神的形成并不要求团队成员牺牲自我，相反，挥洒个性、表现特长能保证成员共同完成任务目标。而明确的协作意愿和协作方式所产生的是真正的内心动力。没有良好的从业心态和奉献精神，就不会有团队精神。

而企业组织团队建设的目的又有哪些呢？我们在过去较长时间内对团队建设活动开展得较好的初创企业进行了跟踪观察，总结出好的团建可以为企业带来如下益处：团队具备较强的凝聚力，成员之间的感情更为深厚；团建增强了团队成员间的沟通交流，在日常工作中合作效率明显提升；一定程度上弱化了团队成员的自我意识，增强了团队成员的集体意识；在一段时间的繁忙工作后，团建活动对于提升团队士气，作用同样显而易见。

10.1.2　团建过程中的注意事项

根据经验，我们提醒所有初创企业在团队建设过程中，应注意以下方面。

① 有计划，定期定主题。团队建设最忌讳的一点，就是临时起意型。哪怕公司再小，人数再少，每个员工工作之外，也都有自己的生活和家庭，有自己的一些相关安排。小公司安排团建很少占用工作日，一般都是征用员工的节假日。这样一来，如果经常出现临时通知型的团建，会对员工的正常生活造成较大困扰。

团建的根本目的，不在于搞"惊喜"，让员工无所适从，而在于凝聚人心，鼓舞士气，统一目标，提高效率。如果是定期团建，那么就固定时间和主题，形成良性的循环。如果是临时团建，那么起码也要提前一到两周通知到公司员工，包括时间、地点、主题、要求等内容，都要告知，以示对员工的尊重。

② 必须团队负责人带队。这种状况，最容易出现的情景，就是旅游形式的团队建设。公司由于人数较多，组织者为了能够省心省力，往往会选择报团。但实际上，所有经历过报团游的人，应该都对报团游印象并不好：吃不好、睡不好、玩不好，天天各种购物陷阱等着你。

如果是散客也就罢了，但是作为公司团队建设，把员工大量的时间用于走马观花的疲劳旅游和无休无止的购物陷阱，显然团队建设的作用完全没有得以体现。既然是团建，就理所应当由公司管理层负责，可以根据部门分成若干小组，由部门领导分别带队，并且在活动过程中多安排小组之间的竞争比拼游戏，从而培养团队成员间的友谊，提升团队的凝聚力。

③ 避开热点城市和景点。为什么很多团队建设活动，喜欢选择地广人稀的爬山、农家乐活动？原因很简单，只有在这些地域宽广的地方，才可以更方便地

进行团队游戏活动。

我见过一些小公司,尤其是位于中小城市的小公司,非常热衷于跑到北上广深这样的大城市去旅游搞团建。一线城市的状况是,不论白天黑夜,无论阴晴雨雪,也不分工作日还是节假日,到处都是人山人海,就更不要提热门景点了,甚至可能是寸步难行。连拍张没有行人乱入的照片都困难的前提下,怎么进行团建,怎么进行群体活动?

④ 行程安排松紧结合。团建虽然是集体活动,但是毕竟公司不是军队,员工也不是军人,每个人的身体素质各不相同。搞团队建设安排时,一定要做到松紧结合,如果上午是比较耗体力的爬山、骑车、越野等活动,下午就一定要安排轻松、平静的内容,或者干脆自由活动。

最糟糕的团建活动安排,就是天不亮员工就被叫醒出发,天黑了员工还没能结束当天的活动开始休息。这样的强度,同样也已经失去了团队建设的意义,会加重整个团队的负面情绪,造成员工对于公司的抱怨和怨愤。

● 10.2 选择最适合团队风格的团建方式

> 团建活动的难度,正是在于不同企业之间,并不能直接照搬照抄彼此的团建活动方式。要想自家的团建活动做得有声有色,足够高效出彩,就必须在活动策划时就足够用心。活动种类无数,但是适合自家的一定只有几种,企业该如何选择?

10.2.1 有目的性地进行团队放松活动

在各类团队建设活动中,除了类似"军训"这样的形式,是比较典型的考验一个人身体素质以外,其他类型的团建活动,首先应该考虑的一点就是,活动全程对于人的体力负担水平如何。因为团建活动不是针对某一个人,而是一个群体。群体中一定就会有身体素质相对较弱,没办法参与强体力负担的活动的员工。

另外，多数的团队建设活动，都是在相对忙碌的一段工作时间后，带有为团队成员进行放松和解压作用的。这样一来，我们就可以依据团建活动体力上的负担差别，将之分成两类。

一类属于"动态型"，比如爬山、越野、马拉松、攀岩、自行车、游泳、徒步旅行等为代表的体育类团建形式，就是属于比较典型的动态型团建。这样的团建形式，相对而言更适合平时工作环境为办公室，以白领和电脑工作者为主要员工的企业。由于平时大家普遍缺乏运动和锻炼，通过团建活动组织大家一起参与和感受这种方式。但是，还是要注意运动的强度，以不影响活动结束后第二天的日常工作为第一标准。

一类属于"静态型"，比如聚餐、温泉、泡吧、唱歌、野炊、露营、农家乐等为代表的休闲类团建形式，就是属于比较典型的静态型团建。这样的团建形式，相对而言更适合平日工作环境一般在室外，甚至需要员工耗费较大体力的企业。由于员工日常的工作就已经十分辛苦，所以在组织团队活动时，应尽可能避免员工比平时上班还累，否则就不是放松和休闲，而成为一种负担。对于团建活动结束后的日常工作，也会有负面作用。

所以我们发现，一场成功的企业团建活动，在策划时期，就应该充分考虑到企业所处的行业和领域，根客观实际情况进行有针对性的方案设计。而且在方案设计过程中，尽可能地多与团队全体成员进行沟通和交流，了解他们目前的工作生活情况，以及各自的兴趣爱好，然后综合考量，设定出最适合团队成员的活动方案来。

10.2.2　小成本也能做出好的团建

随着各个公司中 90 后、95 后年轻人的不断增加，适用于早前的一些团队建设方式，很多都已经不适用于当下的年轻人。除了一些纯销售型公司还在沿用摒弃个人意识，强化集体荣誉的传统洗脑团建方式，越来越多的公司都把团建活动设置成自由、轻松、小团队式的游戏形式。员工在更新，团队在更新，团队建设形式也必然要随之更新。要不然，老板钱没少花，时间也没少浪费，但员工却怨声载道，工作效率一点没提升，得不偿失。

这里我举两个案例给大家做下解读，同样也是我之前接触过的一家小微企业。

企业的规模不大，员工数量不超过20名，团队中70后、80后和90后各有几人。所以每次到了搞团建活动的时候，就头疼得不行。70后员工喜欢爬山越野，80后员工喜欢吃饭唱歌，90后员工则喜欢玩各种游戏。最后没办法，只好选择折中，要么各种团建方式轮流来，要么就干脆分成几个队伍，各自玩各自的。这样一来，显然团建的核心目的——增强整个团队的凝聚力和沟通交流，就没有达到。相反，反而进一步加大了团队成员之间的代沟，得不偿失。

再比如说，另外一家做旅行社的小微企业，人数也不多，差不多也就是十几个的规模。然后上次我去这家企业做咨询的时候，和公司的员工聊到关于他们团队建设的话题，他们对我说——每年都是出国游呗，语气和态度都并不是十分开心。当时我就感到有些奇怪，按理说现在能够组织公司全员出国旅游搞团队建设的，都是福利待遇非常不错的企业，员工应该开心才对，怎么反而感觉不是如此呢？经过了解之后才发现，原来这家旅行社的主要线路，就是东南亚那几个国家，公司所有员工，每年不知道要飞东南亚多少次。然后公司为了简单粗暴加省钱，所以就直接把团建活动定为东南亚几日游。在员工心里，这样的团建活动，简直就是平时工作的翻版，心理阴影都摆脱不了。这样的团建活动，显然也非常不合适。

以上的这两个案例，其实共同说明了一个道理：公司团建活动应该因地制宜，因人而异。不能单纯觉得别家企业的某种团建活动不错，然后自己就直接复制过来，这样的结果往往不会特别好。因为每家企业的客观情况都不相同，所处行业和日常工作方向也千差万别。

还有，部分小微企业管理层对于团建始终存在一个较大的误解——就是团建就是靠花钱，花钱越多员工就越开心。这种想法对吗？只能说对一半。如果团建活动过度强调节约开支，最后导致员工感觉自己处处都要自费参加活动，团建自然不会有效果。但同时，完全用支出金额来考量团建活动的成败，也并不合理。

从我们过去的活动策划经验来看，在影响一场活动成败的因素中，是否用心最为关键。如果足够用心，哪怕就是周末组织员工一起外出爬爬山，吃吃农家乐，甚至于参与一些公益的马拉松、自行车运动，都可以收到很好的休闲放松、增进团队成员感情的作用。相反，一提团建就是旅游，一旅游就必须是某某知名景点，然后舟车劳顿拉到人山人海的景区大家一起看人头，这显然十分失败。

● 10.3　重在增进成员感情，增强团队凝聚力

一场成功的团建活动可能需要很多的因素，但是一场失败的团建活动，只需要一个放不下面子的企业领导。在团建活动中，企业领导可以是普通员工，也可以是团队的后勤服务者，但最忌讳是发号施令者。如此一来，团建成为了室外会议，自然失去了意义。

10.3.1　团队活动项目安排注意事项

对团建的具体项目安排，同样也有一些事项要注意。

① 公司里是领导，公司外是团队。团建活动要想搞得好，团队不可缺少的是带头人和引导者，而不是强权者。比如同样玩一个团建游戏，领导一上场，官威一发作，所有人都有意放水给领导，那这样的游戏显然就已经没法看了，也失去了它原本应起到的价值。所以在团建活动中，最应该摆正自己身份地位的，就是企业的管理者。

在活动中，一定要时时刻刻提醒自己，这是集体活动，是团队成员增进感情和增强凝聚力的地方，而不是老板跑来搞个人崇拜的地方。团建活动中的限制越多，效果大致上就会越差。玩不能敞开玩，工作多半也做不到专心做。

② 男女有别，年龄有别。关于男女有别这件事儿，最容易出现问题的，是在男女比例明显失衡的部分企业当中。由于某一性别的人数较少，所以在活动筹备和安排过程中，更要重点关注一下，安排的环节和游戏是否适合异性来参与。

而依照目前的中国职场变化，不要说十年一个代沟了，五年可能就会有一个代沟。不同年龄员工对于同一团建活动的态度差别较大。在进行活动分组时，比较忌讳将同龄人全部分在同一组，这样一来，并不利于团队整体的交流与沟通。

③ 团建应避免过强的功利心。我非常能够理解一些小企业的管理者，在企业原本盈利水平就一般的前提下，还尽可能拿出钱来，让员工来搞团建活动。但是，这并不意味着，团建活动中就理所应当可以插入大量的"植入内容"。这种

植入内容，一般形式无非是所谓的成功学教育和感恩教育，场面和传销基本分不清。这样的团建，就和为了图便宜报了购物旅行团一样，结束后回顾起来，更多的都是反感和厌恶。

④ 集体活动应有风险预案。组织集体活动的第一原则，是保证所有团队成员的安全。这里的安全，不仅仅是人身安全，也包括财产安全等各个方面。我不止一次见识过企业搞团建活动报旅行团，然后旅行团把全公司员工全部带入既定的购物骗局当中，而且由于导游手中有每个员工的个人信息，很容易提前安排陷阱请君入瓮。结果是好不容易参加一次公司团建，结果好几个员工还被骗了几千几万，这样的教训不可谓不重，必须要有所提防。

⑤ 鼓励全体参与，但不强迫。作为一家具备现代化管理思维的企业，其实首先应该明确的就是，企业与员工之间的关系。企业与员工不是效忠关系，更不是集权关系；而是契约关系，即双方通过签订劳动合同，彼此约定各自的权利和义务，并且为之负责。但是这种负责，就和有限公司一样，都是有限的责任，而非无限的责任。

一些强集体性的企业，往往会过度强调集体性，而忽视了人性。企业有没有资格强制要求员工参与合同约定工作之外的团建活动，这本身就存在争议。站在公司的角度讲，这或许是工作的一部分，甚至是公司给予员工的福利，员工为什么不接受？而站在员工的角度讲，我按照劳动合同完成了契约责任，没有必要牺牲自己的法定休息日参与团建活动。

真正成熟的企业，应该通过不断优化团建活动的方式和种类，尽可能做到大家都可以坦然接受，而不是排斥。对于无意参加团建活动的员工，也应该视实际情况予以尊重。

10.3.2 通过团建发现团队中的优秀人才

企业的发展壮大，归根结底是要依托在人身上，尤其是人才身上。

对于初创企业而言，受限于本身的硬件和软件劣势，在和成熟企业争夺人才的过程中，就不是特别占据优势。所以对于发现和挖掘人才的途径，就应该牢牢把握住，机不可失，失不再来。

除了之前我们提到的通过招聘途径发掘人才、通过日常工作表现发掘人才，今天我们要讲到的通过团建活动发现人才，同样是非常不错的一条途径。尤其是相比招聘途径和日常工作本身环境的局限性，很有可能无法真正全面了解一个人的品性，尤其是在道德层面和人际交往方面的特性。而在团建活动中，员工的这些特性一般都会有比较明显的表现。

在一次团建活动中，我们能够从哪些层面观察和判别一位员工的品性呢？

① 积极性。一个员工在团建活动中最能够被首先发现的品性是积极性。在一次团建活动中，一般都会分为具体的一些项目。在每一项目的参与和报名中，都可以看出某一员工的积极性和主动性。是充满激情主动参与，还是爱搭不理被动参与，这是非常容易得出结论的。作为团队的管理者，此时就应该细心留意，多方观察，寻找那些对于各项活动积极主动参与，并且愿意成为"带头人"的员工，他们是最值得企业重点留意和培养的。

② 团队性。我们不得不说，人无完人，而且个人工作能力较强的员工，相比个人能力普通的员工，往往更加具备个性。也就是说，我们经常在团队中发现，一些员工的个人工作能力和效率都非常不错，但是他们的团队意识相应就会比较弱。在平时的工作当中，他们往往并不认为团队协作效率更高，相反他们往往觉得团队协作沟通起来太过麻烦，效率还不如他们自己一个人操作起来更迅捷。而另外有些员工，他们本身工作能力先放一边，他们平时就非常热衷于为团队其他成员提供帮助，在团队中往往都有不错的人缘。这样的员工，也应该是团队管理者关注的重点，他们在涉及人际交往方面的工作岗位上，会有不错的表现。

③ 沟通性。个体在团队中的沟通性，简单说就是两点——其一是爱不爱与人沟通，其二是沟通水平怎么样。前者当然是性格和态度问题，后者则是情商和能力问题。但是一个不太热衷于与团队其他成员沟通的员工，如果他们的工作是"对物"的技术类岗位还好，如果也是"对人"的服务类岗位，那么可能就会存在一定的问题。由于他们本身并不喜欢与人沟通，所以他们往往在与客户的沟通当中也并不能获得愉悦感和成就感。这样一来，久而久之，工作效率自然也就提不上去。

④ 兴趣性。一个员工的个人兴趣爱好，对于他在职场上的表现，有什么明显的影响吗？答案是肯定的，不但有影响，而且有很大的影响。从一个人的兴趣爱好，往往能推测出他的工作态度、工作效率、工作方式甚至人生走向。不同的兴趣爱好，考验的其实是人的不同思维方式和能力擅长方向。学会通过员工的兴

趣爱好判断员工的职场方向,是一个优秀的管理者必备的用人艺术。

● 10.4 不是散养娱乐,不可花钱外包随意搞

企业愿意为员工花钱不是坏事,但是花钱应该花在最该花的地方,而不能乱花。团建的最负面案例,莫过于企业钱也没少花,参与者却一点都不开心,得不偿失。如何高效组织一场团建活动呢?

10.4.1 团建活动必须管理者亲力亲为

关于公司日常的集体活动中,有三种是至关重要的——招聘、培训和团建。孙子曰:兵者,国之大事,生死之地,存亡之道,不可不察也。意思就是说:军事是一个国家很重大的事情,决定一个国家的生死存亡,不能不被重视。

而如果我们把一家企业比作一个国家,把企业的日常商业竞争比作军事战争,那么招聘、培训和团建,就相当于是国家军队的招募、操练与演习。要想保证团队的战斗力,除了从战斗中历练,自然就是通过日常的操练和演习积累。

一些小微企业,由于创业者本身在团队领导能力上的欠缺,并不善于做团建活动的主导者。怎么办呢?让手下的员工做,一来没有权威性,二来可能能力还不如自己。于是一些管理者就通过外聘"导师"的方式,来给自己的团队进行"凝聚力培训"。实话实说,这样的方式多数不但没有正面作用,反而会有不小的反面作用。原因如下。

首先是这样的"导师",往往并没有多少真实的管理成功经验和能力。如果他自己能够做好一家企业的话,多半也就不会选择跑来给别的企业做相关培训,以此谋利为生。所以这样的人,最擅长的其实是捉摸人心和人性,试图震慑住缺乏管理能力的小微企业老板,然后让对方乖乖交出培训费。

其次是如果这样的"培训"对于团队的凝聚力真正有价值,那么钱花也就花了。但是实际上,这些"导师"的培训方法,与其说是在"培训",倒不如说是在做"诗词朗诵"。不管给什么行业、什么类型的企业做培训,词儿基本都没有

什么变化；就和相声表演中的大段贯口"报菜名"效果类似。初听起来很有震撼力，但听过几次之后，就会觉得基本都是废话。

最后也是最关键的是，不可能有一个外来的"和尚"，对团队实际情况的了解比团队的管理层更心知肚明。而既然是做团建活动，就一定是针对团队既有的问题和情况开展的。找一个对自己企业完全不了解的外人来做团建活动的主持者，能够达到的最好效果，或许就是"万金油"式司仪主持的婚礼。

所以归根结底，我们真正想要强调的是，企业的团建和培训、会议一样，都是对于团队和公司的发展十分重要的集体活动。而这样的集体活动，必须做到有的放矢，因地制宜。所以我非常不建议初创企业的管理者通过外聘的方式找人来给自己搞团建活动。这种行为的本质，其实是在企业管理上的偷懒和消极行为。长此以往的话，就有可能在团队中出现"帅不知将，将不知兵"的负面情况。

所以企业的团建活动，一定要由企业自身来管理推进，才能够做到效果最大化。

10.4.2 负面案例：常见失败团建活动的教训

成功的团建活动各自有各自的成功之处，而失败的团建活动往往却时常重复。在团建活动中，有哪些比较常见的失败案例教训？

拘谨型。好好的一场团建活动，硬生生搞成了"业绩表彰批判大会"。领导在上面慷慨激昂，员工在下面哈欠连天。这样类型的团建活动，还不如直接在公司的会议室里召开，更为合适。这类失败案例的最主要原因在于，活动组织者的功利心过强。

放肆型。吃饭变成了酗酒，游戏变成了伤害，活动变成了闹剧，这样的团建案例，也是时有发生。团建活动一方面不能搞成"会议室"型，同样也不能搞成"放荡不羁"型。活动需要有明确的主题，明确的安排和明确的负责人，从而保证活动可以高效有序地进行。开心归开心，但不能彻底放肆。

土豪型。抱有团建活动就是花钱思维的企业，往往容易出现这样的情况。结果也基本相似，钱肯定是没少花，但是团建效果却几乎没有。员工忙着吃喝玩乐，领导忙着声色犬马，这样的"团建活动"，只会对企业形象造成负面影响。

土鳖型。这种团建活动，属于管理者本身不想搞，但是觉得别的企业都有团建会动,如果唯独我们没有的话,是不是显得就有些太说不过去了。于是按照正常标准的不到二分之一,交代个手下员工去组织一场团建活动。经费有限,自然能节省的地方全部都"偷工减料"。这样的结果就是,团建活动就像是豆腐渣工程,徒有其名,毫无意义。

• 10.5　结束后别忘了关注团建的效果和作用

活动结束了,但企业日常的工作依旧还在继续。团建活动归根结底是为企业发展提供帮助的。如何判断一次团建活动是否已对于企业发展和团队建设起到了非常有效的作用,就需要有针对性地在团建活动结束后对活动进行考核和记录。

10.5.1　重中之重,团建之后该做什么?

和一场成功的公司会议完成离不开会前准备、高效举行、会后监督一样,一次成功的公司团建活动,也绝不仅仅体现在活动前精心准备,活动中热火朝天;还有一条是必不可少的,就是活动结束后,一定要有相关人员进行此次活动的相关总结和记录。总结和记录,最宜以表格化的形式进行,需要表现如下内容。

① 此次团建活动的目的是什么?除了上文中我们提到的,团建活动总体的目的都是增强团队凝聚力,增进团队成员沟通,有效提升活动后的员工工作效率外,每一次团建活动还应该有对应的"专属目的"。比如说,此次团建活动是由于此季度某部门工作业绩出色,以示鼓励再接再厉的,和近段时间团队气氛有些低迷,需要通过团建活动拉动士气回血的,这两种目的不同,最终适合的团建方式也会截然不同。

② 此次团建活动的目的是否达到?在团建活动结束后的一周到一月时间内,都是应该重点关注此次团建活动效果的时间段。无论团建活动的既定目标是什么,都需要在结束后观察和记录目标的达成情况。这样才能够为之后的团建活动奠定基础。

③ 各位员工在团建活动中的表现。企业考核员工的方式有很多种，除了在公司里日常的工作业绩表现外，员工在集体活动中的表现，其实更能够反映出一个人的最真实性格。哪些员工是热心型，哪些员工是高冷型，哪些员工是积极主动型，哪些员工是消极被动型，统统可以通过团建活动看出端倪。因材施用，把合适的人放在合适的岗位上，这正是识别人才的好机会。

④ 综合考评此次团建形式的性价比。只要是活动，就一定有成本和回报，自然也就可以计算出相应的投入产出比。举例说明，团队成员一起出国旅游一周，和团队成员一起到饭店吃一顿，两者的成本自然是不可同日而语的。所以这两种团建活动的方式，其对应的活动目的和活动频率也就会明显不同。而且为了团建效果，团建项目往往都会尽可能做到与之前不重复、有新意。那么这样一来，每种新的团建活动真实效果是否如意，自然也要在活动结束后进行比较记录。

10.5.2　企业团建既要制度化，又不僵硬化

我们再对企业，尤其是初创企业的团建活动，做一下总结。上文中关于什么是"好的"团建活动和什么是"差的"团建活动，我们已经进行了相关的解读。这里我们想要进一步探讨的是，如何将"好的"团建活动发扬光大，使之形成良性循环，为企业的发展壮大贡献力量。

这里我建议初创企业针对企业的团建活动，经过一段时间的摸索和尝试后，通过整理和集合之前的成功团建经验和案例，应该将企业的团建活动进行规范化和制度化，将团建活动作为提升团队整体实力的重要工具。那么初创企业的团建活动制度应该如何设置呢？我这里有几点建议。

① 强调形式创新，而非价格创高。初创企业在收入水平相对较低的时期，往往还能够保持在团建活动中的合理支出。而随着盈利规模的提升，有些企业就开始在团建活动上变得"奢侈浪费"起来。此时的团建活动，逐渐就开始腐败变味，非但起不到增强团队凝聚力的效果和目的，反而会不断助长团队部分成员的攀比和私欲之心。

② 定时团建和临时团建相结合。目前中国多数企业的定时团建形式，都被他们写在了企业的招聘启事中，比如——一年一次或两次团队游类似的表述形式。这样的团建形式，上文中我们已经做了相关的介绍，存在一定的消极偷懒心

态。不是所有企业都适合用旅游作为团建形式的。而临时性团建和定时团建的最大区别，其实是在参与人数上。定时团建一般是由公司组织，全员参与；而临时团建则更适合部门自己组织，频率相应也会更高一些。

③ 与制度化对应的，往往就是僵硬化。比如上面我们提到的这个被写入企业招聘启事，当作员工福利的年度旅游计划。如果每年都是相同的形式，那么久而久之，势必就会形成流于形式、没有实质价值的"瞎玩"。对于员工而言，每年都近乎一模一样的团建形式，显然也对于提升工作效率没有太大的帮助，甚至还会觉得十分麻木。

④ 既然是全员参与，就应全员提议。如何能够充分调动起全员参与团建活动的积极性，真正达到团建活动的既定目标。就需要在活动策划筹备阶段，充分听取公司所有人的意见和建议，并且在可行的前提下，将这些意见统一起来，以各种方式融入到团建活动中来。让参与团建活动的每一个个体，都感受到集体对于其想法的尊重。

第 11 章

公司管理：
管理是技术，更是艺术

在过去几年的企业咨询经验中，我们发现相较于成熟型企业，初创型小微企业对于企业管理知识的渴求更为强烈。在多次的交流和分享活动中，小微企业创业者，曾提出过许许多多他们在日常企业管理当中，颇为棘手而复杂多样的管理疑惑。管理作为创业者每天都必须要面对的工作，既是一门技术，更是一门艺术。

● 11.1　开会畅所欲言，决定必须坚决执行

开会，是一家企业不可或缺的日常活动。企业开会的目的，一般无非以下几种：团队成员增进感情，增强凝聚力；工作问题提出、商议及解决；例行性会议。无论是日会、周会、月会、季会，还是年会，只有开会前准备得当，会议流程合理高效，会后执行有序有力，才能够称得上是一次"成功的会议"。

11.1.1　初创企业如何高效开会？

一次成功的会议，必须由以下关键会议因素组成：明确会议目的，有效参会人员，严控会议时长，上次会议问题追踪，本次会议问题解决，会议表格化记录，其他临时性情况。接下来，我逐一为大家做下详细解读。

明确会议目的。对于初创型企业而言，由于团队人数较少，创业初期业务繁忙，应将时间最大化高效利用。在这样的背景下，团队开会一定要做到有的放矢，不能为了开会而开会。对于企业的会议召开方式，应该做到定时定事。定时，就是固定开会间隔，是每日开会，还是每周开会，要提前通告团队所有成员，要团队成员提前对会议内容有所准备。定事，就是明确会议目的，开会要解决哪些问题，最好要在开会前就通过公司群提前发送给与会全体成员。会议是最快解决问题、公布方法的地方，不是或辩论争执，或开"茶话会"的地方。

有效参会人员。只要是开会就要求公司全体成员不管任何职能、任何岗位必须全员参与的规定，其实是非常低效的。比如涉及公司接下来战略发展的会议，最好由公司的管理团队深入讨论，等得出统一意见后再对全体成员公布。而不是当着公司所有员工的面，公司管理层吵得不可开交。公司的各部门之间，既要做到通力合作，同时也要避免"大锅饭"式管理。会议涉及哪一个部门、哪一个员工，就有针对性地安排对应人员参会，这样可以有效节约会议时长。

严控会议时长。很多公司的会议通知,往往只有开始时间,却没有结束时间。原因就是,主持会议者心里也没谱,不知道此次会议要开多久。如此一来,将浪费整个公司所有成员的时间,还将形成"上面开会,下面瞌睡"的负面效果。每次会议,开始前都应严格限制规定会议时长,并且由记录者监督时间,在既定时间内完成会议既定目标和内容。如果无法完成,应对会议主持者进行相应的惩罚。而关于会议的具体时长,我这里给大家一个参考意见,大家可以根据各公司实际情况灵活调节:日会 5~15 分钟,周会 ≤ 30 分钟,月会 ≤ 1 小时,季会 ≤ 2 小时,年会 ≤ 4 小时。另外,超过 1 小时以上的会议,一定要在中间安排至少 5~10 分钟的休息时间。否则的话,会议效率会随时间推移而越来越差。

上次会议问题追踪。绝大多数公司会议的目的都是解决公司遇到的问题,那么每一次会议召开时,一定会存在一个客观情况——上一次会议讨论的问题是否已经得到了解决。所以,在每次会议开始时,首先应该做的事情,就是回顾上次会议的会议记录。由会议记录人负责汇报上次会议决定是否有效执行,由会议主持人对执行结果进行评判,按照公司相关制度进行赏罚处理。

本次会议问题解决。解决完上次会议问题的追踪,就进入本次会议问题的讨论和解决。上文我们已经提到,会前首先要通知与会者会议内容,并且由与会者提前准备待解决问题的汇报内容,并且,须要求提出问题者一定要附带他个人主张的解决方案。每位与会人员的汇报时间及对应讨论时间都应该被严格控制,如果设定是 10 分钟。那么如果 10 分钟内无法得出满意结果,那么就应约定会后指定时间内给予答复。比如上午 10:00 的会议无法解决的问题,会议主持人可以承诺下午 14:00 前给出答复,并由会议记录者登记,按约定时间进行提醒。

会议记录表格化。一般而言,会议参会人员中至少须具备三种身份,但是三者可以根据客观情况有所重合:其一是与会人员,负责提出问题和解决方案,参与讨论和发表意见;其二是会议主持者,一般是公司的最高负责人,须有拍板定案公司决策的权力;其三就是会议记录者,一般由公司行政人事部门员工担任,须使用会议记录表格化工具,进行会议决定的记录,并担任会议过程各项要求监督和会后决议执行效果监督的工作,并且在下一次会议中进行汇报。

其他临时性情况。会议一般会预留一定时长的临时性情况讨论时间,可供与会人员自由发言,或两两之间进行讨论,但时间不宜过长。由会议主持者进行相关主持，如无则直接结束会议。

11.1.2 相比会议决定，更难的是执行

相比会议本身时长而言，会议结束后的工作时间永远都是更长的。决定无论有多难下，但是终归都可以在指定的时限内完成。但是，如何将会议决定最大程度上执行到位，并且形成良性的监督和考核机制，才是公司管理长治久安之计。想要确保会议决定的高效执行，必须从以下层面入手。

明确问题责任人。很多会议决定之所以后期执行不力，根源并不在于员工执行力问题，而是在于工作没有责任到人。作为管理者，不仅仅要做到决策果断，还要明确每一项决策适用的对象。明确责任人的意义在于，在下一次会议回顾上次会议决定时，可以迅速找到可以直接问责的对象，而不是大家互相推诿，想发火都找不到对谁发。

明确解决问题时限。在明确了问题责任人后，还要明确责任人解决对应问题的时限。时限的确定，要根据任务的难易程度合理安排，也需要责任人表示可以接受才能执行。如果是普通任务，解决时间较短，那么就在下一次的会议回顾中进行此项任务的考核。而任务较难，解决时间较长的话，则要监督者长期跟进，定期在会议中汇报任务的进度，由公司管理者进行二次跟进。对于责任人无法按时完成任务的情况，一定要查明原因；是进行一定惩罚后"戴罪立功"，还是更换问题责任人继续完成，由管理者视实际情况而定。

明确执行监督人。一般来说，上文中提到的"会议记录人"，就是这里提到的"执行监督人"。执行监督人的责任，就是密切关注每一个会议决定责任人的会后执行情况，并且负责提醒责任人关心进度，提醒管理者留意责任人执行情况。执行监督者，一般直接对接公司管理者，并且由公司管理者充分授权，行使监督的职权。

完成情况计入人事考核。如果一家企业会议记录和跟进考核工作做得较好，那么在每季、每年接近尾声时，自然而然就可以清晰拉出一份关于公司每位成员的工作业绩情况，包括该名员工参与了几个项目，是否按时按量完成，工作效率和态度如何，统统都可以从这份表格中找到答案。而这份考核结果，显然就是最好的评判职位升迁、薪资变更、奖金发放的依据。

● 11.2 初创公司，公司结构如何设定？

> 我曾经见过一些总人数不过十人左右的初创团队，团队每个成员的头衔都是"总监"和"经理"的情况。如果是互联网公司，则基本是各种"O"汇聚一堂：CEO、CAO、CFO、COO、CTO、CIO、CMO、CBO、CHO、CNO、CPO、CQO……业还没创出来，团队倒是先"官僚化"了。

11.2.1 因人而异，因地制宜

初创公司的结构设定法则，一般遵循的共用原则是：实用、高效、一专多能。所谓实用，就是最大限度地避免上文中我们提到的，团队成员不多，但是每一个职位都十分"虚高"的情况。初创团队最重要的是"干活儿"，而不是"管事儿"。

高效，则是初创团队相比成熟团队最具备优势的一点。在创业者自身精力允许的情况下，创业初期应尽可能保证可以在日常工作中与团队中的每一个成员近距离接触。一方面，这样的直属式管理，可以实现管理执行的最高效化。另一方面，初创团队中的每一位成员，在未来都在较大概率上将会成长为公司管理层的员工。在创业初期深入了解每一位成员的情况，对创业者而言十分必要。

一专多能，则是对于创业公司团队成员的基本能力要求。除了要拥有一门可以独当一面的过硬职业技能外，起码还需要拥有其他两到三种工作岗位的入门基础技能水平。这样一来，才可以在特殊情况下，做到游刃有余。对应的创业公司结构设置，则是要适度模糊化岗位职责，使团队成员流动性更佳。

由于创业团队所处的行业不同，所以公司结构往往也会有所不同。但是大体上，初创团队的三个必备"部门"包括：产品部门、市场部门、职能部门。产品部门，对于生产型企业就是生产人员，对于贸易企业就是采购部门，对于互联网企业就是设计和技术部门。市场部门，就是通俗所说的负责产品销售变现，直接为公司创造利润的部门。而职能部门，自然就是指维持公司日常运营不可或缺的

如行政、人事、财务等方面的部门。

对于初创型企业，比较通用的做法是：职能部门三合一，即招聘一位能力尚可，可以同时将公司行政、人事、财务工作暂时承担起来的员工。依照这三种职能岗位对于职业技能的要求，显然财务岗对于职业技能的要求最高。所以，创业团队在招聘职能部门负责人时，尽可能优先选择财务专业出身且注重职场成长性，愿意尝试承担行政和人事工作的员工。

团队总人数在十人左右的规模时，例如"产品总监"和"市场总监"这样的抬头，就没有必要再安排到其他人身上的，应该由创始人一并承担，并且作为日常工作的最重要方向。在团队逐渐扩张，达到数十人的规模时，可以设置产品部门负责人和市场部门负责人各一位，负责日常部门的工作管理，并且实时对接创始人。

11.2.2 最适合初创公司的公司结构

扁平化管理是企业为解决层级结构的组织形式在现代环境下面临的难题而实施的一种管理模式。当企业规模扩大时，原来的有效办法是增加管理层次，而现在的有效办法是增加管理幅度。当管理层次减少而管理幅度增加时，金字塔状的组织形式就被"压缩"成扁平状的组织形式。

管理的层级越多，往往就会造成管理成本的增长和管理效率的降低。尤其是对于团队人数总量往往不会超过100人的初创型公司而言，更是完全没有必要实行三级甚至更多层级的公司结构。

依照过去我们对于上千家初创型企业的调研和分析，最终得出的结论是，10人以下的创业团队，最佳的公司结构是两级制，即除了创始人作为团队里管理者一级外，其余团队成员全部位于同一级；而如果是10~100人的创业团队，那么比较合适的公司结构层级是三级制。

10~100人团队之所以适合三级制结构的原因在于，管理者直接对接的人员数量控制在10人以内时，可以确保对团队成员的每一个人都做到较为熟悉，可以最大化地提高工作效率。而公司创始人在创业阶段保证直接对接人不大于10人，同样可以保证创始人的时间足够充沛，不至于公司的所有大事小情都要直接对接到他这里来。

● 11.3 用人不疑，疑人不用，如何放权？

作为初次创业的创业者而言，由于之前缺乏管理经验和相关知识，往往会对如何管理其他人这件事，感到十分头疼。所以很多的初创团队管理层，就会陷入管理者每天累得团团转，而员工却每天无所事事。想要改变这种十分糟糕的公司运营状况，就必须学会如何用人，如何放权。

11.3.1 管理中的识人艺术

如何在最短的时间内判断一个人是否为团队所需要的，其能力和人品是否又可以胜任这个岗位呢？有以下几招可以较为迅速而准确地判断一个人的基本能力和品行，可供创业者们尝试使用。

看朋友圈。我们必须得说，自从有了微信这一社交工具后，多数人的性格特征是非常容易判别的。我们这里说的看朋友圈，除了看一个人过去一段时间发的朋友圈外，从其微信的头像、签名上，都可以看出他/她的性格特征。比如微信前段时间新上线的朋友圈"三天可见""半年可见"功能，其实也可以反映出一个人对于过去经历的态度。而如果对于微信朋友圈直接屏蔽公司同事和领导这样的设定，显然也反映出他/她对工作和公司的态度。

看兴趣爱好。古语云：人无癖不可与交，以其无深情也。意思就是说，没有任何兴趣爱好的人是不适合交朋友的，因为这个人没有至情至性。爱阅读的人一般学习能力较好，且热爱思考；爱旅行的人一般心态开阔，创造力更强；爱电影的人一般文艺气息更浓，感性思维更具优势。更重要的是，从一个人的兴趣爱好，基本上就可以观察出一个人的志向所在。你很难想象，一个每天沉溺于吃喝玩乐的人，会在工作上有太大的上进心；一个每天沉浸在成功学和毒鸡汤中的人，能够脚踏实地认真做事。

看工作效率。所谓工作效率，其实是工作能力和工作态度两项结合的产物。

工作效率高的人，往往都同时具备出色的工作能力和良好的工作态度。如何判断一个新员工的工作效率呢？其实也不难，管理者只需要交代给他/她一份工作任务，并且告知对方此项工作最晚完成时间和最低完成水平。然后，就可以等待他/她完成工作后进行观察了。是"按时按量"完成工作任务，还是"提前超额"完成工作任务，判别起来并不困难。

看应变能力。如果说交付的既定工作任务更多考量的是一个员工的工作态度和基础工作能力的话，那么临时性应变型的工作安排，很大程度上则可以探测出一个员工未来在岗位上的成长性。能够完成既定的工作任务，只能说明考核对象是一个不错的执行者。而能够在面临应激性事件时坦然面对，灵活处理，很大程度上就可以证明，这是一个值得被重点培养的未来公司管理层好苗子。

11.3.2 管理中的用人艺术

当创业者通过上述方法甄选出适合自己团队的员工之后，如何合理安排这些员工的岗位和日常工作，使之人尽其才，就成为管理者工作的重中之重。在管理圈中，流传一句话——没有无用的人，只有放错位置的人。既然一名员工可以通过之前公司的面试和考核进入公司，那么一定就有其闪光点。但是如果安排错了位置，那么之于公司和员工，都将是不小的损失。在初创团队中，最应该坚持的用人基本原则是什么呢？

自然就是用人不疑，疑人不用。由于创业团队创始人本身的管理经验不足，再加上团队的抗风险能力也较弱，所以管理者在安排员工工作时，往往既希望员工能够很好地完成工作，同时又十分担心对方如果做不好的话，对团队和公司造成巨大的损失。这样一来，瞻前顾后，犹犹豫豫，最终造成工作效率的下降。

正确的用人方式，是在无法判断员工是否能够胜任某一项工作时，采取要么分散工作任务给其他更信任的员工一起分担，要么先安排该名员工协同其他员工做辅助性工作。但是一旦管理者认为该名员工已经可以独自承担某一工作任务时，就应充分信任，让他/她放开手脚去做。而在这一过程中，再使用下文中建议的"充分放权+考核监督"方式，进行员工的日常工作管理。

11.3.3　合理放权，事半功倍

对于一家初创公司而言，公司结构的灵活机动，对于团队的成长性和业务的开拓性都至关重要。如果说成熟型企业的是一艘巨舰的话，那么初创型企业就是一艘快艇。初创型企业想要成功，势必不能和成熟型企业一样拼资源、拼体量、拼力量，而应该和对方，拼速度、拼灵活、拼机动。

而初创企业能否做到灵活机动，最关键的一点，就在于团队管理者能否做到充分放权和坚持放权。对于创业团队而言，每一位团队成员都需要能够做到以一敌二三的水平。这样的工作压力和强度，对于创业团队成员本身的素质和能力要求就极高。如果再在工作的过程中受到多方掣肘，进一步浪费时间，必将对整个公司造成损失。

同样，放权并不意味着管理者可以安心做一个甩手掌柜。放权的目的，并不是为了完全解放管理者，让管理者每天的工作变得舒适懒散。放权的目的，之于管理者而言是考验其识人能力和管理手段，而之于员工而言则是锻炼和提升更高层面的工作能力。在放权的过程中，切忌两个极端：其一是虚假放权，即当面一套背后一套，表面承诺员工可以放手去做，但实际却是在员工工作过程中不断插手，时时越俎代庖。其二则是过度放权，任何没有监督的权力，势必都将引发滥权，而滥权的结果必然就是腐败。腐败对于任何企业而言，无论成熟企业还是初创企业，杀伤力都将是极为惊人的。

权力要放，还要放得彻底，放得持久。但是与此同时，还要对于被放权人有规范化的监督机制。比如部门成员之间的交叉监督，就是很好的方式。通过定期的互相评分和建议，达到公司权力既被充分下放，同样又被有效监督。久而久之，形成良性的管理权力使用循环。

● 11.4　公司内是领导，公司外是朋友

团队的管理者与员工之间如何处理关系，是一件"仁者见仁，智者见智"的事情。各家公司由于客观情况不同，实际的操作方式也不同。但是有一点却是一定的，团队成员之间的沟通一定要做到

畅通无阻，而不能有话没地方说，只能靠私下里抱怨宣泄情绪。

11.4.1 公司内是领导，公司外是朋友

管理者相比普通员工最大的区别是什么呢？是管理者需要对公司的日常工作做决断，对公司员工的日常工作做安排，并且为工作决断和安排承担相应的责任。如此一来，在日常工作中，管理者势必就要有一定的权威性。

这种权威性最难控制的，其实是尺度。如果尺度大了，那么就容易造成权力垄断和滥用。员工面对管理者时战战兢兢、如履薄冰。除了点头称是以外，基本不敢发表自己的意见和见解，成为非常低产出的纯粹执行者。而尺度小了，变成了员工根本就不把管理者当领导，对于管理者下达的工作指令不够重视，也缺乏对于团队的敬畏之心，最终变成极为松散的"嘻嘻哈哈小分队"。

我这里举个例子说明，就拿同事间的称谓来说。在公司内部，最佳的就是姓氏 + 岗位。比如张姓的工程师，可以简称为"张工"，既保证了工作的严肃，同时也不会显得突兀。而诸如"老张"、"小张"，或者其他干脆是外号之类的称呼，都并不太适合。

可能有人会说，你看阿里巴巴的每一位员工进入公司后都会有一个花名，比如马云的花名就叫"风清扬"，不是公司也做得非常成功吗？这里我们要解释一下，阿里的成功因素很多，包括时代背景、管理团队、营销推广等各个方面，而不是由于团队每个人都起了一个花名，然后就成功的。事实上，在阿里的内部，称呼马云的方式依旧是以"马总"为主流，并没有几个人见到马云后会喊一声"风清扬"。

而出了公司以后，管理者则要主动放下架子，放平心态，融入团队，和团队成员之间搞好关系。由于多数团队的管理者往往比员工年纪稍长，所以存在一定知识结构上的代沟和差异也十分平常。管理者在发现自己对于年轻人的一些东西不够熟悉了解时，千万不要碍于情面不懂装懂，要实话实说，并且表示自己会努力学习。在公司外，很好的一种交流方式就是让团队的年轻人教自己一些新鲜事儿，这样既拉近了两者之间的感情，又相当于给予了员工一种心理激励——你看，你也可以在某一领域教领导一些知识。同时，也可以提升管

者在团队心目中的形象。

11.4.2 领导与员工间的良性沟通方式

在讨论"良性"的领导与员工关系之前,我们不妨现在想一想,"糟糕"的领导与员工关系,会是什么样的?基本逃不脱一点,就是出了公司大门,可能擦肩而过,员工都想或扭过脸去,或低下头来,尽可能假装与领导不认识的样子。领导做到这种"遭人嫌"的地步,显然是十分失败的。而为了避免这种情况的发生,对于管理经验不丰富的创业者而言,有什么好的解决办法吗?

第一,管理者要多与团队成员一起吃工作餐。而早餐时间较短,晚餐一般都会和各自的家人和朋友共度,所以这里所说的工作餐,主要就是说的午餐。对于多数公司而言,中午的休息时间一般都在一到两小时之间,而用餐的时间,大致在半小时左右。而依照习惯,多数同事都会三五成群一起选择一家店吃饭。管理者和员工一起吃午饭,一来可以拉近彼此之间的关系,消除隔阂感和距离感;二来可以有效加深对成员间的了解,知道他们工作之外的生活情况;三来还可以听到更多,在公司里很难听到的消息。

第二,管理者要做一个团队支出计划。注意,这里所说的团队支出计划,不是说从公司账上拿出钱来做,那就叫团建活动了,在之前的章节我们已经介绍过。这里我们说的支出计划,是说管理者从自己的口袋里掏钱,制订一个计划,每个月定期为团队花点钱。这个钱不用多,可以根据管理者的收入水平来指定,比如一个月定500元。用这个钱,隔三岔五给团队同事买点零食,买点水果,买几瓶可乐,或者叫几家小食外卖,开销不大,但是对于增进团队感情效果明显。

● 11.5 既要权力执行高效,又要权力被监督

在企业管理过程中,管理者如何深入了解员工,而且是各式各样不同性格的员工,已经是非常有难度的事情。而比了解员工更具难度的,就是管理者如何做到对自己的深入了解。只有管理者深入了解自己后,才会明白一件事——没有任何人是永远不会犯错的,

缺乏有效监督的管理，很容易发生危机。

11.5.1 如何保证权力被高效执行？

我想，对于绝大多数是初创企业而言，如何保证团队的执行力，都是一件非常令人头痛的事情。因为团队的执行力这件事，是一件非常综合的事情，影响因素包括但不仅限于：招聘、培训、会议、管理等公司的各个方面。

但是本章主题是公司管理，所以这里我们先将提升执行力的方向，锁定在日常管理这一项。如何在较短的时间内，提升公司员工的执行力呢？我这里有三点建议。

第一，利用鲶鱼效应。企业无论是采取半年制考核制度还是全年制考核制度，一方面要以考核结果为标准对优秀员工进行岗位提拔和薪酬提升。与此同时，对于考核的最后一名，须打回试用期，最后给予其一定时长（比如一个月）的"留企查看"期。如果依旧没有明显的工作执行力提升的话，就要果断给予开除或劝退处理。

只有让公司的全体员工看到，公司对于执行力不佳的员工是会动真格的，才有可能有危机感，从而更加具备工作动力。对于成熟企业是如此，对于初创企业更是如此。很多初创企业由于招聘一个员工进公司非常不容易，所以在开除员工这件事情上，非常纠结和犹豫。于是乎，就造成了公司员工只进不出的情况，最终对公司的执行力造成了较大的负面影响。

第二，完善奖惩机制。无论管理者本身的管理素养有多么出众，但是"人治"始终都不是让一家企业长治久安的良方。最好的方法，是针对公司的实际情况，总结和制定出一套关于员工执行效率的奖惩机制。

将制度公开化，让所有员工都可以清楚明了，自己的工作做到何种程度可以获得怎样的相应激励；而如果自己没有把工作做好，或者消极对待工作，将会面临怎样的惩罚。让员工做到心里有数，更是让人事部门的相关考评工作做到有的放矢。

第三，交叉监督到人。虽然这世上不排除有部分自律性和自发性非常出色的员工，工作不需要监督就能高效完成，而且结果非常令人满意。但是，这也一定是非常小众的事情。能够做到这一点的员工，我个人建议，一旦发现，一定不要轻易放跑，应该及时挖掘和培养，将其拉入公司的管理层。

而对于绝大多数的普通员工而言，有效的监督机制，才是最佳的鞭策工具。从另一方面说，不对员工的日常工作执行力和执行效果进行监督和考核，其实也是对员工本身职场发展的一种不重视。没有监督的工作，自然也就很难发现问题，并且提出改进意见。比较好的方法是，由部门之间、员工之间，彼此进行交叉监督、互相提醒，在指定时间内完成各自部门日常和临时性工作。并且互相为对方的工作方式提供意见和建议，共同进步。

11.5.2 如何确保权力被有效监督？

"当局者迷，旁观者清"这句话被传了很多年，但却很少有人真正能够将它放在心上。对于普通人而言，一时迷了方向，受影响的只会是自己。而如果是团队的管理者迷了方向，那结果就将很惨重，将导致整个团队都被带错了方向。那么如何避免由于管理者的个人因素，导致决策出现重大失误的情况，就需要确保管理者的权力可以被有效监督。

在之前的公司注册流程中，无论公司规模多大多小，除了董事长＋总经理一般由创业者本人来担任外，一定要至少有一人担任监事岗位。而且，不同于董事＋总经理可以由同一人担任，监事却是不能和董事长／总经理由同一人担任的。因为监事的责任，正是监督董事长（董事会）和总经理（管理层）日常对公司的管理是否正确合理。

但是在现实情况下，很多初创企业都不十分重视监事这一岗位。甚至在之前的创业咨询工作中，我还经常见到，由于注册公司缺少一人担任监事岗位，所以干脆随便找个朋友过来充数的初创企业。如此一来，公司在法律上可以对公司实际管理者进行有效监督的人，也被创业者自己刷掉了。

如果我们反观历史，往往就会发现，哪怕是最"雄才大略"的君主，也难免犯过不少重大错误，很多甚至对于历史进程都造成了影响。而归根结底，会出现这种情况的根源，正是由于封建王朝高度集权的制度设定。而我们也经常在很多影视剧中看到，当皇帝想要一意孤行时，一群内阁大臣联名上书抵制的情形。一旦发生这种情形，哪怕是皇帝，也要有所收敛，反思自己的行为是否得当。

那么在现代化的公司管理制度中，公司的管理层中，同样应该有这样的类似设定，用于监督公司最高管理者的管理行为。比如，在公司的管理团队中，设立这样的制度：如果出现公司总经理外的其他所有管理层一致否认总经理的某项决定，总经理则需要重新考量决定内容，须说服一定最少某一比例的管理团队成员后（比如三分之一），才可以推行此决定。

另外，人事制度中，除了对员工的相关考核外，同样也应设置对公司最高管理者的考核。当然，这种考核目的自然不是为了"开除老板"，而是为了给创业者增加一面观察自己的镜子。可以由管理团队各个成员参与打分，也可以公司全员参与打分，但一定要做到匿名。重要的是提出对管理者的意见和建议，而不是针对任何一名员工。

只有把权力放在阳光下，让权力真正为团队服务，才能保证团队的长期稳定发展。

第 12 章

营销兵法：
每家公司的营销都不一样

销售，是企业将产品和服务变现，从而支持企业得以生存和发展的根本所在。而营销，其实比单纯的销售还要更高一层，我们可以从字面上将之理解成为经营和销售，即经营企业 + 营销产品。笔者当年所学专业的名称，就叫作市场营销，这是一门决定一家企业成败的学科。在工作实践多年后理解日渐深入，我更是为营销这件包罗万象的事情所吸引。

●12.1 电话营销：最具性价比的营销方式

其实自打有了电话这一联络工具后，许多商业活动便一直都有通过电话联络信息、沟通客户的营销行为。这是广义的电话营销但是我们今天这里讨论的电话营销，是指那些直接把电话作为重要甚至唯一的销售工具使用的公司。这样定义的"电话营销"，是伴随着中国全面进入互联网时代才开始的。

12.1.1 决定企业电话营销成败的关键因素

虽然各类的电话营销总结都归纳出了方方面面的决定电话营销销售成败的因素，但是最最核心的一点，始终都没有离开"话术"这一关键点。

我曾经对北京一家著名的电子商务企业做过深入调研分析，这家企业比阿里巴巴上线还早，堪称是中国电子商务行业的先驱者。不过相比阿里巴巴是通过淘宝网C2C模式打响了市场知名度，后来反哺给B2B的阿里巴巴不同。这家企业长期以来就是仅仅依靠B2B模式生存。所以，这家企业的电话营销，堪称是中国当代电话营销模式的"黄埔军校"。每天清晨，在这家企业封闭的园区内，无数来自全国各地，怀揣着一份北漂梦的年轻人，手里都拿着一本册子，大声朗读背诵。当成百上千人同时如此行动时，场面一度十分壮观。

这些年轻人手里捧着的册子，正是该公司的电话营销话术。对于这家企业的新员工而言，你无须太高的学历、太多的社会阅历和工作能力，只要你肯下功夫，先把这本册子上的所有话术背到滚瓜烂熟，那么起码90%以上的常见客户问答，你就都能有效应对了。如果你再能吃些苦，保证每天的电话拨打时长，成功率基本都不会低。

多数对于电话销售模式依赖较强的公司，日常的工作中有两件事是必不可少的，其一是团队激励，无论是喊口号，还是玩游戏，目的都是必须把电话销售员工的工作积极性给调动起来。其二是话术培训，不少的电话销售公司每天早上和中午是激励会，晚上下班前就是话术培训会。由部门经理或当日业绩出色的销售人员进行经验分享，大家共同学习。

学习的方式，就是调出该名员工成功开单的电话录音，让团队所有成员一起听并学习。与此同时，有正就要有反，在学习先进者的同时，还要再找几个业绩落后员工的电话录音，让团队成员一起来听，并且找问题、提建议。通过这样正面案例和反面案例的对比，针对的其实真是关于话术层面问题的解决。同时，全体成员一起来听电话录音，对于业绩出色者是激励，对于业绩落后者是鞭策，属于另一种层面的赏罚分明。

12.1.2　电话营销负面形象如何改变？

目前市面上关于营销的书籍很多，作为重要的营销方法，关于电话营销的方法也不少。但是这些书籍所提供的方法，多数都陷入在一种思维误区当中——就是只站在企业这边，想方设法试图从销售对象口袋里掏出钱来，甚至不择手段。在唯利是图的营销思路主导下，电话营销逐渐成为了"电话骚扰"。

相比电话营销初始阶段一般都是由公对公的固话联系固话，目前针对直接联系到目标消费者手机的营销电话已经成为主流。而在移动互联网时代，有非常多的手机安全软件都可以帮助用户做到一件事——骚扰推销电话的识别和拦截。也就是说，如果继续之前的狂轰滥炸式电话营销，未来你可能连消费者的电话都拨不通。

相信大家对于个人隐私泄露这件事，和我一样深有体会，甚至深恶痛绝。不管你在哪个地方留下了联系方式，往往都不需要几天时间，相应行业的骚扰推销电话就已经打了进来。而如果你正巧自己也是一位创业者，进行过工商信息的登记注册，那么在原本针对普通消费者骚扰推销电话之后，又增加了针对你企业主身份的骚扰推销电话，而且体量要比之前翻倍都不止。

而留意相关监管部门对于个人隐私泄露的态度，你会发现监管部门的态度越来越严格，不断加码对于此类事件的处罚。未来通过暗箱操作批量购买消费者电话名单这件事，也将被严格惩罚。作为企业，尤其是初创企业，我们的建议是，如果你的营销渠道非常匮乏，有且只有电话营销这一种，那么你最好慎重创业，因为这是一条注定会越走越窄的没落之路。

凡事都有利有弊，通过电话的确可以第一时间联系到用户，但同样对于用户时间的侵犯和浪费也最为明显。站在商业道德的层面，如果你坚持"不作恶""一切为消费者着想"，那么你应该考虑的是，如何能够避免这种强干扰，甚至就是强骚扰的事情，更贴近于你的目标客户和消费者。

我们这里举一个非常具有互联网思维的创业案例，关于堪称中国移动互联网时代最成功的创业企业——小米科技。小米科技如今的业务范围很广，几乎涉及了互联网行业的方方面面。但是在其创业之初，还只有小米手机这一单品时，是如何寻找和收获第一批种子用户呢？是依靠四处打电话推销吗？显然不是，由于当时的安卓手机系统普遍易用性很差，所以小米的创业团队上线了一个深度定制的安卓手机系统MIUI论坛。在这个论坛里，每一个科技发烧友都可以参与到对MIUI系统功能和设计的意见和建议中来，用户的活跃性极高。也正是因为这一批用户，才帮助小米的第一部手机"米1"成功上线和热卖，后来也才有了今天的小米科技。

所以在过去的创业咨询中，我一定会问的问题是——你的盈利模式在哪里？你通过怎样的营销方式获得新用户？只要是以电话营销为主要甚至唯一获客方式的创业者，我都会提醒他们，一定要尽快转型，从对电话营销的高度依赖中跳出来。这就像是一个舒适区，当你习惯了这种看上去很"高效"的销售方式，其实是在不断伤害你的品牌形象和用户体验。将电话营销的定位回归到与消费者的良性沟通、征询消费者的意见上，而非总是试图以这种方式直接从消费者口袋里掏钱，才是营销的大格局和大思路。

● 12.2 故事营销：成功品牌背后为人熟知的故事

对于多数的80后和90后而言，大多都会对小时候的一部名为《海尔兄弟》的动画片印象深刻，而且他们当中的很多人在长大以后，需要购置家电时首先想到的就是海尔。相比当下中国动漫的蓬勃发展，当年的中国动漫领域还是十分落后的。但是为什么海尔公司在当时就有这样的远见，而且效果如此成功呢？这正是故事营销的魅力所在。

12.2.1　消费者为什么如此热衷于品牌故事？

我们先来举一个故事营销做得非常好的品牌案例，一起思考一下故事营销如果做得足够好，能够为企业带来哪些帮助。

阿里巴巴目前是中国乃至世界范围内最成功的电商企业，那么提到阿里巴巴这个名字，大家首先会想到什么？当然就是《一千零一夜》当中的阿里巴巴与四十大盗的故事——出身穷苦、一贫如洗的樵夫阿里巴巴在去砍柴的路上，无意中发现了强盗集团的藏宝地。他轻而易举地得到了大批财富，但他并不完全据为己有。可是好心没好报，强盗们为除后患，密谋要杀害阿里巴巴。阿里巴巴得到了聪明、机智、嫉恶如仇的女仆马尔吉娜的帮助，才化险为夷，战胜了强盗，并让自己的侄子娶了先后帮助过他三次的女仆马尔吉娜。

在上面这个故事中，阿里巴巴的形象第一是聪明、善良、勇敢，第二则是通过一句"芝麻开门"的咒语，打开了宝藏之门，获得了大量的财富。而阿里巴巴作为电商行业的先驱者，定位就是让"天下没有难做的生意"，帮助中小创业者获得财富。显而易见，阿里巴巴与四十大盗的故事，给马云创办的阿里巴巴在品牌形象传播上带来了非常明显的正面影响。

在商业文明极大发展的今天，任何一个行业和领域，都不可能只有一家企业或一个品牌独占。当多家生产同类产品的企业竞争时，如何让消费者以最简单、最快速的方式记住自己的品牌并且对自己的品牌产生正向的印象，十分重要。

从某种层面上说，故事营销其实和吉祥物营销有异曲同工之妙。比如腾讯公司的吉祥物是一只憨态可掬的企鹅，京东公司的吉祥物是一只忠厚老实的电子狗，搜狐公司的吉祥物是一只聪明机敏的小狐狸。当人们看到这些动物时，就可以很好地与企业品牌形象联系在一起，对企业产生一种消费心理上的移情效应，即把对企业吉祥物的喜爱，移情成为对企业的喜爱。

故事营销也是如此。对于没有生命的产品而言，如何能够让其拟人化，就是要赋予产品和企业故事性。人们对于故事的喜欢，是从小孩子时期，就一以贯之的。相比企业花费大量广告费，出巨资请明星代言做广告，通过为企业打造一则美好的故事，显然无论从性价比，还是从可持续性上，都更为划算。

更为重要的是，消费者显然也更愿意主动去传播一些有趣的品牌故事，而不是企业又花多少钱砸了新广告，花了多少钱请了新代言人。

12.2.2 品牌故事一定要做到"量身定制"

一个成功的故事营销，企业首先要做到的就是，故事必须要"量身定做"。你不能看到其他某个品牌的故事营销做得特别的好，然后你就直接原样复制，只是把其中主角的名字换成了自己。那这样的结果，几乎必然会成为行业的笑柄，因为这是邯郸学步，徒有其表，没有其实。

我们不妨再来看一个故事营销定位非常精准的案例。

锤子科技的罗永浩，曾经在一次锤子手机的发布会上，公布了一张网络上流传颇广的关于罗永浩的卡通图片。图片中是一个头戴红头巾，手持大锤子，背向人们的彪悍而有趣的画面。而这一画面的由来，正是由于罗永浩之前曾因为西门子冰箱的质量问题，在西门子公司门前手持大锤砸坏西门子冰箱而闻名网络。

人们记得这个曾经为了产品质量而较真、死磕的罗永浩，从而也理所当然将锤子手机当成了工匠精神的一种符号。此时我们来看，从罗永浩再创业所选择的公司名，到公司的LOGO，到企业价值观，再到产品设计，几乎每一个环节，无一例外都在强调，我们是一家重视工匠精神的企业，这是我们基因里就存在的东西。

通过这一案例，我们发现一个初创企业找到自己企业故事营销的方法，就是创业者从自己过往创业的过程中，选择一个最有趣，或是对自己创业思路影响最为深远的一个故事，经过合理的改编，就是非常好的一个故事营销模板。

另外，任何一个故事，讲完后都是在向听故事的消费者传递一个观点或启示。比如有的故事是在教人善良，有的故事是在告诫人不要贪婪，有的故事是在提醒一定要多读书等。那么初创企业在构建自己的故事营销案例时，也要深入思考你所选择的这个故事，究竟是在向消费者传递怎样的一个观点。比如一家从事教育培训的企业，塑造一个勤奋苦读成功逆袭的故事，就非常契合企业的行业需求。而塑造一个像阿里巴巴那样芝麻开门获得财富的故事，这显然就有些牵强，很难让消费者迅速完成从故事到品牌的转化。

如果创业者对于故事的寓意性不好拿捏，那么我们建议采取一个商业上通用的基本方向，强调产品质量和强调商业诚信，因为在商业行为中，这样的价值观是无论如何都不会过时的。最具品牌美誉度的中华老字号北京同仁堂药房，有一句广为流传的店训——炮制虽繁必不敢省人工，品味虽贵必不敢减物力。正是强调企业经营必须要重视品质，强调诚信。

12.3　体验式营销：消费者感觉好才是真正的好

> 没有消费者是不喜欢亲自尝试一下产品的。为什么在电子商务发展到当下这个极为繁荣的阶段后，许多的电商巨头都在谋求向线下发力，建设更多的实体门店呢？这就是体验式营销的精髓所在，只有和消费者做到面对面的无隔阂式沟通，企业才真正能够明白消费者心里究竟渴望怎样的产品和服务。

12.3.1　如何让消费者有沉浸感？

当我们提到家具品牌时，有一家企业是无论如何都无法避开的，它就是宜家。这家创办于 1943 年，入驻了全球几十个国家，员工多达十几万名的瑞典家居巨头，用一家家宜家体验店，让消费者感受到了什么才是真正的体验式营销。

非常有意思的是，作为全球最成功的家居品牌，我们其实很少在各类媒体上看到宜家的广告。但是宜家所到之处，基本上是开一家火一家。不管你什么时候到宜家去逛，总能看到非常多消费者在宜家或是购物，或是休息，甚至只是来吃顿宜家餐厅的饭或者是买一支宜家的一元冰淇淋。我们不妨来看一看，宜家的体验式营销究竟好在什么地方。

1. 当我们走在宜家的卖场当中时，除了传统式的各类家具按照对应分类集体进行摆放和展示，往往走一段，就可以看到宜家的一个综合展示厅。比如宜家会提供一室一厅、两室一厅、三室一厅等各个户型的整体家装搭配方案。当你走进这样的展厅时，你就像是进入了自己已经装修好的家里，可以完全沉浸在其中，充分感受各种家具的使用感受。

2. 作为一个家具卖场，很多人都不能理解，为什么宜家要在其中开设一家餐厅，而且相比市面上的西餐厅而言，基本还很平价呢？同样是为了给消费者更高的体验感,由于选购家具这种事情,往往会耗费较多的时间。很可能上午到宜家,到了下午才会离开,那么这个午餐,如果不能在宜家解决,就要离开宜家用餐完后再回来,这样的体验就会打折扣。另外,宜家餐厅的食物定位,本身也和宜家平价优质的定位相呼应。关于这点,其实从很多人来宜家不为买家具,只为吃上一顿宜家餐厅里的饭,喝上几杯可以免费续杯的咖啡,就可以看出端倪。

3. 由于宜家卖场都是统一由宜家进行选址和建设,所以整栋建筑都是完全按照宜家卖场的设计来进行的。如果你开车前往宜家,就会感受到宜家停车场的人性化设计。从停车场到卖场,然后从头逛到尾,最终把选购好的家具装车带走,整个流程非常流畅且令人感到愉悦。

12.3.2 创业公司如何做好体验式营销?

上文我们之所以花费较大篇幅介绍了宜家的体验式营销,其实就是在提醒所有创业公司和创业者,要从创业之初,就有为消费者提供体验式营销的想法和意识。

最最需要体验感的创业项目,无疑就是线下的零售门店式公司。我们就以餐厅为例,为什么肯德基能够成为成功的西式快餐连锁品牌呢?在肯德基门店中,一般都会设置儿童游乐区。这一区域占地面积不大,但却很受带小孩的父母喜欢。对于不爱吃东西的小朋友,父母可以让孩子在游玩的同时,完成吃东西这件事,显然很受欢迎。

所谓体验式营销,并不是说一定需要企业为消费者花费大量资金准备什么设备,而是需要企业对于消费者有细节服务的意识。举个小例子,同样是去吃火锅,为什么去海底捞你总会感到十分惊喜呢?当然海底捞的服务的确做到了超出你的预期;而另一方面,还在于海底捞的体验式营销。

当你在海底捞用餐时,餐厅会定时安排有趣的演出和节目,比如是川剧变脸,比如是糖人糖画,统统都属于体验式营销的范畴。火锅不同于西餐厅,它是江湖气息很浓郁的一种饮食文化方式。那么如何在消费者用餐的同时,还能感受到和火锅相匹配的江湖文化,这就是最适合切入体验式营销的点。

作为创业者,比如你的项目就是一家小餐馆。那么在用餐高峰时期,消费者需要等餐的时间比平时更长,你有想过消费者此时可以干些什么吗?糟糕的用户体验，就是不断跟消费者道歉，请消费者谅解，我们会赶紧上菜的。而好的用户体验则是，是否可以给消费者餐桌边摆放几本书？是否可以为消费者提供一些小食和茶饮？是否可以在餐厅的合适位置增加电视播放热门节目？是否可以为消费者提供免费 WIFI 和充电接口？

这些细节看似都很小，但是如果你能够一一注意到，那么消费者对于你门店的体验感受，势必就要比其他同类门店好很多。而细节决定成败，口碑更能影响发展，当多数消费者在你这儿消费完成后，还能够心心念念推荐给更多朋友，那么你的体验式营销就算是初步成功了。

12.4 让消费者成为你的"推销员"

对于消费者，尤其是女性消费者而言，当他们选购到一款他们真正喜欢的商品时，是非常愿意，而且是主动向身边的其他人进行推荐和介绍的。那么如何做好让消费者真正爱上企业和品牌，心甘情愿在生活中成为自己的产品的义务"推销员"？正确的答案是——和顾客交朋友。

12.4.1 维护好老客户为什么至关重要？

我和一些创业者进行沟通的时候，经常会发现他们有这样一个思路——就是对于企业营销而言，什么最重要？多数人的答案都是，不断开拓新客户最重要。但是对于如何维护好老客户，基本没有人太过关注。当然，这其中也有一些公司存在本身的业务非常单一，一般一个客户就只能成交一次的情况。但是排除这种情况后，我们来看看上述思维的弊端所在。

如果初创企业能够熬过最艰难的创业初期，成功活了下来。那么接下来的发展趋势一定会是，客户体量积累会越来越多，因为企业每天都在开拓新客户。对于不少的传统行业公司而言，依靠老客户推荐而来的订单，可能就足以养活企业日常的运营了，这就是积累所带来的力量。

但是很多企业对于老客户推荐来的新客户，第一是没有足够的感恩之心，顶多就是客套几句说声谢谢；第二是缺乏对被介绍来的客户的敬畏之心，因为相比自己辛苦开发来的新客户，被推荐来的客户显然要轻松得多。而依照正常人的思维方式，就是越难得到的东西，往往才会越重视。

但是我们反过头来看，对老客户进行业务的二次开发和新客推荐，成功难度既然比开发一个全新的客户低这么多，为什么企业就偏偏不重视呢？反而更倾向于做"攻坚战"，把时间和精力都用来发掘新客户。

所以我们的建议是，在企业的市场部门中，一定要设置相应的岗位甚至部门，专门用以老客户的关系维护。一方面是出于对老客户的尊重，不能收了钱就万事大吉、一了百了；另一方面也是不断在老客户的二次开发上多动脑筋，丰富服务内容，增加销售收入。

12.4.2　口碑是一家创业公司的命门

对于一家成熟的大公司而言，如果因为一次失败的营销活动，最终导致舆论汹汹，民声鼎沸。那么起码还有公关部门跳出来，为企业做好危机公关的工作。但是作为初创企业，基本不会有专门负责公关的岗位。再加之初创企业本身的市场空间就极其有限，一旦口碑被破坏，基本上就只有改头换面从头再来了。

就像我们无论是在电商平台网购，还是在外卖平台上点餐，基本上最重要的参考依据就是销量和评分。互联网行业所谓的评分，其实正是企业和产品的口碑。好的口碑，是通过日常服务好每一位客户换来的。而且经常是做好九十九次并不会得到太多格外的褒奖，而一旦错上一次，就会连其余的九十九次也深受影响。

在中国的创业圈中，有很多一次创业失败后就再也无法东山再起的人，根源就是在于其在上一次的创业失败后，自己的诚信和在圈内的口碑已经被破坏，身边已经没人再敢与他站在一起，共同承担责任，换取利润。

在互联网时代全面来临之前，多数企业的美誉度传播，主要就是靠消费者的口口相传。一传十时很慢，但是十传百、百传千、千传万时，其实是越来越快的。口碑营销在传播机制上，和病毒营销其实有很强的相似性。

而初创企业日渐走向成熟企业的过程，就是不断累积市场知名度，即累积口碑的过程。相比其他任何一种广告营销方式，亲人、朋友、同学、同事之间的彼此推荐，是最容易产生信任的。企业维护好自己的口碑，那么每天都会有大量的消费者，成为你的"自来水"粉丝。他们对于品牌的热爱程度，可能一点都不比创业者本人弱。

● 12.5 活动营销：通过会议和沙龙完成推广宣传

活动营销的本质，一定是要把活动效果放在第一位，而不能把营销结果放在第一位。活动营销是最适合定时分期进行的营销方式，那么每一次的活动结果，都将会对下一次的活动影响明显。如果不尊重活动本身的客观规律，涸泽而渔，忽略活动效果而生硬加入大量硬广告，这样的活动营销自然是十分失败的。

12.5.1 寻找最适合自己的活动营销方式

相比传统的营销方式，活动营销方式更为灵活多变，娱乐性、互动性、体验性都更佳，显然更受消费者，尤其是年轻一代消费者的喜爱。关于这点，我们不妨回忆一下当年我们上学的时候，哪种类型的老师最受学生欢迎呢？往往并不是那些特别严肃认真的老师，而是那些能够充分调动课堂活跃性，做到寓教于乐的老师。

那么接下来，我们来说一下常见的几种活动营销方式。

会议营销。日常生活中，最常见的会议营销模式，就要数团购会类型，尤其是家装团购会。由于家装行业涉及的细分品类较多，那么不同品类的几十家经销商汇聚到一起，各自邀约一定数量的消费者，然后在同一时间汇聚到同一场地，这样整体到场的消费者数量就会很多，各个参会商家可以最大限度地分享消费者需求。会议营销的关键点一在于主持人的控场能力，二在于活动形式的创新能力；两点共同决定一场活动的最终效果。

沙龙营销。当越来越多人开始对会议活动的直接营销感到倦怠时，相对不那么直接的沙龙营销逐渐成为活动营销的新宠，用比较时髦的互联网思维，名字是社群营销。在线上大家同处一个社群，然后通过一场沙龙活动，一般是分享一下自己读过的书、看过的电影、走过的地方、有过的爱好等方面。参与者一边吃着喝着，一边笑着聊着，软广告就同时被植入在其中了。

旅游营销。组织一定数量的消费者一起外出爬爬山、徒徒步、打打球、骑骑车，都属于旅游营销的形式。旅游营销方式的兴起，其实和目前城市居民日常工作较为繁忙，普遍渴望在休息日更加放松有关。在任何静态的环境下，消费者的心态都并未完全被放开，自然信任感也会打折扣。但是在一起享受大自然的过程中，消费者更容易打开心扉，放低隔阂，从而完成推广与营销。

游戏营销。游戏营销最典型的代表，就是抽奖这种方式。如今不管你走进那个商场，基本上都能听到某个角落热闹的喧嚣声，当你循声找到地方的时候，发现可能是一场相亲会，也可能是一场歌唱、舞蹈比赛，或者是个抢答竞赛。不管是以上哪种具体类型，其实统统都属于游戏营销。游戏营销由于其可玩性与观赏性，营销不仅可以针对参与游戏的少数人进行，台下观看游戏的多数人同样都是潜在客户。

12.5.2 活动营销的准则是细水长流

我们不妨先来看看，失败的活动营销案例，是怎么样的。

目前社会上有一个行当，是专门针对中老年人的，就是保健品行业。这一行业其实是非常热衷于会议营销的，前期只要派出几个传单派送人员到中老年人聚集的小区和广场通知活动地点和时间，并且告知来了就送小礼品，那么多半就能够揽一批中老年人到场听"健康讲座"。而这些所谓讲座，基本从头到尾都是在赤裸裸地形容在座的老年人身体如何如何有危险，购买服用我们的产品可以治疗各类疑难杂症。由于抓住了中老年人的消费心理，这样的活动往往卖出的保健品数量不少。但是由于卖出产品的关键在于夸大产品功效，欺骗在场的消费者，所以基本每一次活动，都是一锤子买卖。

为什么保健品的会议营销，总是容易做成类似传销洗脑的风格呢？这就在于这种会议营销的目的过于赤裸且急切——销售者明知自己的产品不仅仅是暴利，而且几乎没有太多实际的功效。所以自己对于产品的定位就是打一枪换一个地方，骗完这一波再换个地方骗下一波。

其实企业永远都应该对消费者的信任心存敬畏，因为一旦企业多次欺骗消费者，那么触发媒体关注，最终变成众矢之的将会是必然。而且，只有将活动逐渐设定为定时的方式，经常性和消费者进行面对面交流，通过时间让消费者真真正正的喜欢上你的品牌和产品，才有可能保证企业的长期稳定发展。

初创企业在活动营销的过程中，可以采取循序渐进的方式，比如第一次组织活动，只需要用心把活动做好，并且在过程中简单介绍一下你们的产品就好。留给消费者一个美好的印象，然后再在随后的历次活动中，不断加码各种品牌露脸的机会。

给消费者一个逐渐认识品牌的机会，其实同时也是在给企业一个发现自身问题，并且不断改进的时间。

12.6 事件营销：社会热点是免费的流量红利

如果你关注微博的话，会发现每天的热搜榜单排名前几的事件之所以热度极高，除了事件本身被较多用户关注外，更大程度上，还是被一众大企业大品牌的营销部门看重，并且成功蹭上热点，借势营销。谈到微博营销，一定就离不开营销文案，而提到营销文案，就一定绕不开此中翘楚——杜蕾斯的官方微博。作为营销人，这是一定要关注的一家企业。

12.6.1 培养敏锐的热点感知能力

每次网络上有重大的社会性新闻爆发后，无论你打开哪一家的互联网新闻客户端，基本上关于该新闻的相关报道解读就会呈现全面爆发的态势。为什么新闻媒体一定要蹭热点呢？原因也很简单，答案就在名字里。新闻，就是最新的事情和资讯。如果是关注过去的事情和资讯，那则是属于历史版块应该干的事情。

所以对于媒体从业者而言，往往在学习这门学科的最初，就会被前辈叮嘱一句话——一定要保持对热点事件的高度敏感性。所以真正能够把事件营销做得出彩的品牌和企业，团队中少不了媒体从业者的身影。因为在捕捉热点新闻的能力、判断新闻传播力度层面，媒体人有先天的优势。也就是说，要想做好事件营销，首先就应该向媒体人学习。

创业者如果没有媒体相关的背景和经验，那么如何迈出事件营销的第一步呢？首先是把市面上主流的新闻资讯类APP全部安装一遍，也包括微博这样的泛新闻APP。然后，养成习惯，拿出每天刷朋友圈的激情，每天定时定点，逐个打开各个新闻APP。在这个过程中，重点看什么，看那些阅读量和评论量较大的新闻。注意，是新闻，不是标题党，有些粗制滥造甚至有些下流的文章也能获取到不错的点击量和评论量，但是这个跟事件营销半毛钱关系都没有。

除了新闻APP外，还要妥善利用好微信里的订阅号这一工具。和新闻APP的热点新闻主要依靠平台的推荐制不同，微信公众号中的热点文章，需要的是粉丝体量+闭环转发。也就是说，微信公众号中的热文，很多都是经由大量的阅读者自行转发，从而获得较高的阅读量和评论量的。学会看各家公号的优质推文，对于学习和判断哪些是热点，如何花样蹭热点，益处很多。

12.6.2 事件营销分寸把握一定要适度

事件营销的本质在于，借助用户对于事件本身的高关注度，结合企业自身的产品和服务，然后借其东风，做到事半功倍的效果。但是就和三国时的孔明借东风一样，借风就要承担相应的风险。如果借风借不好，非但做不到借势营销，反而有可能酿成舆论悲剧，需要危机公关来收场，得不偿失。

对于没有独立负责事件营销部门的初创企业，我们这里有几点关于事件营销的注意事项，供大家参考。

娱乐新闻可以多多参与。当下是一个全民娱乐的时代，每天我们打开网络，关于明星的八卦新闻层出不穷，其中为数不少是娱乐人物为了增加自己的关注度，联合网络推手公司共同策划完成的。娱乐新闻的事件营销，优势第一是基本没有政策风险，做得好收获一大波流量，做得不好也就是关注人数较少。第二就是娱乐圈永远都不会没有新闻，所以每天都有大把的新闻事件等着你去营销和参与，对于刚开始学习事件营销的创业公司而言，绝对是个好事情。

社会新闻要慎重。网络上的热点新闻中，社会类新闻的数量同样占比较高。不过一般会引发全民热议的社会新闻，性质上基本都是偏司法、人性、道德等负面相关的。所以这样的热点，在做事件营销时就存在较大的风险。首先是是否要表态站队，如果是站队，依据是什么。其次每个人对于社会新闻的看法都不相同，如果你选择站队一边，就有可能伤害到另一边阵营网友的感情。而对于企业而言，自然是消费者越多越好，因为蹭热点而影响企业形象，导致消费者流失，这就显得有些得不偿失。

创业者≠企业本身。我们发现，目前很多成功企业的创始人，在互联网上都有较高的人气。对于公司而言，他承担相应的工作责任，但并不意味着他个人的观点就一定是整个企业态度。所以如果创始人本身性格色彩过于强烈，很有可能就在一些热点事件上的态度，不仅仅是给个人招黑，还容易因为消费者的移情效应，对相应的企业和品牌也产生了负面情绪，得不偿失。所以作为世俗理解下的企业形象代言人，创业者要有一定的谨言慎行的意识。

● 12.7　公益营销：成本不高，但效果奇好

纵观许多非常成功的营销案例，其实背后的依据只有小部分上是商业思维，其余的大部分则是人性思维。成功的营销，一定是抓住了人性当中的某个优点或缺点，或者说是软肋，从而获得了极佳的话题性和传播性，最终获得成功的。那么如何通过人性优缺点来进行营销呢？

12.7.1　公益营销是最佳的正向人性营销

关于人性营销的方法，虽然形式上千差万别，但是背后的本质无非两种——一种是利用人性的阴暗面做营销，另一种是利用人性的阳光面做营销。所谓人性的阴暗面，比较典型的就是七宗罪中总结的那些——傲慢、嫉妒、暴怒、懒惰、

贪婪、色欲、暴食。比如电子商务和外卖、快递行业的兴起，就和人性中的"懒惰"关系重大。

而任何事物都是一体两面的，人性也同样如此，有七宗罪这些负面的因素，自然也有向好的正面因素，例如——善良、同情、勇敢、祝福、慈善、助人等。那么同样是人性营销，我个人更推荐的是，大家尽可能多用人性的正向营销，这无论是对于企业形象本身而言，还是从使用者的心态而言的，都是更有益处的。

我们看两个利用人性正向情绪营销的案例，供大家一起来学习和参考。

1. 腾讯公益曾经借助微信这一平台，组织过一次关于一元购买特殊人群画作的活动。所谓的特殊人群，就是指这些画作的作者，基本都是自闭症、抑郁症或者其他疾病的患者。但是他们的画作，却是非常精美又让人感动的。用户可以通过支付一元的方式，购买到对应的画作电子版，然后可以作为自己的手机壁纸。而收集到的购画捐款，将统一捐献给帮助这些特殊人群的相关机构。

2. 支付宝中有一个蚂蚁森林的活动，通过使用支付宝支付，无论是线上购物、线下付款，还是日常的行走，都可以积累一定的绿色能量。而这些能量经过积累达到一定数量后，就可以兑换一棵绿色植物。而兑换的绿色植物，则由支付宝出资在最需要植被覆盖和保护生态环境的沙漠戈壁，种下对应的一棵绿色植物。

类似的公益活动还有很多，比如为了鼓励节能减排，各家可以统计每日行走步数的APP，一般都有对应的捐赠步数活动。用户可以通过将每天的步数进行兑换，然后由平台的发起者负责出资进行相应的公益活动。

那么相比大平台的海量用户，初创企业又该如何进行公益营销呢？我这里可以分享一个案例。

之前有一家做饮品创业项目的公司，组织了一场公益跑活动。通过互联网平台聚集了几百的参与者，大家在指定时间一起沿着当地著名的一个景区进行环湖公益跑。除了所有参与活动的人都可以获得一块定制的"XX杯"公益跑奖牌外，还可以免费试饮该公司的多款饮品。更重要的是，企业会根据参与活动人数和最终完成人数，向贫困山区的小学生爱心捐献牛奶饮品。

如此一来一举两得，既宣传了企业的品牌和产品，又让所有参与者体会到了做公益的愉悦感。而且，成本并不高，只是付出了一定数量的公司产品。

12.7.2 如何抓住人性痛点做营销?

为了让大家更好地理解利用人性的痛点做营销,我这里还是举几个例子来说明。

1. 目前我们几乎人手一个的 QQ,其实在上线之初,如何让更多人使用是个很大的难题。当时很多男网友之所以会选择 QQ 进行聊天,就是奔着 QQ 上可以找到全国各地的女网友聊天去的。后来腾讯的创始人马化腾在回忆当年 QQ 上线初期时,为了测试软件,他自己还曾伪装成女性,然后去和网友聊天。这一营销案例,其实就是利用了人们对异性感兴趣的"软肋"。

2. 支付宝作为现在中国最大的第三方支付工具,支付的应用场景非常丰富。但是当初支付宝是如何从一个线上支付工具直接成为线下支付工具的呢?当时支付宝策划了一起"无现金城市"活动,只要你在活动期间通过支付宝手机 APP 进行线下支付,每天第一笔交易便都可以得到一笔奖励金。这一营销案例,其实就是利用了人性中喜欢占小便宜的特点。

3. 曾经互联网最著名的 3Q 大战,即 360 公司和腾讯公司之间的争议,当时 360 的创始人周鸿祎就不断扮演用户的安全保卫者,因为保护用户的权益从而得罪了大公司腾讯,最后遭到腾讯公司报复这样的角色,获得了多数舆论的支持和同情。而事实上,后来司法判定 360 公司是侵权的那一方。这一营销案例,其实就是利用了人们对于弱者的同情心理。

其实只要作为一个正常人,很多人性当中的思维定式是很难轻易改变的。而且哪怕是你有所察觉,也未必就一定能够成功避免。比如电商的促销狂欢节,很多购物者明明知道这些商品并没有比平日里真正便宜多少,但是在满屏大红色促销图文刺激,活动倒计时秒表跳动的影响下,还是难以控制自己买买买的冲动。

而所谓的人性营销,其本质其实有些残酷,就是主动发现和深挖人性中的弱点和漏洞,并且有针对性地设计活动方案,引导人们不自觉地走入这一"局"的过程。所以在企业进行人性营销时,一定要把持好营销的底限,切不可为了营销效果,触碰司法和道德的红线,最终难免就会导致消费者极大的负面情绪反弹,得不偿失。

● 12.8 病毒营销：互联网时代下的蝴蝶效应

病毒营销（又称病毒式营销、病毒性营销、基因营销或核爆式营销），是利用公众的积极性和人际网络，让营销信息像病毒一样传播和扩散，营销信息被快速复制传向数以万计、数以百万计的观众，它能够像病毒一样深入人脑，快速复制，迅速传播，将信息短时间内传向更多的受众。病毒营销是一种常见的网络营销方法，常用于进行网站推广、品牌推广等。

12.8.1 对传播途径的把握能力

从表面上看，病毒式营销相比其他营销方式，具有成本极低的优势。但是这种低成本的优势，却需要几个必要的前提，并不是说在毫无基础的情况下，就可以轻松发起一场成功的病毒式营销。

首先，我们所说的是病毒式营销，那么就一定会有一个"病原体"。这个病原体的设定就非常重要，如果病原体本身就没有吸引力，那么也就没有后来的所谓一传十、十传百。而这个传播的过程，就是传播渠道。传播渠道的使用，多半就是病毒营销的最大成本。

比如我们经常在微博上看到一些明星或者网红，为某家企业的产品或活动进行站台和转发。然后得益于该明星或网红在网络上的粉丝基数和影响力，那么企业的产品和活动信息为其粉丝所知。而这些粉丝出于对偶像的喜爱，还会进行二次、三次的转发和传播，最终形成病毒式营销。

再比如说，我们在微信朋友圈里看到某些阅读量10万+的文章，其庞大的阅读量，正是得益于既定粉丝基数+病毒式营销。而且由于微信本身的信息是一个闭环，即信息基本只会在微信这一产品内进行转发和传播，所以就更加高度依赖于每一个微信用户的转发和传播。

通过上面的案例我们发现，最适合病毒营销的渠道环境，正是互联网信息平台。因为互联网平台具有以下几个特点：超高的传播速度、高效率的接收、足够快的更新速度。

超高的传播速度自然不必多说，相比传统媒体，互联网媒介的最大特点就是信息传播效率被大大提升。另外，在传统媒体如电视、广播这样的媒体中，受限于媒体本身的局限性，广告往往比较硬性，无法真正让观看者感同身受，甚至真正喜欢上这一广告。而在互联网媒介中，营销的方式更为丰富多样，也可以加入诸多年轻化的因素，使得消费者接收广告信息更为高效。而且，互联网媒介可以从广告一键直达购买界面，这也对提高病毒效应在转化层面的效率，有很大帮助。

12.8.2 病毒式营销的一些副作用

上文中我们提到了病毒式营销在使用过程中的高性价比的优势，接着我们来看看病毒式营销在实际的使用中，又有哪些劣势。

关于这点，其实可以从一件事情看出一定的"猫腻"。就是作为病毒式营销使用最为得心应手的互联网网红群体，为什么往往能够得益于病毒式营销迅速蓬勃崛起，但是却很难长久，最终没能为品牌形象的树立形成长期性的益处？

出现这种情况的根源，主要就在于病毒式营销属于营销方式中见效最快，但也失效最快的方式。借助媒体渠道的病毒式传播，企业可以在非常短的时间内积累人气和关注度，但是这种人气和关注度是稍纵即逝的。所以企业就必须在关注度凉下来之前，迅速完成变现，否则就将错失机会。

这样的营销方式，之于品牌积累薄弱，产品质量和服务水平都还尚未成熟的初创企业而言，在某种程度上更像是在服用兴奋剂。可以在短时间内出现极佳的效果，但是这种短时间的过高效果，对初创企业的各种能力峰值是一种挑战。

也就是说，对于初创企业而言，病毒式营销的使用要适时适度，不能对这样的方式产生较高的依赖性，不能在短时间内多次使用，这样在很大概率上会引发受众的疲劳感和负面情绪，得不偿失。

第 13 章

广告宣传：
广告如何做到精准投放

广告，顾名思义，就是广而告之，即向社会广大公众告知某件事物。我们通常所提到的广告，一般指的是狭义上的广告，即以营利为目的的广告，通常指的是商业广告，或称经济广告，它是工商企业为推销商品或提供服务，以付费方式，通过广告媒体向消费者或用户传播商品或服务信息的手段。以广告活动的参与者为出发点，广告构成要素有：广告主、广告公司、广告媒体、广告信息、广告思想和技巧、广告受众、广告费用及广告效果。

● 13.1 传统纸媒：单页、展架、海报的价值

宣传单页这种宣传方式，难道现在还值得被使用吗？答案其实不在于单页这种广告形式本身，而在于单页设计的精良程度，单页派发的地点选择，单页派发的人员和形式。单页如此，展架、海报其实都是如此。真正烂大街的海报，其实是那些原本就不重视宣传物料，粗制滥造，自己人都没有想要看一眼的宣传品。

13.1.1 传统广告如何提升投放效率？

我们不妨一起来看一看，传统的单页、展架、海报等纸质宣传物料，其优势究竟是什么。只有明白了每一种宣传工具的优势，才能够明白如何进一步妥善设计物料的使用方法。

其一，自然是成本十分低廉。受益于电子商务，目前以上这些宣传物料统统都可以在电商平台上进行定制。哪怕你不懂设计，电商卖家还能够提供款式不少的常用设计模板，供你选择定制。而且相比线下的实体图文店，价格便宜一半十分常见。单页一千份平均一百多块，展架一个平均不到一百块，海报一张也就是十几到几十块。这样的广告物料成本，绝对是所有广告方式中最低的了。对于创业初期的小微企业而言，是值得被重视的。

其二，制作迅速，使用灵活。如果通过电商的渠道定制以上宣传物料，快的话隔天卖家就可以发货，这对于经常进行营销活动的创业者而言，显然是十分方便的。而且无论是单页、海报还是展架，其特点都是可以随意移动，装在背包里就可以带到活动现场。如果遇到一些问题，很短时间内就能收好离开，十分方便。

说完了传统纸质广告物料的优势，我们再来看一看，在商家广告铺天盖地的今天，如何提高广告物料的投放效率。为了方便大家理解，我这里给大家举个小例子。

城市地铁的换乘站，一般都是人流量较大的车站。不少的商家和创业者，都会选择在地铁口派发宣传广告。如果是单纯的广告单页，基本上被拒绝的概率非常高，因为多数乘客要么着急赶地铁没心思看广告，要么经常收到各种各样的广告早已经对广告失去了兴趣。那么在这样的情况之下，有一家医院的宣传品，给我留下的深刻的印象。

首先它的宣传品不是直接一张广告单页，而是一包可以对折打开的纸巾。然后你打开后就会发现，包装袋里左侧装的是纸巾，右侧装的是一张他们医院的会员卡，凭此会员卡就诊可以享受一定的优惠，这个自然不必多说。然后即使是这张会员卡，设计者也只使用了一面，而在另一面，绘制了所在城市地铁的线路图。这样一份宣传广告，路人的接受度明显高了几倍。

为什么这家医院的投放效率很高呢？其实主要在于抓住了广告投放的关键点：第一是选择的地点人流量足够巨大，而且靠近他们医院的地址；第二是物料的设计充分考虑到了受众的心理，无论是纸巾还是地铁线路图，对于路人而言都是非常实用的东西；第三就是物料的成本并不高，类似这样的宣传品，批量制作的情况下，单个的成本不过几角钱。

13.1.2 纸媒广告成功与否的关键在于设计

纸媒广告的使用基本法则是，要么不做，要做就要做好。我所见过的最糟糕的宣传物料，效果几乎是惨不忍睹的。纸张极其劣质，基本上是选用了价格最低的铜版纸；印刷极其糟糕，接到手里甚至会掉墨弄得满手都是颜色；而视觉效果就更是惨不忍睹，为了突出广告，各种刺眼的大红大绿大黄大紫无所不用其极。我们可以想象，这样一份商家自己都觉得恶心的广告，消费者怎么可能会愿意去看？

一次成功的宣传物料设计，一定不能站在商家的角度上，认为我想要向消费者传播多少信息，我就在宣传物料上干脆写满。而应该是站在受众的层面，多想一想自己如果在路上，究竟会接什么样的广告，不会接什么样的广告。接下来，我还是举两个实际的案例，供各位创业者思考。

先说一个金融公司宣传品的案例：现在有两家金融公司的业务人员，两个人都带着各自的宣传物料在停车场进行派发。作为车主，我想大家都曾经历过类似的事情。现在 A 公司的业务员带的宣传物料是个人名片，然后逐车逐张插入车窗缝隙。而 B 公司的业务员带的是定制的停车卡（即写着临时停靠，移车电话多少的卡片），然后逐车夹在雨刷器下。请问，如果是你，你倾向于看哪一家公司的宣传物料？

再说一个房产公司宣传品的案例：现在有两家房产公司的业务人员，两个人都在一个人流较密集的商场设点发放宣传品。这种情况，我想大家在商场里经常遇到。A 公司的网点宣传物料就是一张大尺寸的小区户型宣传单页，上面清楚印刷了开发商楼盘信息。B 公司的网点宣传物料是一张和 A 公司的同样尺寸的单页，只不过单页的一面是所在城市的地图，另一侧也多数是关于该小区未来五到十年区域的相关规划，只有其余四分之一的部分，印制了关于楼盘的一些简要信息。

那么作为我个人而言，我一定是更倾向于 B 公司的做法的。原因很简单，A 公司的宣传物料设计和制作中规中矩，和其他所有的同类公司几乎没有任何区别。而 B 公司的物料一来进行了一些形式上的创新，二来充分考虑到了给受众带来的实际使用价值。也就是说，我起码不会像收到一张废纸一样，转手就把宣传物料扔到垃圾桶里。

• 13.2 投在哪，投多少，最关键

相比线上广告可以非常精准地确认投放区域、投放数量、投放频次，以及实时统计显示投放效果。线下广告的投放，在投放的精准性与效果统计上，都存在一定的难度。所以线下广告的投放，一定要特别注意两个重点：投在哪儿，投多少。

13.2.1 首先要弄清楚投放的目的是什么

相比线上广告投放内容和投放时长的灵活性，线下广告一般周期都比较长。我们以最常见的楼宇电梯广告为例，一般合同签下来，起码需要几十部的电梯投放体量，三个月甚至更久的投放时间。相应的，投放成本也会较高。

那么时效性相应较弱的线下广告，究竟优势在哪里呢？主要在投放对象的针对性上。比如企业选择某城市某行政区的所有写字楼进行电梯广告的投放，那么目标就十分明确，只针对该区域的上班族进行广告展示。再比如说在某行政区的商业中心标志建筑上投放户外广告，同样针对的就是每天会路过这一区域的路人。

13.2.2 数据性的广告投放结果统计至关重要

从前期的确认广告投放形式，到寻找广告目标投放渠道，再到确认广告投放内容，最后关注整个广告投放期间的效果，以及最重要的，为广告投放付出的人力、物力和财力，广告主如此付出，目标自然只有一个，希望达到足够令人满意的广告投放效果。而如何判断一次广告投放的实际效果呢？

线上广告平台，目前各家主流的广告平台都提供了自己的广告投放后台。消费者只要打开自己账号的后台，基本就可以得到比较详细的广告投放相关数据，包括每日、分时的曝光度，每日、分时的点击量，点击用户中的区域、性别、年龄占比等。广告主只要将数据调出，基本就可以做到一目了然。

而线下广告的投放效果统计，显然相比线上就要明显困难一些。比如同样的一个电梯楼宇广告，广告的渠道商只会告诉你整栋楼上的人数有多少，最多估算出每日乘坐这部电梯的总人数有多少。而至于每天究竟有多少人看过广告，甚至是仔细看过还是粗略看过，都很难有非常准确的广告效果统计结果。那么对于广告主而言，如何更好地统计线下广告的投放效果呢？

根据增加数据。虽然是线下广告，但是按照目前主流的广告投放方式，都会在广告页面预留电话号码或者二维码。那么作为广告主，在广告投放期间，接听到客户电话号，都应该加问一句你是从哪里了解到我们的，然后进行数据统计。而二维码的方式显然就更为简单，因为数据已经从统计相对困难的线下被导流到了线上，只需要按照线上统计方法统计即可。

现场实地调查。其实截至目前，线下广告的统计方式依旧离不开非常传统的实地调查和问卷形式。虽然不能准确监测到所有广告投放场景的消费者效果，但是广告主可以选择某一处广告投放地进行固定时间的现场监测和问询，然后根据统计结果推算全部的广告投放效果。以小见大，管中窥豹。

委托第三方。当然，如果此次的线下广告投放效果统计工作十分重要，那么最靠谱也最高效的方式，自然是寻找一家专业的线下广告统计平台，交由对方进行活动效果的全程跟进。

● 13.3　音频广告：让消费者听见你的声音

当今时代，无论你在地铁上、公交里，还是马路上，到处都可以看到耳朵里塞着耳机的年轻人。他们当中的一部分是在听音乐歌曲，另一部分则是在听音频类的节目，例如有声小说，有声课程或音频节目。未来商业的发展趋势，是各行各业所有企业共同争夺消费者空余时间的业态，那么应用场景如此之多的音频媒介，怎么可以错过广告投放。

13.3.1　音频平台投放广告的优势和劣势

主流的音频平台有哪些，只要你掏出你的手机，打开手机中的应用市场，搜索关键词"FM"——喜马拉雅FM、荔枝FM、蜻蜓FM、考拉FM等，是目前音频类平台主流的几款APP。

这些平台虽然在内容的倾向性上略有不同，但是大致上基本都是综合性的音频平台，从有声读物，到主播专辑，再到直播、广播，各类适合声音传播的节目，应有尽有。从市场占有率来看，目前喜马拉雅FM是以上几款音频APP上最为领先的。所以创业者在挑选音频自媒体进行广告业务洽谈时，可以优先考虑喜马拉雅FM。

目前音频平台的广告植入方式，相对而言还比较简单，就是由广告主联系账号所有者，进行广告费用的协商。由账号所有者，在上传的音频节目中，加入广告主的广告文案。插入广告的音频时间点，可以选择在节目开始前，节目进行中和节目结束后三个区域。

那么作为广告主的创业者，应该如何从成千上万的各类音频节目账号之中，选择出最适合自己品牌，性价比最高的账号进行广告合作呢？主要需要考虑的其实有以下几个方面。

账号的受众。音频账号的品类非常丰富，常见的如小说类的、情感类的、财经类的、历史类的等。创业者在选择合作账号时，首先要思考一件事儿，就是自己产品的目标受众主要是哪些人。举例来说，如果产品主打的是女性市场，那么就应该首选情感类节目账号进行合作，而慎重选择与财经类节目合作。而如果主打的是中高端男性市场，那么财经类节目就变成了首选。

账号的数据。账号的数据，主要从以下几个方面来考量：账号的上线时间、账号的音频数量、账号的粉丝数量、音频的订阅数量、音频的粉丝数量等。互联网平台上的刷粉情况十分常见，所以单纯只从粉丝数量考量一个音频账号的好坏，其实非常片面。另外，广告主应该亲自收听一下账号节目的真实水平，然后做到心中有数。

广告的费用。一般来说，账号的粉丝数和收听量越高，那么相应的广告费用也就越高。创业者应该根据自己企业的实际情况，选择价格合适的账号进行合作。对于初创企业而言，最重要的并不是通过单一的广告投放平台一次性收到多大的传播效果，而是循序渐进，逐渐掌握各个广告投放平台的最具性价比和最适合自身的广告投放方式。

13.3.2 哪些产品和服务最适合音频广告？

在过去的很长一段时间内，年轻人是没有收听音频类节目的习惯的。在现在一众主流音频平台纷纷抢占市场前，单台广播作为音频收听类媒介的最主流形式，长期以来除了中老年听众为主外，便是车主在驾驶这一特定环境中才会进行收听。所以那一阶段的音频广告内容，基本都集中在针对中老年的保健品和药品，且广告制作水平极低，令人十分反感。

音频能够传递的信息体量，介于文字与视频之间。相比文字广告形式，音频广告可以从声音质感和语气上，增加广告内容的丰富性和多样性。而相比视频广告，音频广告在制作难度和成本上具备明显优势，但由于无法给予消费者可视性展现，信息量和记忆强度上都会相对较弱。

那么究竟哪些产品和服务，比较适合于音频类广告投入呢？

自媒体本身。最适合投放音频类广告的创业项目，首当其冲的就是自媒体创业这一项目。因为相比其他任何产品和服务，受众都需要通过听到广告，有所兴趣，离开APP，进入搜索或购买工具，进行检索和了解，最终考虑是否购买或使用这一流程。但是如果你投放音频广告的目的就是为了自家的自媒体音频账号导流，那么受众只需要在APP中进行搜索，然后关注即可，流程十分简单。而对于所有的广告投放而言，受众的尝试难度越低，最后的效果往往就越好。

互联网产品。现阶段在音频平台投放广告效果较为成功的案例，主要集中在两个领域。其一是在全国范围内有一定知名度的大品牌，投放广告的目的不是为了针对性地卖一款产品，而是对品牌传播度和美誉度方面的提升。其二就是各类互联网产品，不管是网站还是APP，都可以通过超链接的方式直接从音频节目进行跳转。

社群积累。对于创业企业而言，还有一种广告投放是比较适合音频平台的。不过一般不是为了直接的硬性广告推广，而是通过广告号召受众添加某一联系方式，然后完成某一特定主题社群的搭建和积累。然后下一步才是把广告和营销类的内容在社群中进行投放。

● 13.4　视频广告：视频、短视频、直播、宣传片

随着商业竞争的进一步加剧，消费者的日常碎片化时间已经被逐渐瓜分殆尽。有图片不看文字，有视频不看图片，已经成为多数消费者的一种习惯。那么视频广告作为目前所有广告形式中可植入信息量最大、展现形式最丰富的一种，其重要性为绝大多数的企业和品牌所高度重视。那么对于初创企业而言，该如何合理利用视频广告呢？

13.4.1　视频平台投放广告的优势和劣势

主流视频平台，基本上就是大家耳熟能详的那三家——优酷、爱奇艺、腾

讯视频。多数人平时最常看视频的网站，主要也就是集中在这三家平台上面。而企业在视频平台上进行广告投放的主要形式有哪些，哪种形式又最适合初创企业呢？

直接上传自制视频。比如创业者从事的是室内装修相关的项目，那么就可以在平时录制一些比较出色的室内装修案例，然后添加公司相关 LOGO、水印或简介后，上传到上述三家视频平台。由创业企业亲自拍摄、制作视频，优点自然是性价比最高，不需要向第三方支付广告费；缺点就是对企业本身的视频相关技术要求较高，劣质的视频上传后非但起不到广告效果，还会影响企业和品牌的形象。

但是从趋势来看，企业根据自身所从事的行业和项目，定制拍摄一些相关的知识普及类或趣味娱乐类的视频，然后在视频中植入一些软广告，对于所有企业而言，都是必须要面对的一个广告营销方式变革。所以对于创业者而言，应该提前对于这种趋势有所察觉，并且提前进行视频广告营销方面的布局。

投放视频平台广告。我们在视频网站上最常见的广告形式，就是在所有视频节目开始之前，平台会投放的 30~90 秒的广告。这种广告投放，是企业直接与视频网站平台进行广告合作投放的。优点是覆盖率高，传播性广；缺点自然就是成本较高，更适合成熟企业，不太适合初创企业投放。

与视频节目方合作。除了视频平台在所有视频播放前植入的广告，另外一种广告合作方式，就是和视频节目的制作者进行沟通洽谈，然后由视频节目的制作者在视频当中植入广告。这种植入方式，对于作为广告主的创业者而言，可选性更多，价格区间也更为合理。创业者可以根据自身所从事的创业项目，选择节目风格及受众与自身产品重合度较高的进行合作。

13.4.2 哪些产品和服务最适合视频广告？

从理论上说，文字和视频两种广告媒体，是适合绝大多数广告类型投放的。文字广告的最大优点是门槛较低，只需要将广告文案设计好，通过合适的渠道进行投放即可。而视频广告则以展示效果最佳、内涵信息最丰富、受众记忆深度最清晰著称。

在上文中，我们已经介绍过了音频类广告比较适合的企业产品和服务类型，而视频广告的适用类别，其实要比音频广告多得多。这里，我们只选择几个比较有代表性的类别进行介绍。

电商类。不得不说，自从阿里巴巴并购了优酷之后，目前我们在优酷看到的淘宝广告越来越多。视频平台，作为多数消费者日常休闲娱乐的重要方式，非常适合电商类产品的广告投放。消费者在观看视频时普遍集中于下班后的晚间时候或周末节假日时光，原本就处于精神相对放松的阶段，在看到相应的电商产品广告时，如果正好有这方面的需求，便会点击广告直接跳转到购物页面，了解产品，下单购买。

游戏类。视频广告除了电商品类的投放，也非常适合游戏类产品的投放。原因在于，网络游戏的应用场景，与视频平台的应用场景极为相似，只需要用户发现这一游戏广告，然后点击下载即可开始游戏，进入方式极为快捷简便。所以如果你是在线游戏项目的创业者，那么视频广告投放显然是非常适合你的选择。

网络类。其他各类互联网类型的创业项目和产品，如果适用于通过链接快速跳转到指定网页或下载界面，就都是适合使用视频广告渠道的。

● 13.5　互联网新媒体：如何巧选新媒体合作？

我们以目前使用人数最多的微信为例，根据最新的数据显示，微信的越活跃用户数已经达到了 10 亿左右，微信公众号数量也早已超过了 1000 万的大关。在这 1000 多万的微信公号中，有粉丝数百万上千万的大 V，也有只有几十几百粉丝的自媒体。那么作为创业公司，如何选择最适合自己的新媒体账号进行广告合作呢？

13.5.1　如何甄别优劣自媒体平台？

自媒体账号的优劣，目前主流的评判标准，就是账号粉丝数量和推送阅读数量。前者代表了广告投放后的受众体量，后者决定了该自媒体当下的用户活跃度。但是需要提醒所有创业者的是，这些数据都是可以通过第三方平台，以很廉价的成本造假刷数据的。

所以创业公司如果是初次和自媒体账号进行合作,建议从以下几个方面入手。

日常要多关注。对于创业者而言,最好的甄别一家自媒体账号的方式,是日常你就是他们的读者,对于他们日常推送的文章内容、质量及影响力,做到心中有数。刷数据造假这种事,一般不会每一篇推送都进行,所以关注一家账号时间越久,越容易对这家账号有足够深入的了解。另外,从数量惊人的自媒体账号中选择广告投入方向,本身就是件挺考验眼力的事情。那么日常关注的自媒体账号数量和内容越多,在需要选择时越为有利。

原创和口碑。虽然目前任何一家自媒体平台上的自媒体账号数量都十分惊人,但是细分到每个品类,真正出色和优秀的账号数量,依旧是极少数的。创业者作为广告主进行广告投放时,要优先选择那些在受众眼中口碑较好,推送基本都是原创内容的账号。而对于类似靠东拼西凑的段子甚至偏色情等信息吸引眼球,获得粉丝和流量的账号,一定要敬而远之,因为这些账号本身的形象较差,受众的素质也较低,投放广告会对企业形象造成很直接的负面影响。

风格要符合。两家粉丝数量和日常阅读数量都很接近的自媒体账号,为什么对于广告主而言,投放过后的实际效果却往往有较大的差别呢?这里面就要涉及企业所提供的产品或服务,与选择投放的自媒体账号定位之间的关联强弱程度。因为自媒体账号的定位,直接决定自媒体账号的受众情况。如果创业者生产的产品是消费升级的中高端产品,那么显然投放在以在校学生为主要受众的媒体账号上就显得不合时宜。

价格要适中。这一条对于创业企业而言,是最最重要的。目前各个自媒体账号的广告投入报价情况天差地别,有些很实惠,有些却高得离谱。创业者一方面要提前了解行业的正常价格区间,另一方面也要坚持由小及大,不要贸然在某一广告投放渠道投入过多资金。

13.5.2 未来是软广告时代的全面兴起

"今年过年不收礼,收礼只收脑白金"这样的洗脑式硬广告,在十年前的传统媒体广告时代,或许还是一种不错的企业广告投放方式。尽管手段显得令消费者反感,但是从广告的传播效果来看,多数消费者不管是不是因为出于反感的心态,但终究还是记住了这条广告。将"过年送礼"与"脑白金"这两个关键词,通过硬广告的方式强迫消费者进行了记忆。

但是时过境迁,进入互联网时代后,传统的媒体途径首先已经受到了极大的冲击。目前年轻消费者使用互联网入口(PC和手机)浏览信息、休闲娱乐的频率,已经远远超过了通过电视。过去"广告中插播电视剧"这种极为损害观众体验的行为,在互联网时代已经很难再重现。

另外,相比上一代的消费者,年轻一代的消费者很多都是伴随着中国互联网一路成长起来的。互联网媒体的普及,使得各种各样创新创意式的广告形式层出不穷。可以想象,从小就是观看这种"巧妙"广告方式的消费者,怎么可能再回过头去,接受"粗鲁"广告方式的植入?

这里我们举个非常有意思的互联网视频平台广告形式:如果你没有在各个视频平台充值会员的话,那么视频平台会根据你所观看视频的热度,随机插入30秒到90秒之间的平台广告,就和电视台在节目播出前都会插播广告同样的道理。但是有些广告主尝试了一种非常"贴心"的广告植入方式,比如总时长30秒的广告,在正常播放5秒钟之后,就可以点击广告右上角关闭广告,直接跨过剩余广告时间,进入平台的节目。这种方式看似广告主花费了30秒广告时长的费用却只得到5秒的实际广告时长,但是却给消费者留下了非常正面的印象。其广告效果,一点都不比强迫消费者看完30秒广告差,甚至好很多。

通过上述案例我们发现,传统的广告投放方式,其目的主要是尽可能占用消费者的观看时长,增加广告的播出频率,最终获得消费者对产品的了解和对品牌的熟悉。但是互联网时代的广告投放方式,则是反其道而行之,如何帮助消费者节省时间,如何在消费者忙碌而疲惫的工作之后,做到让消费者会心一笑,然后潜移默化地获得消费者对于品牌的好感度,才是关键所在。

互联网自媒体时代的全面兴起,背后正是由于广告主看到了传统广告投放渠道效果的打折,希望找到更具性价比、更受消费者喜欢的广告投入方式。广告可以出现在各种你意想不到的地方,而不再像过去那样,花费巨额资金,请一个代言人站在电视上像模像样地赞美产品如何如何好。这样只会让多数的年轻人觉得这个企业十分老气,既不时尚,也不炫酷。

第 14 章

互联网＋：
未来大家都将是互联网公司

如今的互联网，早已经深入到了我们生活的方方面面。过去做生意见面先得交换名片，但现在只需要掏出手机，扫下二维码交换下微信。过去很多合同、协议都需要纸质文件，现在越来越多的电子版文件成为主流。而且用不了多久，我们的身份证、社保卡、驾照、护照，都将拥有线上版本。无论你是否主动拥抱互联网时代，它都已经彻底来临了。

14.1 互联网时代，企业网站是最低标配

我想，如今的创业者们，是否需要做个手机 APP 还需要考虑一下，但是否做一个企业宣传网站，已经不需要多考虑什么了。企业官网的本质是什么？是企业在互联网上的一张身份证。可以想象，如果消费者在搜索引擎中，输入了你们公司的名称或产品，居然连个官网都找不到的话，那么消费者基本心里都会打鼓，这究竟是个什么企业，竟然连个网站都没有？

14.1.1 网站是当今时代的创业最低标配

我曾经在给一些创业者做分享时，提到过一个观点：做一个入门级的企业官网，如果通过第三方外包公司，制作费用不过几千块，正常的维护费用每年也不过是几百块。如果你连这点小钱都舍不得出，觉得最好也能省下来的话，那我只能说你，太过短视了。

企业的官网有什么用，这是很多创业者问过我的。我当时也回问了他们一句，你们能二十四小时接听电话吗？你们能二十四小时回复微信吗？如果不能，那么你就需要官方网站。因为官方网站就是二十四小时，随时可以供消费者登录查看、自助浏览了解，甚至自助下单消费的地方。

我们不妨以贸易类的网站为例。在古代的商业当中，人们基本上都是日出而作，日落而息的，日均商业经营时长，差不多也就是八小时左右。到了近现代，有了电这种新技术产物后，人们在夜晚也可以进行商业消费了，日均商业经营时长，差不多翻了一倍。

而商业进一步发展之后，商家的竞争也进一步白热化，恨不能每天二十四小时不间断进行商业行为。但是人毕竟不是机器，不可能二十四小时连轴转。那么就需要有新的工具，帮助企业实现二十四小时不间断的商业经营行为。然后，电子商务就诞生了。

关于企业官网的类型，我们大致将其分为三种，创业者们可以根据自己企业的需求，灵活进行建设和使用。

展示型。展示型官网是建设成本最低的，上文中提到的成本几千块就可以搭建的网站，主要就是指这种展示型网站。展示型网站多数只有文字和图片，稍微进阶一些的还会加入视频。顾名思义，展示型网站就是企业把自己的产品、服务和联系方式，以图文的形式展现给消费者看。最大的价值，就在于消费者可以通过网址或搜索引擎检索到这家企业，初步了解这家企业究竟是干吗的。一般来说，对于多数的传统行业创业者来说，展示型网站就足够用了。

交互型。交互型官网，是指在展示型网站的基础上，进一步增加了一些作用。比如说，网站可以嵌入网页聊天或 QQ、微信聊天等插件，在消费者对企业产品有兴趣和有问题时，能够第一时间联系到企业的工作人员。再进阶一些的交互性网站，就具备了一些例如搜索引擎优化，第三方应用接入，账号密码登录等功能。这一类的网站，一般适用于行业与互联网关系度较高的创业企业。

功能型。功能型官网，多数就是典型的互联网创业企业的官网了。对于这些创业企业而言，官网和手机 APP 就是他们创业所提供的产品和服务。所以网站基本都是由自己的技术团队每日进行维护和更新，不断丰富网站的使用体验。这样的网站，能够为用户提供较为高级别的线上实用功能，解决用户在某方面的需求或痛点。

14.1.2　企业网站需要展示哪些内容？

了解了企业一定要有官网之后，我们来讨论下一个话题，企业官网上，必须要展示的内容有哪些。

公司介绍。一般来说，消费者会通过搜索引擎检索的企业关键词，无非就是企业名称、产品品牌。所以企业网站中，首先要有的信息，就是公司的名称和相关介绍。公司介绍方面，创业者一定要坚持根据实际情况自己来写，而不是直接复制粘贴其他企业的；要包括企业的创办时间、经营理念、团队介绍、发展愿景等内容。

产品介绍。这个自然就是重中之重了，企业官网最主要的价值，就是向消费者和目标消费者介绍自己的产品和服务。企业在介绍自己的产品时，一定要做到图文并茂，生动丰富。尤其是产品图片，如果不善于摄影，可以通过朋友或第三方平台帮助完成。线上产品介绍不同于线下，消费者由于没办法亲眼看到产品，所以图片的拍摄和美化就起到非常大的作用。在这方面，创业者可以参考淘宝网上很多卖家的商品图片。

公司新闻。之前有创业的小伙伴问过我，我们是一家做线下实体的小创业公司，也建设了自己的网站，但是自搭建好后就从没再管过，这样可以吗？我说当然不可以，要想在搜索结果上排名更靠前，信息展示更多，就必须保持一定的网站更新频率。但是作为一家实体企业，可以在网站上更新什么呢？就是在公司新闻的这个版块，更新一些行业相关的资讯和新闻，哪怕就是转载也可以，重要的是一定要保持一定的网站活跃性。

联系方式。联系方式就不用多说什么了，当然是越详细越好，包括但不仅限于公司地址、固定电话、移动电话、电子邮箱、QQ、微信等各种联系方式。如果联系方式发生变更，也要第一时间进行修改，确保消费者可以通过这些信息，及时联系到企业的相关工作人员。

招聘信息。大家可能经常在一些企业的官网上看到有专门的招聘信息一栏，那么设置这样一个版块，对企业而言有哪些好处呢？第一就是上文我们提到的，保持一定的企业信息活跃性，招聘信息也是搜索引擎检索时会重点收录的企业信息之一。其二是企业长期处于招聘状态，会让消费者更加放心，感受到企业是在不断发展的。其三是相比主流招聘平台每年都要缴费进行招聘，通过自家的官网增加一个招聘渠道，显然对于人力资源部门也十分有利。

● 14.2 全面触网，企业微信与微博的运用

对于一家创业企业而言，必不可少的线上宣传渠道，一是上文中提到的企业官网，二就是接下来我们要讲到的微信和微博。当然，这里所说的微信，主要是指微信公众号。而微博，自然也就是新浪微博了。作为新媒体营销领域的标配，如何玩转微信和微博，对于企业的发展至关重要。

14.2.1 移动互联网时代，企业微信如何使用？

微信目前的用户总数已经达到了 10 亿左右，微信公众号也已经超过了 1000 万之多。毫无疑问，本着消费者在哪里，创业者就应该在哪里的基本原则，所有创业者，都不应该错过微信这一平台。

提到微信公众平台，自然就不能不提订阅号和服务号的区别。虽然后续微信又推出了企业号和企业微信，但是实用价值还是集中在订阅号和服务号上。如果创业者能够把这两种工具合理利用，那么其功能性丝毫不逊于企业的官方网站。尤其是在当下中国全面进入移动互联网时代后，手机端的平台搭建理应更被企业所重视。

订阅号和服务号，最大的区别其实从名字上就可以看得出来。订阅号重资讯，所以按照微信规则每天可以推送一次资讯给已经关注的微信用户，一次最多可以有八条信息。所以订阅号的优势是每天可推送，且推送信息量足够多；但劣势则是部分信息被折叠在二级菜单，需要用户自己进行打开和浏览。

而服务号，则轻资讯而重服务。在企业服务号的后台，微信开放了更多的接口，供创业者通过第三方平台进行企业服务号功能的拓展。但是服务号每月只有四次推送机会，企业可以选择平均每周推送一次，也可以连续推送，总之每个自然月的推送次数有且只有四次。但服务号的优势则是，推送消息是直接出现在微信的信息流中的，就像用户的微信好友直接发来聊天信息一样；但劣势自然是推送频率严格被限制，无法保持与消费者的高频互动。

那么创业企业如何在订阅号和服务号之间做选择呢？其实我们的意见是，如果团队的时间和精力足够多的话，最好服务号和订阅号各设置一个，并且彼此互为矩阵。由服务号负责企业产品的功能性服务，风格可以偏向于官方一些；由订阅号负责企业日常与消费者之间的交流沟通，风格可以诙谐幽默一些。

而在订阅号和服务号之外，近一年来微信平台又推出了新的企业营销工具——小程序。如何理解小程序呢？其实它就是一个轻量化的手机 APP，只不过开发难度要比独立开发一款手机 APP 容易很多。相比诞生已经五年多，流量红利趋于尾声的公众号，诞生刚刚一年的小程序，显然接下来更具想象空间。如果创业团队中有相关的技术人员，我们的建议是小程序越早制作越好。但是，不建议创业者花费高额费用委托第三方公司制作。因为目前小程序的市场价格还并不透明，一些不良的从业者趁机瞎要价的行为，并不少见。

14.2.2 移动互联网时代，企业微博如何使用？

微博和微信公号，相似的地方是都是用户关注了企业的相关账号后，就可以在自己的信息流中看到企业的推送。但最大的区别在于，微信的内容更倾向于长一些的、更深入的信息；而微博的内容更倾向于短一些的、更简洁的信息。从日发送信息数量上看，微信哪怕是订阅号也只能每天推送一次。而微博则完全无限制，企业可以在自己的微博上进行连续不断的信息刷屏。当然，我们绝对不建议这么做，这种近乎是对用户进行骚扰的行为，很容易引起用户的反感。

微博和微信公号，还有一个巨大的差别是在产品的设计理念上。微博的产品团队是传统资讯门户出身的新浪，所以微博更倾向于新闻资讯的实时传播，在时效性上十分强。所以微博虽然现在功能十分繁多，但最成功的，依旧是每日的"微博头条"，甚至衍生出了一众专门收钱帮助企业炒作头条的公关公司。

而微信公号的产品团队是社交平台出身的腾讯，所以微信公号的信息定位是帮助微信用户实现更多、更有趣的使用体验。而且由于后续微博被阿里巴巴战略投资，目前的微博已经和淘宝天猫平台直接打通，无数的淘宝店铺在微博上做营销，无数的微博网红也在开淘宝店变现，所以整个微博平台的商业化和广告属性非常强。

相比之下，虽然微信公号平台的商业化程度也已经十分成熟，但是在产品经理的带领下，微信在很多功能上还是尽可能做到了商业和用户体验之间的平衡。比如订阅号部分被折叠在二级菜单，比如小程序需要消费者主动进入专属页面搜索后才能使用，都是为了不过于损害用户的使用体验。

那么关于微博营销，其实最常见也是最主要的营销方式，就是病毒式营销。目前在微博上非常有名的营销案例，就要数杜蕾斯的官方微博。其把握热点新闻之敏锐，文案设计之巧妙，成为微博营销领域必学的经典案例。所以借杜蕾斯成功的微博营销，提醒所有想要在微博上做好营销的企业一件事情，一定要学会蹭热点，并且要蹭得分寸恰到好处，雅俗共赏。

● 14.3　电子商务或无商可务，企业电商怎么做？

虽然电子商务在中国互联网行业中已经诞生了二十多年，属于互联网细分品类中一个相对处于中后期的互联网应用。但不可否认，无数的企业之所以想要接触互联网，舍得在互联网上投入资金，就是为了增加销售渠道，通过互联网平台扩大自己的产品销售规模。那么时至今天，初创企业的互联网电商，究竟应该怎么搞？

14.3.1　电子商务不是生产贸易类企业专属

多数中国人只要提到电子商务，第一印象就是在网上开网店，卖产品。衣食住行用，各种日常所能够接触到的商品，都可以搬到网上来销售。大到汽车家具，小到针线钉子，统统都可以通过电商平台搞定。

但是你会发现，上面我们提到的所有商品，基本都属于实物类的商品，这些产品的销售者，要么就是生产厂家，要么就是代理渠道商。那么对于很多非生产贸易类的创业公司而言，是不是就不适合做电商了呢？

最简单的，比如一位创业者从事摄影服务，例如婚纱摄影和写真摄影，是不是可以做电子商务？比如一位创业者从事设计服务，例如平面设计和包装设计，是不是可以做电子商务？比如一位创业者从事财税服务，例如代理记账和代理报税，是不是可以做电子商务？

当然都可以，目前互联网电商中的新星，就是知识付费领域。知识如何付费呢？比如某一位成功人士录制了一个系列学习课程，然后放在各个知识付费平台去标价销售，这就是知识付费的案例。也就是说，相比销售和购买实物商品，通过物流进行运输的电商初级阶段，现在的电商早已进入了虚拟产品和万物可售的全新阶段。

所以我们的观点是，无论你的创业项目属于哪个领域，都应该在电商平台上有所展现。如果产品的价格不像实体商品那么容易明码标价，那你完全可以上传一个服务的资讯简介,然后标注一个价格面议。

14.3.2 适合初创企业的电商渠道

多数人提到电子商务,大多会想到的就是阿里巴巴的淘宝天猫和京东商城。但是也正是由于这些平台知名度过高,入驻企业多,导致竞争异常激烈。目前,这些大型的电商平台几乎已经是大企业和大品牌的天下,初创企业想要在这里分上一杯羹,很难。那么对于初创企业而言,还有哪些电商渠道可以尝试呢?

微店。其实无论淘宝还是京东,都是兴起于PC时代的电商平台。所以如果你尝试过入驻两家平台就会发现,无论入驻的流程、需要提交的资质、上传商品的步骤、进行交易的方式,统统都很烦琐。这就是大型平台最大的弊端所在,上线时间越久,需要受限制的项目就越多。而且,在手机端的体验,依旧不是那么好。而微店不同,从诞生之初就是伴随着移动互联网而来的。对于多数的初创企业而言,产品款式不多,介绍也简单,最适合微店这种简单的平台上传模式。

二手平台。可能有朋友会问,我的产品明明是全新的,为什么要到二手交易平台上去发布呢?其实这里面有两层因素:其一是相比淘宝京东这样的全新商品主流平台目前的流量瓶颈,二手交易平台方兴未艾,平台的销售者和购买者之间的比例更为合理。也就是说,在这些平台上发布商品,起码更容易被看到。其二是没人规定二手平台不能成交全新商品,只要你在介绍中标明全新,价格合理即可。

信息平台。这里我们所说的信息平台,主要是指分类信息平台,例如58同城、赶集网、百姓网这样的平台。目前,这些平台早已不仅仅是最早的纯信息发布平台,企业同样可以开通店铺发布商品,供消费者了解购买。甚至于像美团这样的O2O平台,目前也都在涉足电商业务,创业者完全可以广撒网。

企业官网。最后一个,其实企业官网,始终都是最佳的平台。因为无论以上哪种电商平台,归根结底都是使用第三方的服务,流量控制权一直都在第三方平台手中握着。而如果能够促成消费者到自己的官网网站上进行消费,一来商品的发布方式和内容完全不受限制,企业可以自由发挥。二来经过长时间的积累后,企业官网的知名度和关注度会与日俱增,而这一红利,自然就完全由企业自身来收获了。

14.4 公司媒体矩阵如何构建？

新媒体（New Media）是指当下万物皆媒的环境，简单说：新媒体是一种环境。新媒体涵盖了所有数字化的媒体形式，包括所有数字化的传统媒体、网络媒体、移动端媒体、数字电视、数字报纸杂志等。它是一个相对的概念，是指在报刊、广播、电视等传统媒体之后发展起来的新的媒体形态，包括网络媒体、手机媒体、数字电视等。

14.4.1 只知道微信公号已经彻底 OUT 了

我想对于绝大多数的创业者而言，微信公众号基本上是人手一个，甚至人手多个。微信公号，属于互联网上较早阶段的新媒体平台，诞生于 2012 年。不少的创业公司虽然团队人数并不太多，但是一般都会十分重视微信公众号的运营，甚至会设置专门的微信公号运营岗位。但是，创业者应该了解和使用的新媒体营销平台，远不止微信公号一家。

作为创业者，应该非常清楚新媒体之于企业的价值所在。它是目前互联网上最具性价比的信息传播渠道。而对于企业而言，无论是成熟企业还是初创企业，自然是传播广度越大越好，这样知名度才会相应更高。如果一份相同的营销内容，只发在微信公号上和同时发在十家平台上，推广效果自然相差巨大。以下是其他可用的新媒体平台。

微博（新浪微博）。虽然早期的微博领域，腾讯、网易和搜狐都曾参与竞争，但是最终在竞争中获得优胜的，是新浪微博。新浪微博的诞生时间更早，于 2009 年即测试上线。从互联网产品的生命周期看，微博基本已经进入了衰退期。加之微博本身急于变现，又被阿里战略入股，所以目前的新浪微博，用户的试用体验并不太好。对于创业公司而言，微博不可或缺，但是并不该作为自媒体阵营的主战场。

QQ公号（QQ看点）。众所周知，QQ和微信是腾讯公司产品中用户体量最大的两款社交产品。而QQ公号，大家可以理解为是QQ团队参考微信团队微信公号功能的成功，复制了一个在QQ上。在流量、影响力等各个方面，自然要比微信都弱上不少。但是我同样建议大家要重视QQ公号，因为QQ用户以青少年居多，平均用户年龄明显低于微信。所以如果你创业针对的消费者偏年轻化，或者你打算提前对年轻人普及和推广你的产品，QQ公号是个不错的选择。

企鹅号（腾讯新闻）。相比微信公号，企鹅号上线的时间明显晚了很多，它属于企鹅媒体平台的一部分，继承和发扬了微信公号在内容领域的经验和积累，并且承载了腾讯在大的内容领域的野心和抱负。2017年年末平台全新升级后，企鹅号成为腾讯"大内容"生态的重要入口，内容创作者生产的内容可以通过微信、QQ、QQ空间、腾讯新闻、天天快报、QQ浏览器、应用宝、腾讯视频、NOW直播、全民K歌等十大平台进行分发。未来在流量红利方面，值得所有创业者看好。

头条号（今日头条）。今日头条作为新生代三小巨头TMD（今日头条、美团点评、滴滴出行）之一，是目前新闻内容领域的当红"辣子鸡"。相较于传统的三大资讯门户（新浪、搜狐、网易），今日头条的推荐机制更为直击人性，所以在用户使用时长上优势明显。流量大、用户使用时间长是头条的最大优点，但内容质量低，用户偏爱趋于通俗甚至低俗，是头条最大的缺点。所以如果你打算在头条上获得更好的推荐，太过严肃和深刻的内容是不太适合的，轻松的、戏谑的甚至八卦的，才是头条热门的方向。

一点号（一点资讯）。一点资讯从诞生之初就和凤凰新闻关系密切，我们可以理解成为是传统的媒体平台凤凰新闻在全新的移动互联网信息资讯领域的一次尝试创新。相比接下来要介绍的凤凰号，一点号的内容丰富程度更高，推荐机制也参考了今日头条的深度人性化——即用户偏爱哪一类内容，平台就会大批量地不断向用户推荐同类内容。目前一点号已经与凤凰号实现了内容上的共享，即无论你在哪一个平台注册账号发送信息，另外一个平台系统会自动同步内容。

凤凰号（凤凰新闻）。上文我们已经提到，一点号和凤凰号已经实现了内容共享。但是这两家平台，最大的区别在于用户的类型和喜好。一点资讯更为年轻化，整体口味更丰富，定位是综合性的资讯平台。而凤凰号这边，长期以来倾向于国际国内、社会时政、商家经济等偏深度和严肃性的内容。创业者可以根据自己的创业项目和营销内容风格，选择合适的平台进行主力操作。

网易号（网易新闻）。网易和搜狐都是门户型资讯平台领域的老兵了，优点一是品牌知名度高，用户认可度高，内容丰富性高，以及用户的整体体量巨大。所以如果创业者的内容质量足够高的话，阅读量过十万并不太难，因为这些媒体平台采用的都是内容推荐制，即内容阅读人数越多，平台计算机制就会认定该内容质量越高，从而进一步加大内容推荐量。

搜狐号（搜狐新闻）。创业者之所以需要重视在新媒体平台上的运营，除了在各媒体平台即时性的阅读数量对品牌曝光性的好处，还在于各家主流媒体平台被百度等搜索引擎的抓取效果都很好。当较长时间坚持更新宣传信息后，当消费者通过搜索引擎搜索企业关键词时，就能够获得更多数量的相关新闻。而在这一领域，搜狐新闻的搜索引擎抓取效果又是最好的，值得被重点关注。

百家号（百度新闻）。相比传统的媒体资讯门户，百家号的最大优势，显然不言自明。作为百度搜索旗下的内容平台，被百度搜索重点扶持也是必然。创业者如果重视 SEO 和 SEM 等搜索引擎优化的话，那么百家号是一定不能错过的。

大鱼号（UC/优酷）。大鱼号是阿里旗下的内容平台，所以主要的分发方向就是 UC 浏览器、UC 头条、优酷土豆等阿里系的产品。特点就是重娱乐性、八卦、明星、影视、搞笑等相关内容。尤其是如果创业者具备宣传视频的制作能力，那么应该重点关注大鱼号的视频相关分发平台。

东方号/时间号。东方号是属于东方头条的自媒体平台，时间号是属于北京时间的自媒体平台。这两个平台之所以放在一起，因为两者具有一定的相似性：同样属于流量较低的自媒体平台。但是为什么还是建议创业者最好也要开通并使用呢？因为平台本身的问题，平台上会存在大量的四处粘贴复制其他平台原创内容的情况。创业者开通这两家平台的目的，更多的不是为了增加影响力，而是防止自己的原创内容被滥用。

新浪/网易/搜狐博客。可能很多创业者一听到博客两个字，就觉得这是都要老掉牙的媒体平台了，现在还有人会去博客上看资讯和内容吗？但是之所以会推荐大家不要轻视几家门户平台的博客，一来是因为博客的搜索引擎抓取结果很靠前，二来是相比其他主流的媒体平台，博客的内容审核更为宽松些。如果创业者有比较明显的广告植入时，其他平台往往都会审核失败，而博客类的平台则基本不会有太多审核。

简书。相比其他自媒体平台，简书平台显得有些另类。这种另类，主要是体现在简书的营销属性相对较弱，这也和平台目前的主要用户基本都是在校学生有很大关系。所以在简书上，例如文艺、鸡汤、忧伤风格的内容，就会明显更受平台的欢迎。如果你的创业项目是针对校园和年轻用户的话，那么简书就是非常适合你的平台了。

豆瓣。很多人可能只听说过"豆瓣电影"，知道其评分在行业内的影响力。而事实上，豆瓣有一个功能叫作豆瓣日记，差不多就是博客性质的产品。但是相比许多博客，豆瓣的网站架构，同样非常适合于搜索引擎抓取。而且豆瓣日记每篇推文都可以自定义 5 个标签。经过我们的实测，豆瓣日记标签的百度搜索抓取率，同样非常靠前。

知乎。知乎目前是中国最具影响力的知识问答平台，平台上聚集了大量高学历、高收入、高素质的人群。所以如果创业者的目标客户是中产阶级以上人群的话，那么知乎这一渠道是一定要重视的。知乎上获得影响力的方式同样是两种，其一是答题，当然要选择和自己创业项目最相关的领域；其二知乎同样可以发文，不过相比答题的自带较高流量属性，直接发文的效果会弱一些。

14.4.2　企业媒体矩阵的本质

上文中，我向大家介绍了十多种目前网络上主流的自媒体平台。它们作为企业营销宣传的重要渠道，所能够起到的作用主要集中在两个方面——其一是实时的阅读流量，其二是长期在搜索引擎结果上的优化。

借助创业企业互联网自媒体矩阵的搭建，其实我们真正希望创业者能够拥有的，是互联网的"矩阵思维方式"。就是说，互联网与线下最大的不同在于，互联网是没有信息壁垒的，每天都有极为惊人的新信息产生与传播。在传统的广告营销时代，企业想要获得更多的曝光虽然成本较高，但是整体的效果也更突出、更持久。

而在互联网业态中，任何信息都不可能孤立存在，既需要依托于平台的影响力，也要依赖受众的再次传播。但是这一过程，在很大程度上并不能由企业自身掌握。而能够被企业控制和掌握的，就是想方设法覆盖更多的平台，尽可能在更多渠道，接触尽可能多的受众，从而完成信息最大化传播和转化。

熟悉互联网的朋友应该对"生态链"一词不会陌生，它背后的本质其实是一种长尾效应，即处于生态链上的每一个产品或服务，都并不是孤立存在的，它们都为整个生态链的整体效用承担相应的作用。比如某一服务的提供完全免费，但是可以获得大量的关注与流量；而后这些流量可以被引导向生态链上的其他产品和服务，从而变现获得利润。

而生态链的商业思维方式，就是互联网思维当中非常经典的一种战略。在很长的一段时间内，一众互联网企业正是凭借这种更新的商业思维，在与传统商业模式的竞争中，获得了近乎是"降维攻击"式的胜利。

● 14.5　新零售开启中国线下商业新篇章

新零售，即企业以互联网为依托，通过运用大数据、人工智能等先进技术手段，对商品的生产、流通与销售过程进行升级改造，进而重塑业态结构与生态圈，并对线上服务、线下体验以及现代物流进行深度融合的零售新模式。线上线下和物流结合在一起，才会产生新零售。2016年10月的阿里云栖大会上，马云在演讲中第一次提出了新零售，"未来的十年、二十年，没有电子商务这一说，只有新零售。"

14.5.1　传统零售如何焕发全新生机？

零售是指包括所有向最终消费者直接销售商品和服务，以供其作为个人及非商业性用途的活动。许多机构，诸如生产商、批发商和零售商都从事零售业务。而大部分零售业务是由零售商从事的。零售是商品经营者或生产者把商品卖给个人消费者或社会团体消费者的交易活动。特点是：每笔商品交易的数量比较少，交易次数频繁；出卖的商品是消费资料，个人或社会团体购买后用于生活消费；交易结束后商品即离开流通领域，进入消费领域。

零售对于每一位消费者而言，都是无可避免的，它存在于生活的方方面面，应用场景十分之多。在过去的很长一段时间内，中国的电子商务行业迅速发展，大有与传统零售行业分庭抗礼之势。但是随着时间的推移，人们渐渐发现电商的瓶颈日渐突显，很多问题是无法通过电商的方式完全解决的。于是，新零售的思维开始流行起来。

参与新零售的企业，可以以互联网为依托，通过运用大数据、人工智能等先进技术手段，对商品的生产、流通与销售过程进行升级改造，进而重塑业态结构与生态圈，并对线上服务、线下体验以及现代物流进行深度融合的零售新模式。比如目前在各地不断进行试错的无人超市和无人货架，就属于新零售的一种方式。

而未来纯粹的电子商务平台也即将消失，线上线下通过物流结合在一起，逐渐产生新零售。线上是指云平台，线下是指销售门店或生产商，新物流消灭库存，减少囤货量。做过零售的企业都知道，库存是最大的风险与隐患。库存不足，会造成收入减少和消费者流失；而库存过多，又会造成资源浪费和亏损风险。

但通过大数据＋云计算的帮助，零售企业逐渐可以精准地判断绝大多数商品在固定时限内的销售数量，合理备货。另外，对于缺货的商品，也可以高效地进行补货和调配。随着物流行业的进一步发展，配送效率将被进一步提升。过去以行政大区为仓储基地的方式，将进一步演变发展到分省分市就近仓储配送。未来配送效率精准到小时甚至分钟，都完全不在话下。

14.5.2　初创企业如何做新零售？

未来将不存在所谓的传统企业和互联网企业，传统企业会纷纷拥抱互联网，互联网企业会不断深入线下。关于这一观点，已经被越来越多的创业者所接受。那么当我们已经清楚地明白新零售是一种趋势，所有人都将不可避免地参与其中的时候，我们还应该考虑另外一件事——传统型企业如何做新零售，互联网企业又如何做新零售。

新零售这件事，最早就是由互联网企业提出并且进行实际操作的。从过去一到两年，从阿里巴巴、京东和小米为代表的互联网电子商务企业的新零售尝试之路来看，主要集中在两个层面。

深入线下商超、百货、便利店。阿里巴巴战略入股了多家线下大型连锁商超和百货公司，京东也开启了在全国各地的京东便利店的生意，小米的线下零售店小米之家坪效做到了仅次于苹果。我们发现，互联网企业做线下新零售，要么是自营门店以互联网思维做零售；要么是与线下巨头合作，提供技术支持。

进一步提升物流技术与效率。互联网企业做零售最大的资源在于，大数据积累和云计算能力。而如何使用大数据和云计算提升传统零售的效率和利润，根源还是在物流技术和效率上。顺丰速运的高市值以及京东物流的高估值，统统证明了资本市场对于拥有核心物流能力的企业未来的看好。

而对于传统企业而言，显然彼此之间的差距就比较悬殊。有些较早触网，在电子商务领域有所深耕的企业，在转型新零售时较为积极主动。而对于一些中心零售企业，显然还并没有深入了解到新零售的深刻意义。

作为传统型企业，一方面要对于互联网上最新的信息和发展趋势保持敏感，对于新上线的平台保持开放心态，在成本允许的情况下，多合作、多试错。对数据和物流信息提高关注，不断优化和打通自己的线上线下销售渠道、流程、价格。

● 14.6 与消费者做朋友的粉丝经济战法

粉丝经济泛指架构在粉丝和被关注者关系之上的经营性创收行为，是一种通过提升用户黏性并以口碑营销形式获取经济利益与社会效益的商业运作模式。以前，被关注者多为明星、偶像和行业名人等，比如，在音乐产业中的粉丝购买歌星专辑、演唱会门票，以及明星所喜欢或代言的商品等。现在，互联网突破了时间、空间上的束缚，粉丝经济被宽泛地应用于文化娱乐、销售商品、提供服务等多领域。商家借助一定的平台，通过某个兴趣点聚集朋友圈、粉丝圈，给粉丝用户提供多样化、个性化的商品和服务，最终转化成消费，实现盈利。

14.6.1 把顾客当上帝的思维是错误的

在传统的商业时代，部分企业总是喜欢把"顾客是上帝"挂在嘴边。但是在实际的情况中我们发现，越是喜欢把"顾客是上帝"的口号喊得最响的企业，往往对待企业的态度却是越不走心的。

作为创业者，如果你真正深入思考过"顾客是上帝"这件事后，往往就会明白，这是可实行性极低的一件事儿。因为无论企业和消费者谁的身份更高，最终的交流都会造成阻碍。所以越来越多的企业，在与客户进行交流时，已经把称谓从"您"改成了"你"。只有企业和消费者站在平等的地位上，像朋友一样交流，才有可能长久。

"把顾客当上帝"的企业，普遍以前恭后倨态度为多。在把顾客口袋里的钱掏出来之前，顾客是上帝，而且说什么都行；等到把顾客口袋里的钱掏出来以后，顾客瞬间就什么都不是了。

14.6.2　如何才能让顾客成为粉丝？

毋庸置疑，如果你说近五年来，互联网上把粉丝经济运用得最好的创业公司，那么一定是小米科技无疑。小米科技从手机为切入点，不断扩展到整个智能家居链条。所以对后来的创业者而言，如何从小米身上学到粉丝经济的精髓呢？

超预期。在产品市场平均售价三四千的时候，一家企业把价格直接拉低到了不到两千的水准时，给予消费者的心理震撼感是十分强烈的。后续很多新品的发布，小米也都保持了将价格压轴发布，并且每一次都保持了高性价比的超预期效果。消费者，尤其是年轻消费者，对于新鲜感和惊喜感尤为看重，当不断有惊喜和超预期发生时，他们就会爱上你。

参与感。如果你回头看一看小米在过去几年间的营销案例，几乎就是中国互联网营销的一本百科全书。但是无论社区营销、粉丝营销、借势营销、事件营销、体验营销、知识营销、情感营销、教育营销、病毒营销、差异营销、饥饿营销、精准营销、互动营销哪种营销细分方法，小米都保证了用户的充分参与。参与感，就是让消费者亲自参与，亲身体验，让他们自己觉得好玩、有趣。

口碑。虽然近几年随着小米科技的发展，逐渐增加了在广告方面的投放费用。但是在小米创业的前几年，我们几乎看不到小米投放的任何广告。那么小米为什么却可以在此期间依旧保持了用户数的迅速增长呢？核心就在于小米掌握了用户的口碑，用户体验过小米的产品后，愿意将它口口相传给身边的更多朋友。粉丝的意义，绝不仅限于他自己喜欢，而是他可以拉动身边更多人一起喜欢。

真实。为了能够与小米的用户始终保持最近的距离，作为小米创始人的雷军，做到了在他时间和精力允许的情况下，使用各种媒体渠道与消费者进行沟通。例如直播平台最热的时候，雷军亲自直播，解答消费者对于小米手机的疑惑。作为公司的创始人，如果你自己都不愿意站在与消费者面对面沟通的第一线上，不让消费者看到你的喜怒哀乐，那他们如何能够发自内心地喜欢你，成为你的粉丝呢？有为数不少的品牌粉丝，之所以喜欢一个品牌，就是因为他们喜欢这一品牌的创始人。

14.7 大数据面前对你的消费者了如指掌

> 大数据（big data），指无法在一定时间范围内用常规软件工具进行捕捉、管理和处理的数据集合，是需要新处理模式才能具有更强的决策力、洞察发现力和流程优化能力的海量的、高增长率和多样化的信息资产。

14.7.1 把用户数据牢牢把握在自己手里

很多创业者都表示，他们自己也非常清楚大数据的重要性。但是大数据需要有海量的用户积累，才能够提炼出有效的信息。而作为初创企业，本身的用户量和订单数都屈指可数，是不是谈大数据就为时尚早了？对此，我们不妨从以下几个维度进行解析。

不积跬步无以至千里。无论是你现在看到的阿里巴巴、京东，还是滴滴、摩拜，它们今日所能够发布的各类大数据，是过去几年甚至十几年的用户数据积累。作为创业者，应该对大数据保持足够重视的心态，才有可能在接下来的创业过程中，不断在大数据领域投入和积累。不仅仅是互联网公司，目前许多各行各业的公司，都成立了自己的大数据研究院。他们不仅对于自身积累的大数据进行整理和运用，同样还可以联合其他大数据企业进行合作和进一步研究。

数据要掌握在自己手里。对于一些初创企业，受限于自身的技术能力，没办法自建数据平台进行日常的数据整理分析。而目前各家主流的第三方开放平台，都在后台预留了接口给入驻者进行数据计算和呈现结果。创业者要对这些数据敏感且重视起来，并且不断地定期进行分析和研究，思考数据背后的消费者心理变化。

大数据的价值只是开始。虽然当下已经有越来越多的企业和个人意识到了大数据的价值，但是相比于未来而言，当下的大数据还只是非常初级的阶段。最简单的例子，未来绝大多数的销售人员和客服人员都将面临下岗，因为随着大数据的不断积累和成熟，各家企业完全可以通过大数据高效、精准地找到目标消费者，而不需要通过人工进行低效的盲选。

14.7.2　大数据面前消费者清晰可辨

上文我们提到了大数据是未来互联网发展的重要趋势，那么对于企业而言，大数据除了理论研究和战略发展外，还有其他更为实际的用处吗？

就是通过已有的消费者数据，推导和预测潜在的消费者在哪里。通过大数据，消费者的所在地区、年龄、性别、性格、喜好、消费能力都将呈现在企业的面前。在过去，如何弄懂消费者的喜好，对于商家而言是最难的一件事情；而在未来，这件最难的事情将伴随着大数据技术的深入发展而变得容易起来。

而对于消费者而言，各家平台会越来越明白你的喜好，向你推送的商品也将越来越准确。你无须再消耗过多的时间在寻找之上，因为平台未来会比你自己更了解你。

• 14.8　"专注极致口碑快"的互联网思维

"专注极致口碑快"是小米创始人雷军，总结自己多年互联网创业经验的思维精华。专注：少就是多，大道至简。极致：做到自己能力的极限。口碑：超越用户预期。快：天下武功，唯快不破。在笔者看来，这七字诀，是目前对互联网思维最为到位的总结。

14.8.1 互联网思维"专注极致口碑快"

专注。在智能手机领域，有一个非常典型的案例，就是苹果公司虽然每年只出品一款手机，但是却获取了整个行业中最大的那块蛋糕；而其他如三星之类的手机厂商，多数都选择了机海战术，每年都发布多款手机。但哪怕是所有手机型号，所有厂商的利润都加起来，依旧都敌不过苹果一家公司。这种思维，就是非常典型的互联网思维，少即是多，大道至简。

极致。在全世界的游戏迷心中，有一家公司几乎是无人不知、无人不晓的，这就是暴雪公司。对于玩家而言，暴雪最让人抓狂的，莫过于新游戏上线时间总是一再延迟。但是玩家依旧愿意在吐槽之后继续等待暴雪新款游戏的上线，并且第一时间购买尝试。暴雪公司为什么能够在玩家心中有如此的地位？原因无外乎就是极致——暴雪出品，必属精品。在玩家眼中，暴雪公司是为了游戏的最佳极致体验而一改再改才跳票延期的，这种等待是值得的。

口碑。其实最难获得长时间良好口碑的，就是服务行业。因为消费者对于服务的认知是十分感性的，这个人认为好的，那个人就不一定认为好。但是在服务行业，却有一家企业做到了"众口可调"，就是大名鼎鼎的海底捞。海底捞的口碑无疑是毋庸置疑的，哪怕你从未亲自去体验过，也一定会在网络上、朋友圈里看到其他人对于海底捞的好评。口碑营销的成功典范就是粉丝经济，让消费者真正爱上品牌，并且成为品牌的粉丝，这是非常高超的营销手段。

快。互联网行业作为新兴行业，其成长速度之快，超过了之前任何行业。互联网行业用二十多年发展的成果，甚至远超很多行业百余年的成果。互联网行业为什么必须要快，一方面是因为互联网的本质就是信息的高速高效流通，也就是说互联网行业从诞生之初就有快的基因。比传统行业要快，是消费者对于互联网行业的既定思维认知。另一方面，互联网企业之间的竞争，是很少有像传统行业那种壁垒保护的。一个新的风口出现，马上就会出现类似千军万马过独木桥的盛况。另一方面互联网行业又是赢家通吃的形态，惨烈的竞争后，能够活下来的往往只有第一名。在彼此模式极为相似的前提下，谁更快，谁就更容易获得更多用户，获得更多融资，成功概率就更大。

14.8.2 互联网思维不是万能灵药

作为"互联网+"章节的最后一篇，笔者并不打算像其他很多互联网从业者那样，大谈特谈互联网思维是多么先进，传统行业公司必须要全面互联网化，否则就会如何如何。相反，我倒是想和大家聊一聊，关于错误使用"互联网+"的负面作用。

首先希望所有创业者都明白的一个道理是：互联网+不是万能灵药，不是任何行业、任何企业的任何问题，只要一"互联网+"了，立马就能药到病除，甚至起死回生。"互联网"是一种工具，既然是工具，是否恰当使用、使用者的使用方式，统统都能够决定"互联网+"的最终结果如何。

比较典型的错误使用互联网思维的案例，是盲目使用互联网的免费甚至补贴方式做营销。互联网行业的免费打法，源自互联网产品普遍是轻资产，成本极低。所以使用免费打法时，损失的最多就是人工层面的成本。而传统行业，显然就和互联网行业不同，每一件商品，都是真金白银的硬成本。所以传统行业往往让利最多只能做到成本价，而并不适用于彻底免费。

而补贴战术，则一般出现在行业新风口的诞生初期，多家同领域公司强力争夺用户。在竞争的关键时刻，哪一家公司开出的条件更吸引用户，用户就会倾向于哪家公司。因为每一家公司的产品都是极为相似的，就看哪家更有"诚意"。而另一方面，互联网行业是目前所有行业中最善于利用资本力量进行竞争的。也就是互联网公司用来补贴的钱，不是企业自己的血本，而是投资机构的投融资。拿"别人"的钱补贴和拿"自己"的钱补贴，显然相差巨大。

第 15 章

公司注销：
如果失败，如何妥善收尾

　　创业是一件九死一生的事情，所以相较于创业成功，创业失败往往才是创业者更容易遭遇的情况。作为一名成熟的创业者，不应该对于创业失败这件事讳疾忌医、闭口不言。相反，能够直面失败，并且能够虚心地从中总结经验教训的创业者，才有可能在未来重整旗鼓，并且获得真正的成功。

●15.1 如何妥善安排公司员工的离职？

最糟糕的处理员工之于公司解散的方式，莫过于前一天管理者还在不停给员工打鸡血、灌鸡汤，第二天就直接宣告公司倒闭，员工就地解散。公司在遭遇重大的经济危机时，为了不使员工过度为此事分心，管理层适度对员工隐瞒公司实际财务情况可以理解。但是当公司已经无力回天时，最应该被善待的对象，就是曾经和公司一起走过风风雨雨的团队成员。

15.1.1 如何向员工解释公司解散这件事儿？

很多创业者，尤其是初次创业的创业者，毫无面对失败的经验，自然也就缺乏正确应对公司解散的正确心态。很多创业者，在面临公司即将倒闭，团队解散这件事时，自己比团队先精神崩溃了。此后，自然是只有善始，没有善终。

根据我们过往对于创业团队的咨询经验，哪怕是团队规模再小，公司账面上起码要留够六个月的员工工资，这是公司财务运营上的第一条红线；而如果这一红线标准已经下降到了三个月，作为团队管理者，就应该意识到公司可能即将面临倒闭和解散。但是作为创业者，应该在此阶段想方设法争取投资，筹集资金，为公司起死回生做最后一搏。

而当公司账上只够团队成员一个月工资，创业者方法也已经全部用尽，实在是无能为力的时候，就是向员工摊牌的最后时机。因为按照成熟企业的行业管理，如非员工因素辞退员工，应该补偿"N+X"的薪酬，作为补偿。这里的N，是该名员工在公司工作的年限；这里的X，则看员工对公司的贡献和企业管理者的良心。

那作为创业团队，普遍公司寿命都在三年以内，甚至多数只有一年左右。而且很多创业公司从创业之初一直到创业失败，都没有真正意义上的收获过多少利润，所以能够补偿团队成员的能力也十分有限。所以我们对于创业者的建议是，根据公司的实际运营时间和财务情况，对公司解散的员工给予1~3个月薪资的补偿。

1~3个月薪资的补偿，其实对于一名突然面临失业的员工而言，并不多。但是这却能够表明创业者和公司的一种态度——即使公司已经走到山穷水尽的这一天，但是公司依旧没有忘记所有曾并肩战斗的伙伴。这份补偿，也算是给离职员工一笔再次求职的过渡资金。

向员工解释公司解散这件事儿的最好方式，就是坦诚以待，实话实说。作为一名成年职场人，他能够选择加入一家创业公司，自然就有对风险的相应心理准备。在我们过去的数据统计当中，多数创业公司员工能够接受公司最终创业失败的结果，但不能够接受管理人员对团队的欺瞒甚至跑路。中国有句老话叫作"买卖不成仁义在"，对于这些曾经为公司奉献过自己的时间和努力的员工，一定不要寒了他们的心。有朝一日你再次创业，他们可能依旧是你的伙伴和战友。

15.1.2 公司解散如何妥善处理员工离职？

无论公司大小，在公司面临解散的时候，都应该设置一名负责离职员工事务的专人。如果创业者本身身体和精神状态都不适合担任的情况下，也需要委托一名团队成员进行这项事务的收尾善后。具体内容包括以下几方面。

员工工资事务。上文中我们已经提到，建议创业者对于因公司解散而离职的员工，除结清当月工资外，视实际情况再给予1~3个月工资的补偿。创业团队的规模普遍不大，一般在几人到几十人之间。如果情况允许的情况下，我们建议创业者可以和每一位员工聊上一聊，当面感谢他们过去为公司做出的努力。

员工社保事务。相比工资和补偿可以直接发放给离职员工本人外，员工的五险一金，处理起来就相对烦琐一些，这也是为什么建议创业者要安排一名专人负责员工离职事务的主要原因。社保的断缴和补缴对于员工而言都是比较烦琐的事情，在员工找到下一份工作之前的过渡期，处理方法主要有两种：其一是继续由公司代缴，其二是寻找第三方人力资源公司代缴，缴纳时限与费用方面，由公司与员工进行协商。

员工其他事务。公司应该为离职员工开具相应的离职证明，并且在证明中如实表示是由于公司的经营不善，最终解散，肯定员工的工作能力与工作态度。对于部分还会向上一家公司询问员工工作情况的新公司，创业者也应该最大可能进行协助，让离职员工尽快完成向新工作的过渡。

● 15.2 如何妥善处理公司创业团队的解散？

上文当中我们讲过了创业失败后，如何妥善处理公司员工的解散。然而就笔者自身的创业经历来看，有另外一件事儿，其实比团队员工的善后更为复杂和困难，那就是如何妥善处理创业合伙人之间的收尾工作。

15.2.1 分手见人品，散伙更见人品

在中国合伙做生意，是出了名的艰难。这种艰难主要体现在哪些方面呢？我把它大致总结为四点：其一，公司盈利前合伙人怎么做；其二，公司逐渐走上正轨了听谁的；其三，公司赚到钱了怎么分；其四，公司负债了怎么算。以上每一项，都不知道害死过多少的创业团队。

我们常说，分手的时候，才最能看出一个男/女朋友真正的人品；同样，散伙的时候，也才最能看出一个合伙人的真实品性。在过去的这些年中，我们见识过无数的因创业失败而兄弟反目的、朋友成仇的、同学相恨的、恋人互怼的，应有尽有。创业失败，合伙人之间的关系还能依旧如初的，凤毛麟角。

而导致这种情况频繁发生的原因，主要集中在两点：其一是中国的合伙人之间，普遍以亲戚朋友居多，而这种关系一旦遭遇了创业中的利益纠纷，很容易反目成仇；其二是创业开始前普遍没有做到丑话说到前头，很多的权利和责任模棱两可，到了"东窗事发"后，才发现根本没有可以依据的白纸黑字，只能公说公有理，婆说婆有理，到最后统统成了一笔糊涂账。

创业失败，最好的情况莫过于当初创业开始时，几位创业者每人投入的股本全部亏损。而最坏的情况，就是除此之外公司还欠下了诸多外债。按照法律规定，公司的全体股东按照持股比例，对公司的收益和亏损进行负责。而实际的情况却

是，赚钱了人人都觉得自己拿得少，亏欠了个个都认为自己亏得多。

对于绝大多数的小微创业公司而言，我都不建议创业者轻易对外借债。手上有多少资金，就做多大的事情。除非能够得到风险投资机构的投资，不然像信用卡、网贷甚至民间借贷等各类高息高风险的行为，一概都不应该去碰。由于这些借贷行为都是以个人名义进行负债，所以一旦公司创业失败，其他合伙人拒不承认相关责任，这将导致借贷人的经济出现巨大危机。哪怕是后续走了法律程序，所消耗的时间和精力多半也是得不偿失的。

15.2.2　所谓有备无患，正用在此处

中国有句老话，叫作"凡事预则立，不预则废"。什么意思呢？说话先有准备，就不会辞穷理屈站不住脚；行事前计划先有定夺，就不会发生错误后悔的事。

如果你认真读过本书的第一章"从零到一"，应该还对其中"害人之心不可有，防人之心不可无"的一节有所印象。其中有这样一段话：

"创业彻底失败，如何承担责任与债务：创业的失败永远都是大概率事件，所以不提前对创业彻底失败后如何收场的事情做好准备，本身就是对创业团队不负责任的态度。虽然公司法里也有关于公司注销的相关流程，但是对于绝大多数的合伙人而言，其方式太过死板，执行性较差。创业失败，与团队中的每个人都息息相关，没有人有资格完全推卸责任。提前将创业失败的损失责任明确到每个合伙人身上，是最好的安排。"

如果严格按照这样操作，在创业之初就已经把创业失败的风险和处理方式做了规定，那么在此时就会极大受益。在失败和亏损面前，人性永远都是倾向于否定别人，推卸责任的。只有事先定好的白纸黑字，才是最有效的依据。

● 15.3　哪些公司资产应妥善安顿？

创业就像是行兵作战，讲究的是一个进退有法。进有法，是说企业处于上升期，发展较快阶段时不大意冒进，最终导致不可挽回的局面；退有法，是说企业面临不得不关停的命运时，可以有计划

有节奏地结束，而不是兵败如山倒，彻底乱成一大片。那么公司在注销时，公司资产应如何妥善处理呢？

15.3.1 公司的有形资产如何处置？

所谓公司的有形资产，无非就是办公室里的办公家具和用品。事实上，对于多数小微创业公司而言，我们并不主张在创业初期，就把大量资金用于购置办公家具和用品，尤其是购置全新的高价办公用品。

由于创业本身的高失败率，每天都有无数的创业公司在倒闭，所以每天都会诞生大量闲置的办公家具和用品。而由于这些物品的用途明确，只适合于办公室用，所以市场本身的消化能力也较为有限，这就导致了二手的办公家具和用品不管成色多好，转让价格往往都极低，很少能够超过原价的五成。

所以对于创业者而言，最好的方式就是在创业寻找办公地点时，就重点留意那些原本就自带主要办公家具的房屋。一方面节约了很大的成本，未来即使搬家和变动也不会损失太大；另一方面，其实也是帮助上一个创业者收尾，也算是创业者之间的惺惺相惜。而类似电脑等办公工具，我们同样推荐创业者尽可能选择二手平台购买，性价比高出不止一星半点。

而真到了公司面临倒闭的时候，我们也不建议出于感情的因素，创业者留下很多办公家具和用品，这些东西原本就极占空间，而且随着时间推移还会不断贬值。最好的方法，就是迅速转让出手，将损失降低到最小。

凡事吃一堑长一智。一家公司的发展好坏，归根结底是关系到团队每一位成员。至于办公用品，最好是一切从简。

15.3.2 公司的无形资产如何处置？

公司的有形资产，由于都是看得见摸得着的，所以处理起来也相对简单，无非就是转让和变卖等常见方式。但公司除了上述有形资产外，还有其他无形资产，同样需要创业者慎重对待。因为这些无形资产，有可能在今后派上大用场。那么这些无形资产，都有哪些呢？

媒体账号。最典型的，就是微信公众号和微博账号。作为一家创业公司，为了更好地宣传和推广自身的产品和服务，都会在多家互联网媒体平台注册账号。经过经年累月的内容推送与运营，可能已经有了一定体量的粉丝积累。这些粉丝可能是公司的客户，也可能是公司的潜在客户，创业者应该尽自己最大努力维护好这些账号，或者交由第三方代运营公司进行维护。将来如果想要再次创业，那么这些媒体账号，会大大提高你的起步水平。

网站域名。在当今的互联网时代下，几乎所有的创业公司，都会至少搭建一个官网。如果是互联网公司，官网的重要性自然更是毋庸置疑。很多互联网领域的创业公司网站都是团队耗费了最大心血之所在。而创业失败了，公司解散了，官网自然也就没有了运营者和维护者，绝大多数都以直接关闭告终。网站可以关闭，但是域名却是按年缴费，创业者可以自由选择挂在公司名下还是个人名下的，且转换起来十分方便。如果想要转卖，目前绝大多数的域名注册网站都提供了委托出售的服务，只需要设定一个合理的价钱即可。而如果创业者未来还打算重新启用这个域名，最好的方式自然就是要按时续费，价格并不高。

知识产权。在之前的知识产权章节当中，我们曾详细介绍过知识产权的内容和重要性。对于一家企业而言，最常见的知识产权主要是商标、专利和版权。这些无形资产，由于申请注册时都是以公司的名义进行申请，所以如果贸然注销公司，将导致这些宝贵的无形资产付诸东流。处理方式主要有三种：其一是公司团队虽然解散了，但是不在工商层面进行注销，每月支付小额的代账费用保持公司在法律上的存续，这样所有有形资产就依旧全部随之保留下来；其二是有些资产，可以通过法律渠道从企业转移至个人名下，不过一般流程较复杂，耗时较长；其三自然就是转让知识产权，但是同样需要时间和谈判。所以最具性价比的方式，显然就是第一种。而且随着时间推移，相关部门会不断完善公司的退出机制，知识产权的处理方法也会越来越合理。

客户资料。随着公司运营时间越长，公司所积累的客户资料也就越多。为什么很多企业发展到了后来，哪怕是不再进行大力的市场投入，消费者依旧还是会有稳定增长，就在于过去的客户积累。我们一直强调，创业者要对消费者心存敬畏，尤其是企业已经到了生死存亡关头时，最考验一名创业者和一家创业公司的底线。妥善保管好每一份曾经信任你的客户资料，封存好公司之前为客户服务的经验，这些都会在下一次创业时，起到很大的作用。

● 15.4　注销比注册一家公司要复杂

目前公司注销流程主要由两种方式，分别是简易注销和一般注销。一般注销就是长期以来一般的公司注销流程，涉及相关部门多，环节复杂。如果当地行政机关效率再低一些的话，那么整个流程走下来，会让人有一种"终生难忘"的痛苦记忆。另外一种，就是国家工商总局于 2017 年 3 月新推出的企业简易注销流程，顾名思义，注销程序被较大程度上优化精简，但是由于是最新的政策，在各地实际操作的过程中，问题同样较多，很多企业可能无法真正通过这一途径进行公司的注销。

15.4.1　企业简易注销流程

哪些企业可以进行简易注销流程？对领取营业执照后未开展经营活动（以下称未开业）、申请注销登记前未发生债权债务或已将债权债务清算完结（以下称无债权债务）的有限责任公司、非公司企业法人、个人独资企业、合伙企业，由其自主选择适用一般注销程序或简易注销程序。

存在以下情况的企业不适用于简易注销流程：涉及国家规定实施准入特别管理措施的外商投资企业；被列入企业经营异常名录或严重违法失信企业名单的；存在股权（投资权益）被冻结、出质或动产抵押等情形；有正在被立案调查或采取行政强制、司法协助、被予以行政处罚等情形的；企业所属的非法人分支机构未办理注销登记的；曾被终止简易注销程序的；不适用企业简易注销登记的其他情形。

简易注销的具体程序：第一步，主动公告、提交承诺；第二步，登记机关自行推送信息给相关机构；第三步，利害关系人、政府部门提异议；第四步，简易注销。这里提醒一下各位想要通过简易注销流程注销企业的创业者，一定要了解清楚各项情况后再进行简易注销流程，因为简易注销流程只可申请一次，如果审查失败则只能通过流程十分烦琐的一般注销程序进行企业注销。

简易注销程序所需申请材料：《申请书》《指定代表或者共同委托代理人授权委托书》《全体投资人承诺书》，营业执照正、副本。相比过去的一般注销程序，企业不再提交清算报告、投资人决议、清税证明、清算组备案证明、刊登公告的报纸样张等材料。

15.4.2　企业一般注销流程

上文我们已经介绍了企业简易注销流程，虽然注销程序上的确做到了一定的优化和精简。但是在实际的应用中，最常见的两种情况是：其一是当地企业管理部门不支持简易注销流程；其二是企业不符合简易注销流程的要求。不管那种情况，都意味着企业注销必须通过接下来我们要讲到的一般注销流程进行注销。

这里，我们列出最常见的内资企业注销一般流程，逐一列出流程步骤和对应需要准备的相关材料。

登报。公司营业执照复印件、公司董事会或股东会决议复印件、法定代表人身份证复印件、公告的内容。

注销社保。《注销社保缴费登记申请审批表》、最近一次缴纳社保单据、营业执照、董事会或股东会决议、法定代表人身份证复印件、指定委托书、经办人身份证原件及复印件、当地社保局要求的其他材料。

注销国、地税。《注销税务登记证申请审批表》、营业执照、法定代表人身份证复印件、指定委托书、经办人身份证原件及复印件、董事会或股东会决议、本年度汇算清缴报告、公司清算报告、未缴销的发票、发票领购本、《社保注销通知单》、当地税务局要求的其他材料。

注销备案。公司清算组织负责人与法定代表人签署的《公司注销登记申请书》、董事会或股东会决议、清算组成员身份证复印件、法定代表人身份证复印件、指定委托书、经办人身份证原件及复印件、营业执照（正副本）、税务注销通知单、公司原始档案、股东会或者有关机关确认的清算报告、刊登公告的报纸、对外贸易经营者备案登记表、当地工商局要求的其他材料。

注销银行账户。《税务注销通知单》《准予注销登记通知书》、公司印章、法定代表人身份证复印件、指定委托书、经办人身份证原件及复印件、银行开户许可证、销户申请书、剩余的支票、印鉴卡。

注销印章。《准予注销登记通知书》，刻章登记卡原件，法定代表人身份证复印件，指定委托书，经办人身份证原件及复印件，公章、财务章及其他有在公安局备案的章。

● 15.5　留得青山在不怕没柴烧

创业在某些方面与抽奖有那么一星半点的相似，就是大家明明都知道成功率很低，但是却都会在内心深处，渴望成功的那个人就是自己。就连大名鼎鼎的阿里巴巴创始人马云，也曾说过——梦想还是要有的，万一实现了呢？"万一"的比例，足见梦想的实现是多么困难的一件事。

15.5.1　第三、第四次创业更易成功

对于所有创业者而言，创业对于他们都是非常重大的事情。他们投入了财力、精力、心力，甚至为之放弃了稳定的工作，牺牲了节假日，影响了身体健康。但即使如此，多数的创业者最终都不得不面对一个残酷的事实——创业失败。

在过去的几年里，我接触过的创业失败案例，比成功案例高上几倍还不止。所以对于绝大多数创业者而言，相比提前幻想创业成功后自己该如何欢呼雀跃，倒不如提前想好自己创业失败后如何度过心理难关。

人们对于失败的痛苦指数，一般取决于两个方面，其一是投入的多寡，其二是希望的高低。而创业这件事，几乎都是投入很多，希望很高的。所以一旦创业失败，很多的创业者都会受到巨大的心理冲击。轻者会有较长时间的情绪低落，重者可引发身体或心理上的各种疾病，甚至有些创业者还会有轻生的想法。而凡此种种，全部都是错误的。

按照有关机构对于创业成功者创业次数的统计，绝大多数创业成功者，都并非是在他们第一次创业时就获得成功的。行业平均水平，也要到三四次以后，才

会大大提升创业成功的概率。而这些创业者，其实依旧还是十分幸运的少数派。还有更多的创业者，虽然屡战屡败，屡败屡战，但是最终仍然没能逃过创业失败的命运。

所以对于所有的创业者而言，都应该对创业这件事，抱有理性的认识和态度。成功了固然是皆大欢喜，但失败了也不应彻底绝望。要明白每一次的创业失败，都是你距离成功更进一步的标志。

从另外一个创业数据统计来看，越是成功的创业企业，其创始人往往在创办这家公司之前经历的挫折越多。而第一次创业就获得成功的人，看上去十分幸运，但事实上却一定程度上影响了他们对于创业这件事更深度的理解。很多第一次创业就获得成功的企业，后续发展的规模都并不是特别令人满意。

15.5.2 从创业者变回职场人，心态如何调节？

创业失败了，那么创业者应该何去何从呢？绝大多数的创业者，又重新回到了职场上，开始了作为公司员工的生活。尤其是对于一些因为创业失败还欠下了一定数量外债的创业者而言，就更需要一段时间的稳定收入，来偿还相应的外债。从创业者的身份，重新回到职场人，心态上难免会有不适应，该如何进行调节呢？

首先，应遵守相应的职业道德。不管创业者在之前创业的过程中经历过怎样的巅峰和辉煌，但是那些都已经彻底成为过去。即然结束了创业，入职了新的公司成为公司员工，就应该恪守作为员工的相应职业道德。

其次，要尊重新公司的企业文化。很多的创业者由于之前的创业经历中积累了一定的管理思维，就容易与新公司领导在想法上出现矛盾。要明白每一家公司的企业文化都不相同，应主动去融入而非总是试图反弹，这样反而会有负面的效果。

● 15.6 值得初创企业学习的成功案例经验

在过去的一些创业者分享和培训活动中，经常有一些创业者表达他们对于马云、马化腾等成功企业家的推崇。这种推崇，不仅仅局限于创业思维、创业方向、企业文化,甚至有些创业者已经到了高度模仿的程度。但事实上,如果你深入了解过阿里和腾讯这两家企业,就会明白其成功的时代因素过多,他们获得成功的途径,现在已经不可复制。而对于多数普通创业者而言,最佳的学习对象,其实应该是另一位企业家——雷军。

15.6.1 创业成功者身上的优点

条条大路通罗马,一千个人眼中就有一千个哈姆雷特。这样的道理,在成功的创业者身上同样适用。过去这些年,我们接触了无数的成功创业者,他们行业不同,年龄不同,性别不同,来历不同,性格不同。但是,这些都并不妨碍他们在创业路上的成功。创业者一定是这个时代最优秀的那些人,这是毋庸置疑的。如果我们一定要从这些最优秀的人身上寻找出几个最重要的相同点,我认为是以下这些。

勇敢。如果不够勇敢,我想你甚至不敢开始创业这件高风险高失败率的事情;如果不够勇敢,我想你不会舍得放弃安稳舒适的工作;如果不够勇敢,我想你不会在面临创业路上种种艰难险阻时选择继续;如果不够勇敢,我想你甚至无法承受来自世俗的非议。所以所有的创业者,骨子里一定都有勇于拼搏、敢于竞争的心态。

主见。创业是一件每天都要做抉择,每天都要做取舍的事情。尤其是在团队成员数量变得越来越多时,想要统一意见、统一想法、统一价值观,就会变得更加困难。是不是该开始一项新业务,是不是该终止一项旧业务,是不是该提拔一位新员工,是不是该劝退一名老员工,是不是应该做这件事,是不是应该拒绝那件事,这些都需要创业者有自己的主见,而且还要随时做好力排众议,坚决执行的准备。

勤奋。如果方向对了,那么剩下的最重要的事情,显然就是勤奋。这种勤奋,不仅仅是一朝一夕的勤奋,而是十年数十年如一日的勤奋。这种勤奋,不仅仅是创业者自身的勤奋,而是整个团队每一位成员的勤奋。这世上没有一家伟大的公司,是靠着最初一个天才的想法而造就的。可怕的不是别人比你聪明,而是比你聪明的人还比你努力。

坚持。其实无论对于人生而言，还是对于创业而言，最大的敌人始终都只有一个——时间。我们常说，创业者要有死磕精神，这种死磕既是和行业死磕，和产品死磕，更是和自己死磕。"每天早晨叫醒创业者的应该是梦想，而不是时钟"这句话没错，但还要看，究竟能够坚持多少个早晨。创业者要有"结硬寨，打呆仗"的心理准备，更要有"只要功夫深，铁杵磨成针"的钢铁意志。

乐观。在寒冬腊月，大雪纷飞的季节，如果你没有温暖的衣服的话，那么支撑你坚持下去的是什么？是你心中坚信春天即将来临的乐观。在伸手不见五指，前后不见人影的深夜，如果没有一盏照亮前路的明灯，那么支撑你坚持下去的是什么？是你心中坚信黎明即将来临的乐观。同样，在公司明天就要发工资，而账上早已没有一分钱，你自己也已经能借的都借遍的情况下，那么支撑你坚持下去的是什么？是你心中坚信公司一定会有发展壮大的那一天。乐观对于创业者而言不是一种心态，而是一种信仰。

15.6.2 从成功中，我们能学到什么？

敢于梦想。所有伟大的成功，都开始于一个看上去不太靠谱的梦想。创业者又被称为是追梦人和造梦者，原因就在于创业者敢于梦想，并且敢于尝试。虽然梦想一词，在当下已经被某些人涂上了厚厚的鸡汤意味，但是你不得不承认，梦想对于一个成功者而言的重要性。事实上，梦想的确也起到了一定的"镇痛剂"的功效。当你遇到困难与挫折时，想想心中的梦想，就像是点燃了一支火柴，在寒冷的冬夜中给自己带来一丝温暖。

勇于坚持。我个人觉得，坚持一个创业方向并且一直努力直到成功，要比坚持与一个伴侣白头到老难得多。很多创业者一生都创业三到四次，但是一生会结婚离婚三四次的人显然是极少数。就像爱情中有非常多的劫难，婚姻中有非常多的矛盾一样，创业路上也会有无数次：你觉得累了，觉得倦了，觉得继续下去没有意义了。但坚持下去，就是另一番天地；而不再坚持，就是前功尽弃。

顺势而为。天下大势，浩浩荡荡，顺之者昌，逆之者亡。对于创业而言，小成看天分、看勤奋、看努力；而大成，看时代、看趋势、看机遇。我之所以不推荐后来的很多年轻人以BAT的李彦宏、马云、马化腾作为创业偶像，就是因为他们的成功，和二十年前的顺势而为有很大关系。而现如今，帮助他们获得创业成功的机会早已看不见了，时代也发生了翻天覆地的变化。如果你此时再去尝试他们的行业，就叫作逆势而为了。

保持专注。不管你选择了什么行业或方向，那么就应该在这一条路上不断前进下去。因为你在某一领域积累和沉淀的时间越久，未来获得成功的概率就会越大。无论是三心二意也好，还是三天打鱼两天晒网也罢，都会让你之前的积累失去了意义。创业路上的诱惑实在是太多太多，今天你看到A行业不错，明天你看到B行业也挺好，但是等你真正进入后你会发现，每个行业都有它的艰辛与不易。

拼命工作。我时常和那些家庭普通、和我情况相似的年轻创业者说一句话。我们一无所有，除了拼命工作之外，我再也想不到其他任何上天会眷顾我们的理由了。但反过来说，是不是拼命工作之后，就一定会创业成功呢？显然并非如此。拼命工作的目的，是为了获得一个机会、一个希望、一个让我们即使将来没有成功，回首这段创业经历时依旧不感到后悔的理由。

● 15.7 值得初创企业吸取的失败案例教训

虽然我们一直都在说，创业是九死一生的事情，失败对于创业而言永远都是大概率事件。但是，我们同样应该看到，有很多的创业者之死，其实都是重复触及某些创业路上一定不能碰的死穴。我个人始终坚持认为，对于多数创业者而言，明白创业会因为什么而死，比明白创业会因什么而活更重要。因为成功多半难以复制，失败却总在重复发生。

15.7.1 常见的创业失败原因

先天不足。创业圈中最残酷的真相是，创业是只适合少数人走的路，所以绝大多数创业失败者，都是因为本身不具备创业者的基本素质和基本能力。本身就不具备管理团队经验的创业者，在创业行业中又不具备相关资源，在资金、技术、营销、运营各个方面全部没有任何优势的创业团队，我们实在想象不出，在厮杀如此惨烈的创业领域，突围的机会在哪儿。

团队内耗。由于自身的能力和实力有限，所以不少创业者都寻找了其他人一起合伙。而合伙人自身的意见不统一，往往从创业第一天就已经开启。一部分团队合伙人内耗的根源，是在创业之初每个合伙人投入的资金都差不多，无法有真正意义上的主事人。还有更多的团队内耗，根源在于团队内部本身就缺乏明确的权责划分，遇到问题，似乎每个人都有权过问，但是又存在多头管理，让员工无所适从，内耗严重。

时间不对。所谓时间不对，其实有两层含义。其一是创业一定要在行业发展最合适的时间点才有可能成功，过早或过晚都会失败；其二是创业一定要在创业者最恰当的人生阶段才更容易成功，过早过晚都容易失败。行业的发展阶段，就是我们经常所说的风口，在资本和各方都十分看好某一领域时，创业者更容易事半功倍。而人生的合适阶段，是说创业者要在自己各方面条件成熟的阶段开始创业，而不建议大学生一毕业就创业，或者家庭经济情况十分困难的前提下进行创业。

裹足不前。创业维艰，所以一些创业者在奋斗多年，终于取得一定的成绩后，就会产生惰性和松懈。而创业这件事儿，从来都是上山极为困难，但是下山却容易得惊人。运气好一些的，还能够慢慢地走下来；而运气差一些的，干脆就直接是从山顶上滚落下来的。创业没有可以休息的那一天，因为你所休息的每一天，都有无数的其他后来者争先恐后想要赶上来。产生"知足"心态，是又一波创业公司倒下的根源。

贪功冒进。有裹足不前死掉的，就一定有贪功冒进死掉的。比如团队好不容易找到了一条可以稳定盈利的道路，公司刚刚从生死一线逃脱。部分胆子大、路子野的创业者就按捺不住，觉得按此道路走下去，什么时候才能实现自己的远大理想、宏伟抱负？于是把本就水平有限的团队，再次拉到另外一个新的战线上进行开拓，结果自然大概率上是丢盔弃甲，溃不成兵。

15.7.2　从失败中，我们能学到什么？

遵守法律。中国的成功企业家中，曾经锒铛入狱和正在狱中关押的不在少数。在本书之前的商业法规章节中，我向广大创业者推荐了一些创业者必读的法律法规。我希望所有创业者都明白一件事，做事先做人，创业尤其如此。而做人，最基本的底线就是遵守法律。法律不是道德，道德是教育人应该最好做到什么样，而法律是警戒人最低要做到什么样。很多人都提到过，成功创业者必备的一点素质就是胆子大，因为胆小的人不适合参与高风险的创业行为。但是胆大又缺乏自制的话，就很容易游走在违法的边缘线上。创业的很多重要关口上，铤而走险或许可以速成，但是同样隐藏了未来速死的隐患。

不熟不做。为什么有些之前已经有过成功创业经验的创业者，在进行二次创业时反而失败的更多？为什么有些集团性的大公司，在进行多元化拓展时，遭遇了滑铁卢？为什么在创业圈中，饿死的企业和撑死的企业同样数量巨大？归根结底，就在于部分创业者，没有坚守不熟不做的基本原则。在商业中，没有人是常胜将军。上一次的成功不代表下一次一定会成功，在 A 行业的成功也绝不代表到 B 行业就能够成功。在自己熟悉的领域不断深耕，可以事半功倍；而盲目进入陌生领域，多半都是事倍功半，以惨败收场。

不要投机。投机倒把的心态，在中国十分有市场。对于年轻的创业者而言，戒骄戒躁，戒贪戒嗔其实是保持事业不断前进的根本所在。投机的本质，无非就是赌博，而且即使赌赢了，多半赢来的也只是钱，而不是企业的核心竞争力。被称为股神的巴菲特，如果你纵观其长期的投资逻辑，就会发现他始终都坚持投资的最基本法则——价值投资。而创业也是一样，应该坚持价值创业，即始终以创业项目是否能够为社会和消费者带来价值来衡量是否值得坚持下去。投机一时爽，隐患大过天。

心存敬畏。失败容易让部分创业者垂头丧气，但成功同样会让部分创业者忘乎所以。不少的创业者，在创业初期能够做到对消费者、对合作伙伴、对团队成员的尊重和敬畏。但是随着企业的不断发展壮大，一些创业者逐渐演变成为老板之后，心态就发生了巨大变化。对于消费者失去了敬畏，对于行业失去了敬畏，对于市场失去了敬畏。而事实一再告诫我们，无论是多么强大的企业，都有可能在一次重大产品质量危机后一蹶不振，彻底被消费者和市场遗弃。

终身创业。创业不是一个过程、一个阶段，而是一种人生、一种生活方式。创业者谨慎的心态，不仅仅只应在二十多岁三十多岁初创业时，同样应该在四十多岁五十多岁时始终如一。所谓不忘初心，方得始终的本质，就是告诫每一位创业者，应该像坚持终身学习那样，坚持终身创业。从你忘记初心，忘记当初为什么要创业那天开始，你的企业一定就会开始走下坡路。

● 15.8　创业是一场修行和生活方式

到了本书的最后，笔者自己作为一名创业者，而且还是服务于所有创业者，帮助创业者实现他们人生梦想的人，我想和每一位已经走在创业路上和将要走上创业道路的朋友，聊聊我自己对于创业这件事的理解。

15.8.1　创业带给你的东西不仅是金钱

对于我个人而言，我从未觉得，我创业的初衷是为了赚到更多钱。相反，我真正开始对钱有概念，是当我需要为整个团队承担责任，为每位团队成员发放薪资待遇的时候。如果只是我自己的话，那么只要收入足够我基本生活开销，都觉得没有什么不可以。

在过去几年间的创业生涯中，我之所以越战越勇，归根结底，是因为我个人觉得，创业这件事对于我个人的人生成长，带来了非常多的帮助。我把这些分享给大家，希望所有创业者们，都能够意识到创业这件事，会带给我们的人生哪些改变。

时间充实。不少的创业者之所以选择创业，就是觉得创业可以让自己获得时间自由。但事实上，真正开始创业后，创业者每天工作的时间只会比之前上班时更长而不是更短。上班的时候，或许你还可以每件事都有条不紊、不慌不忙地进行。但是创业之后，千头万绪，每天都有无数的事情等着你去完成。如果你想的话，那么每天就是二十四个小时都用来工作，也不会觉得时间有多充裕。创业带给我们人生的第一项改变，是让我们真正意识到了时间的价值与宝贵，意识到了合理安排时间的重要性。

磨砺意志。创业是与人性做斗争的最好方式。以前你可能缺乏时间观念，但是创业会教育你守时的重要性；以前你可能是个六十分先生，但是创业会教育你进无止境；以前你做事也许是三分钟热度，但是创业会教育你持之以恒。如果你能够在创业这件最艰难的事情上坚持几年下来，你会发现你的意志要比普通人明显坚韧很多，这是创业带给我们人生的第二项改变。

开阔视野。创业是一件不断与人打交道的事情，你会每天都见识到各种各样、形形色色、奇奇怪怪的人。而他们当中的每一个人，都可以提供给你新的看待世界的方式和方法。随着创业者在事业上的不断前进与开拓，创业者的圈子也会不断升级和扩大。你会见识到越来越多曾经从未想象到的事情，也会重新改变你对整个世界的看法和态度。

创造价值。创业的初期阶段，更多是停留在获得更高利润，从而让自己生活得更好这一维度上。但是随着创业的深入，越来越多的创业者开始意识到，企业存在的意义，并不仅仅是为了实现自己的梦想，或者是获得更高的收入。相反，一家企业存在有多大的意义，要看它能够为社会创造怎样的价值。企业越大，承担的社会责任也就越大。

15.8.2　所有创业者，都是值得敬佩的人

在本书的最后，我想送给所有创业者一句话——一个人的一生应该是这样度过的：当他回首往事的时候，他不会因为虚度年华而悔恨，也不会因为碌碌无为而羞耻。

无论你的创业是成功或是失败，我都希望，你能够在今后的人生中，回忆起当年自己的创业生涯时，为自己、为团队感到骄傲和自豪。这份骄傲，来自于你没有虚度光阴，没有浪费生命，没有碌碌无为。

我们当下生活的这个时代，对创业者而言是最好的时代。这个时代没有战乱，整个国家的经济情况蒸蒸日上，各行各业都欣欣向荣。这个时代对于创业者和企业家的态度逐渐在趋于好转，人们渐渐可以理解和认同创业者所推崇的生活方式和价值观。还有大量的投资机构愿意支持和帮助那些出色的创业者，这是之前任何时代都不曾拥有过的。

我们当下生活的这个时代，对创业者而言同样是最坏的时代。因为我们所接受的教育依旧明显偏于应试教育，我们的社会主流价值观对于成功的定义依旧十分狭隘，我们的年轻人对于人生的选择依旧阻碍重重，不够多元化。哪怕你勇敢地开始了创业，多数人要么不支持你，要么只以你收入的高低评判你的人生。

所以无论如何，这个时代的每一位创业者，都是值得敬佩和鼓励的。他们每一个人的梦想、每一个团队的努力，共同构成了这个国家、这个时代的梦想和未来。祝福每一个创业者，你们都是最优秀的人！